HISTÓRIAS ÉPICAS DOS **GRANDES EXPLORADORES**

HISTÓRIAS ÉPICAS DOS GRANDES EXPLORADORES

JOHN BALCHIN

m.BOOKS
M.Books do Brasil Editora Ltda.

Rua Jorge Americano, 61 - Alto da Lapa
05083-130 - São Paulo - SP - Telefone: (11) 3645-0409
www.mbooks.com.br

Dados de Catalogação na Publicação

BALCHIN, Jon.
Histórias Épicas dos Grandes Exploradores/ Jon Balchin.
2020 – São Paulo – M.Books do Brasil Editora Ltda.
1. História   2. História da Humanidade   3. Grandes Aventuras
ISBN: 978-85-7680-332-4

Do original: To The Ends of the Earth
Publicado originalmente pela Arcturus Publishing Limited
©2005 Arcturus Publishing Limited
©2020 M.Books do Brasil Editora Ltda.

Editor: Milton Mira de Assumpção Filho

Tradução: Sonia Augusto
Produção editorial: Lucimara Leal
Revisão: Heloisa Spaulonsi Dionysia
Editoração e capa: Crontec

2020
M.Books do Brasil Editora Ltda.
Todos os direitos reservados.
Proibida a reprodução total ou parcial.
Os infratores serão punidos na forma da lei.

Sumário

CAPÍTULO 1

ALÉM DOS PILARES DE HÉRCULES: *Descoberta da Europa*.............. 8
   Coleu de Samos *Século sétimo a.C.* 8
   Himilco *c. Século quinto a.C.* 11
   Píteas *Século quinto a.C.* 12
   Gardar Svavarssom e Naddod *Século nono* 14
   Ottar *Século nono* 17

CAPÍTULO 2

SEGUINDO AS PEGADAS DE ALEXANDRE: *Abertura da Ásia* 20
   Ibn Battuta *(1304-1369)* 20
   Cheng Ho *(1371-1435)* 23
   Alexandre, o Grande, *(356-323 a.C.)* e os Primeiros Exploradores Asiáticos 26
   Chang Ch'ien *(c.160-107 a.C.)* 29
   Eudoxo de Cízico *(c.150 a.C.)* 30
   Marco Polo *(1254-1324)* 32
   Vasco da Gama *(c.1469-1524)* 35
   Pêro da Covilhã *(c.1450-1524)* 38
   Barão Nils Adolf Erik Nordenskjöld *(1832-1901)* 40

CAPÍTULO 3

O BERÇO DA HUMANIDADE: *Redescoberta da África* 44
   Necho II *(c.600 a.C.)* 44
   Henrique, o Navegador *(1394-1460)* 47
   Gil Eannes *(século XV)* 50
   Bartolomeu Dias *(c.1450-1500)* 51
   René Caillié *(1799-1838)* 52
   Mungo Park *(1771-1806)* 53

John Hanning Speke *(1827-1864)* *58*
Sir Richard Francis Burton *(1821-1890)* *58*
David Livingstone *(1813-1873)* *63*
Henry Morton Stanley *(1841-1904)* *67*

CAPÍTULO 4

VIAGENS AO NOVO MUNDO: *Descoberta da América do Sul* *70*
Cristóvão Colombo *(1451-1506)* *72*
Américo Vespúcio *(1451-1512)* *81*
Vasco Nunez de Balboa *(1475-1519)* *86*
Hernán Cortés *(1485-1547)* *91*

CAPÍTULO 5

DA VINLÂNDIA PARA O PACÍFICO: *Jornada pela América do Norte*.. *96*
John Cabot *(c.1450-c.1498)* *102*
Jacques Cartier *(1491-1557)* *105*
Sir Walter Raleigh *(c.1552-1618)* *110*
Meriwether Lewis *(1774-1809)* e William Clark *(1770-1838)* *116*

CAPÍTULO 6

UMA ROTA DE COMÉRCIO PARA O LESTE: *Em Busca da Passagem Noroeste* *124*
Sir Martin Frobisher *(c.1535-1594)* *126*
Sir William Edward Parry *(1790-1855)* *130*
Sir John Franklin *(1786-1847)* *137*
Sir James Clark Ross *(1800-1862)* *142*

CAPÍTULO 7

MAIS AO NORTE: *Busca pelo Polo Norte* *148*
Elisha Kent Kane *(1820-1857)* *150*
Fridtjof Nansen *(1861-1930)* *157*
Robert Edwin Peary *(1856-1920)* *163*
Richard Evelyn Byrd *(1888-1957)* *172*

CAPÍTULO 8

"UM LUGAR HORRÍVEL": *Atravessar a Antártica até o Polo Sul* 176
Charles Wilkes *(1798-1871)* *178*
Sir Ernest Henry Shackleton *(1874-1922)* *183*
Robert Falcon Scott *(1868-1912)* *190*
Roald Amundsen *(1872-1928)* *196*

CAPÍTULO 9

UMA PRAIA MAIS DISTANTE: *Cruzar a Australásia* 202
Abel Janszoon Tasman *(c.1603-1659)* *204*
Matthew Flinders *(1774-1814)* *207*
Robert O'Hara Burke *(1820-1861)* e William John Wills *(1834-1861)* *213*
John McDouall Stuart *(1815-1866)* *220*

CAPÍTULO 10

AO REDOR DO MUNDO: *Os Circunavegadores* 226
Fernão de Magalhães *(c.1480-1521)* *229*
Sir Francis Drake *(c.1540-1596)* *234*
James Cook *(1728-1779)* *238*

CAPÍTULO 11

MAIS LONGE, MAIS ALTO, MAIS FUNDO: *Extremidades* 246
Sir Edmund Hillary *(1919-2008)* *247*
Jacques Ernest Jean Piccard *(1922-2008)* *253*
Neil Alden Armstrong *(1930-2012)* *256*

ÍNDICE REMISSIVO *262*

Capítulo 1

ALÉM DOS PILARES DE HÉRCULES:
Descoberta da Europa

A Europa é o continente esquecido da exploração. No afã de lembrar a miríade de expedições gloriosas que partiram de suas praias para revelar o mundo, a história muitas vezes negligencia a exploração inicial da própria Europa.

Muito antes de as terras que hoje são os estados atuais da Europa serem "descobertos" havia, é claro, populações nativas que se encontravam lá. E as Américas, a África, a Ásia e a Austrália também eram povoadas antes de serem reveladas pelos exploradores. Quando dizemos que esses e os outros continentes que são mencionados neste livro foram "descobertos", então, queremos dizer que eles foram "trazidos" à atenção do mundo mais amplo. Consequentemente, os indivíduos que realizaram esse feito, muitas vezes por meio de grande dificuldade pessoal, são celebrados como "exploradores" e "descobridores".

Muitos dos grandes exploradores do mundo vieram da Europa. No entanto, antes de revelarem o resto do mundo, os aventureiros dessa região tinham primeiro seu próprio continente a revelar. Por que ir até a Ásia quando o Adriático ainda não fora conquistado? Como poderia o Polo Norte receber atenção quando o norte da França permanecia fora de alcance? Centenas de anos antes de Cristo, os descobridores europeus estavam tentando responder essas questões para que seus descendentes pudessem conquistar o globo dois milênios depois, sem serem perturbados por considerações tão triviais.

Coleu de Samos *Século sétimo a.C.*
Um dos primeiros desses descobridores foi Coleu de Samos, explorador do Oceano Atlântico. Na época de sua grande e acidental viagem, ao redor de 630 a.C., a Europa "conhecida" era dominada por duas civilizações: os gregos e os fenícios.

DESCOBERTA DA EUROPA 9

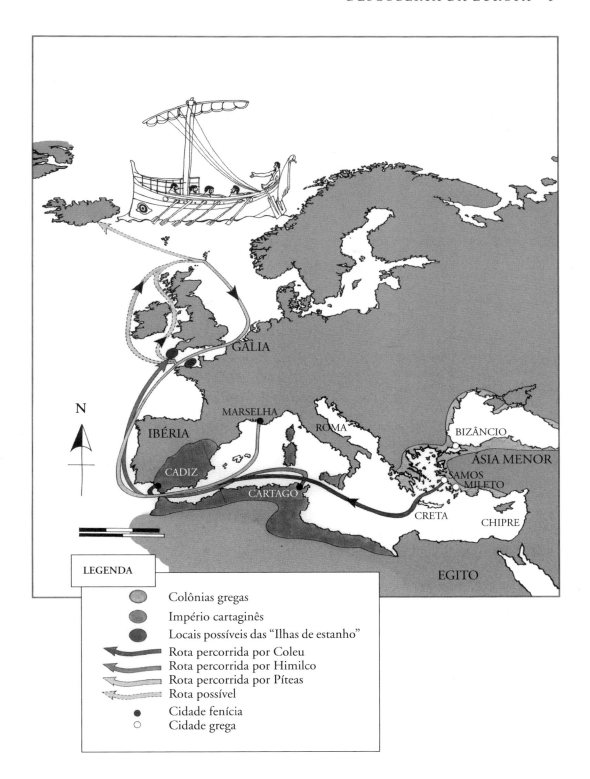

LEGENDA

- Colônias gregas
- Império cartaginês
- Locais possíveis das "Ilhas de estanho"
- Rota percorrida por Coleu
- Rota percorrida por Himilco
- Rota percorrida por Píteas
- Rota possível
- Cidade fenícia
- Cidade grega

CRONOLOGIA

Coleu de Samos
Sétimo século a.C.

c.630 a.C. Coleu inicia uma viagem por mar de Samos até o Egito.

Ele é soprado totalmente fora de curso, terminando no Mediterrâneo ocidental.

Em vez de dar meia volta e ir para o Egito, ele continuou através do Estreito de Gibraltar até o Atlântico e foi o primeiro grego a fazer isso.

Coleu parou para comerciar em Gades (Cadiz) antes de voltar para casa.

Ambas tinham cidades na costa do Mediterrâneo e, assim, é nesse mar que a história da exploração da Europa começa.

Os fenícios vieram originalmente do local em que se situa o Líbano atualmente, mas por vários séculos, de 1.000 a.C. em diante, eles fundaram colônias ao longo das costas africanas e europeias do Mediterrâneo, até que seu foco principal passou a ser o oeste. Os gregos, por sua vez, dominaram o lado leste do mar, ao sul até o Egito e ao norte até o Mar Negro. As duas civilizações eram grandes mercadores e também navegadores, então ambas protegiam suas áreas de influência por razões comerciais e políticas.

A realização de Coleu, que foi o primeiro grego a ver o Atlântico, é ainda mais impressionante porque ele teve de passar pela esfera de influência fenícia no caminho. Esse não era exatamente seu plano. Zarpando do território grego de Samos, ele estava apenas tentando chegar ao Egito no que era provavelmente uma missão comercial. Porém, uma tremenda tempestade soprou-o não apenas alguns quilômetros fora do curso, mas totalmente para o outro lado do Mediterrâneo ocidental. Possivelmente conseguindo parar brevemente em algum lugar na costa da Líbia, Coleu não conseguiu evitar que seu barco fosse soprado o caminho todo até os "Pilares de Hércules". Hoje, a pequena passagem em que o Mediterrâneo encontra o Atlântico é chamada de "Estreito de Gibraltar", mas na época, no que dizia respeito aos gregos, ela representava o fim do mundo conhecido.

Tendo saído tanto do curso, Coleu, com a curiosidade de todos os grandes exploradores, não podia resistir a continuar através dos Pilares para o vasto Atlântico. Quebrar essa barreira foi tanto uma conquista psicológica quanto física para os gregos, que temiam as imensas águas desconhecidas, as ondas e, talvez, os monstros marinhos que estavam do outro lado.

Para os gregos antigos, os Pilares de Hércules representavam o limite do mundo conhecido.

Depois de passar pelo Estreito, Coleu explorou a costa sudoeste da moderna Espanha. Ele parou em Gades (atual Cadiz) e negociou com as pessoas de um território que na época era chamado de Tartesso. Essa população tinha contatos comerciais por terra com europeus mais ao norte, o que lhes permitiu controlar o fluxo de metais, como o estanho, que podia ser comprado ali.

À ESQUERDA: *O Estreito de Gibraltar, os "Pilares de Hércules" do mundo antigo, vistos do espaço nessa imagem de satélite.*

CRONOLOGIA

Himilco
c. Século quinto a.C.

c. quinto século a.C. Himilco, um cartaginês, foi enviado para explorar os mares e terras do noroeste da Europa, provavelmente para encontrar a fonte do comércio de estanho. Ao mesmo tempo, seu irmão Hanno foi enviado para o sudoeste, em uma expedição ao longo da costa africana.

Em quatro meses, Himilco chegou às "ilhas de Estanho" ou na Inglaterra, nas Ilhas Scilly, ou na Bretanha, na França.

Ao retornar, Himilco escreveu um relato de sua viagem. Os detalhes das dificuldades enfrentadas na viagem provavelmente tinham o objetivo de impedir que os gregos tentassem uma expedição similar.

Himilco *c. Século quinto a.C.*

Para não serem superados pelos gregos, os fenícios tinham de estabelecer uma reputação própria como exploradores, comerciantes e colonizadores. Uma de suas principais cidades foi Cartago, no local em que agora se situa Túnis, de onde podiam obter ouro de toda a África. Com o tempo, depois da queda de seus territórios "originais" no leste do Mediterrâneo, diante dos assírios, Cartago passou a ser uma colônia cada vez mais importante para os fenícios. De fato, os cartagineses começaram a se identificar como um povo e uma civilização por direito próprio, com o objetivo de dominar o oeste do Mediterrâneo e explorar além dele. Aí é que entra Himilco, um cartaginês enviado com ordens de "explorar as costas externas da Europa".

A motivação para a viagem histórica de Himilco foi quase certamente o comércio. Depois de atingir a colônia fenícia de Gades (Cadiz), no sudoeste da Espanha, ele recebeu ordens de viajar para o norte até territórios que nunca tinham sido visitados pelos cartagineses, mas cuja existência era conhecida porque a civilização espanhola de Tartesso obtinha indiretamente estanho de lá. Como comerciantes agressivos, os cartagineses certamente teriam preferido controlar o suprimento desse metal. Que forma melhor de atingir esse objetivo do que desviar completamente do intermediário e descobrir a fonte do estanho? Essa era a tarefa de Himilco.

Himilco demorou quase quatro meses para fazer a viagem até "Oestrumnides", viajando com talvez cerca de 60 barcos em sua frota. Ele provavelmente fez muitas paradas em território não mapeado ao longo do caminho, o que explica o tempo razoavelmente longo que demorou para chegar até as "Ilhas de Estanho". Não está inteiramente claro onde se localizava Oestrumnides: elas possivelmente se situavam tão ao norte quanto a Cornualha, na Inglaterra, mas o mais provável é que fossem as Ilhas Scilly, logo ao largo da costa britânica, ou ficassem na Bretanha, na França.

Qualquer que fosse o local, Himilco retornou para contar a história: ele foi o primeiro cartaginês a atingir o noroeste da Europa e uma das primeiras pessoas na história a registrar detalhes dessas terras. De fato, apesar da natureza secreta dos cartagineses, Himilco escreveu um relato detalhado de sua viagem, mas esse relato se perdeu. Por causa disso, o conhecimento moderno de seus feitos chegou até nós por autores secundários, como o escritor romano do século primeiro Plínio, o Velho, e o escritor do século quarto Rúfio Festos Avieno. As histórias de Coleu e de outros foram mais tarde contadas por outro autor especialmente importante: Heródoto, o historiador grego do século quinto a.C.

Píteas *Século quinto a.C.*

Do mesmo modo, os relatos de outro grande explorador antigo europeu, Píteas, só chegaram a nós por meio de fontes secundárias. Como o primeiro explorador conhecido de algumas áreas do noroeste da Europa, ele registrou seus feitos em um texto chamado *On The Ocean*, que também se perdeu com o tempo. Consequentemente, alguns deta-

À DIREITA: *Vaso grego do século oitavo, representando um navio de guerra do tipo provavelmente usado por Píteas em sua viagem épica.*

lhes de sua extraordinária jornada, relatada por outros, não estão claros. O que se sabe é que ele quase certamente foi mais para o norte do que qualquer outro explorador mediterrâneo tinha ido antes.

A viagem de Píteas começou no porto francês de Marselha, na época chamado Massilia, por volta de 325 a.C. Seu objetivo era ir para o oeste e, depois, para o norte, provavelmente sob o patrocínio de um rico comerciante em busca de âmbar ou estanho. No entanto, até mesmo os detalhes desta primeira parte de sua viagem não são claros. Para proteger seus interesses comerciais contra estrangeiros, os cartagineses impuseram um bloqueio nos Pilares de Hércules, o que significava que teria sido extremamente difícil para Píteas, um grego, sair do Mediterrâneo ocidental. É possível que ele tenha viajado sob a cobertura da escuridão e, com grande cuidado, conseguisse evitar ser descoberto nessa rota. Outros especularam, porém, que ele viajou por terra através do que hoje é a França, evitando completamente o Estreito de Gibraltar e entrando no mar a oeste desse país.

Por meio de um desses métodos, Píteas acabou chegando ao que hoje é a Cornualha, na Grã-Bretanha, um lugar rico em estanho, que ele quase certamente procurava. Em vez de simplesmente retornar com os despojos de sua missão, Píteas tinha apenas começado sua viagem. O próximo passo do explorador foi circum-navegar as

ACIMA: *Ruínas cartaginesas. A antiga cidade de Cartago ficava na costa da atual Tunísia.*

CRONOLOGIA

Píteas *Século quinto a.C.*

c.325 a.C. Píteas, descendente de gregos, saiu de sua cidade natal de Massília em uma viagem para o norte.

Durante sua jornada, ele contornou a Bretanha, descobriu uma terra ao norte chamada Thule e continuou para o norte até que o gelo e o nevoeiro o obrigaram a voltar.

Em seu retorno à França, muitos acharam que suas revelações eram fantasiosas.

Ilhas Britânicas. É provável que Píteas também tenha explorado muito do país por terra e por rios, sendo assim um dos primeiros estrangeiros a observar os costumes e estilos de vida de seus habitantes nativos.

Durante esse período, Píteas ouviu falar de uma terra chamada Thule que ficava a seis dias de viagem ao norte da Grã-Bretanha. Ele zarpou com o objetivo de encontrá-la e, depois, descreveu sua chegada na "ilha" lendária. Até hoje não se tem certeza de onde ele aportou. A opinião mais comum é de que Píteas provavelmente aportou na Noruega, embora outras teorias sugiram as Ilhas Faroé, as Shetlands, Islândia ou mesmo a Groenlândia.

Ainda assim, Píteas não tinha satisfeito sua sede de descobertas. Ele continuou para "Ultima Thule", ou para o extremo norte, que ficava pelo menos a um dia de viagem da "ilha". Trechos de seus escritos que foram transmitidos por outros autores descrevem vividamente a dificuldade crescente da viagem: encontrando gelo e nevoeiro espesso, ele estendeu os limites da exploração. No final, as condições hostis o obrigaram a virar para o sul e navegar para casa. No caminho, é possível que ele tenha explorado outras áreas do Mar do Norte, talvez até chegando ao Mar Báltico.

O fim da viagem de Píteas é tão misterioso quanto o início. Mais uma vez, não é claro se ele voltou a Marselha atravessando a França por terra ou pela rota marítima. Quando retornou, no entanto, zombaram dele por causa do relato que fez de sua viagem fantástica. Foram necessários a passagem do tempo e os esforços dos escritores gregos posteriores para reforçar o lugar dele na história da exploração da Europa.

Gardar Svavarssom e Naddod *Século nono*

Mais de mil anos depois, outra onda de grandes aventureiros, os vikings, emergiu para empurrar os limites da exploração da Europa até os extremos. Os escandinavos já tinham conquistado muitos países anteriormente colonizados no continente nos últimos séculos do primeiro milênio, mas agora eles começavam a encontrar novos territórios. Nem sempre isso era intencional, como ocorreu quando eles descobriram a terra mais ocidental da Europa, a Islândia.

Relatos alternativos dão crédito a dois vikings diferentes por terem alcançado a Islândia primeiro. Alguns registram Gadar Svavarssom, um sueco que depois foi para a Noruega, como o primeiro viking a chegar. Outros afirmam que o primeiro foi Naddod, um chefe norueguês e viajante. Na verdade, as primeiras pessoas a chegar à Islândia, cerca de um século antes dos vikings, foram alguns monges irlandeses que, provavelmente, foram para lá em busca de um santuário pacífico. Se ainda estavam lá quando os escandinavos chegaram (isto é, se eles realmente estiveram ali), então eles não permaneceram no local por muito mais tempo.

Assim, os vikings são considerados como os descobridores da Islândia. Certamente, eles foram os primeiros a torná-la conhecida no Ocidente. Os relatos mais convencionais sugerem que Naddod chegou primeiro, provavelmente por volta de 861. Ele estava tentando chegar às Ilhas Faroé saindo da Noruega, mas foi tirado do curso por uma tempestade. Consequentemente, ele vagou para a costa leste da Islândia. Ele provavelmente permaneceu ali durante alguns meses antes de partir para as Ilhas Faroé. Notando o fato de que os picos de muitas das montanhas mantinham sua capa branca durante todo o ano, ele inicialmente deu ao novo país o nome de "Terra das Neves".

Observando que o gelo cobria os fiordes do país por grande parte do ano, Vilgerdarson chamou-o de "Islândia".

Alguns acreditam que o relato positivo de sua descoberta foi uma inspiração para que Gardar Svavarsson também procurasse o mesmo território por volta de 864. Outros, porém, registram que Svavarsson teve uma experiência igualmente ao acaso, como a de Naddod, sendo soprado para fora do curso enquanto tentava chegar às Hébridas mais

À ESQUERDA: *O glaciar Vatnajokull da Islândia encontra o Oceano Atlântico Norte. Com mais de 130 km de uma ponta à outra, o Vatnajokull é maior do que todos os glaciares alpinos juntos.*

CRONOLOGIA

Gardar Svavarssom e Naddod *século nono*

c.861 Naddod provavelmente descobriu a Islândia após ter sido soprado para lá depois de uma tempestade.

c.864 Gardar Svavarsson chegou e contornou a ilha. Algumas fontes também lhe dão o crédito de sua descoberta.

Meados ao fim dos anos 860 Floki Vilgerdarson tentou se estabelecer na ilha, mas fracassou depois que todos os seus animais morreram durante o inverno. Ele deu ao duro território o nome de "Islândia".

c.874 Ingolfur Arnarson se estabeleceu em um lugar a que chama de Reykjavik. A cidade continua a ser a capital da Islândia até hoje.

ou menos na época, ou talvez até antes, da descoberta de Naddod. Embora isso não esteja claro, Svavarsson quase certamente levou sua exploração adiante, contornando a ilha e, depois, passando o inverno lá. A fim de sobreviver ao duro ambiente, Svavarsson e seus homens construíram cabanas no norte da ilha e deram a essa colônia o nome de "Husavik" (Baía das Casas). Ele também deu o próprio nome à Islândia, chamando-a de "Gardarsholmur" (a Ilha de Gardar). Inadvertidamente, a expedição de Svavarsson também deixou os primeiros colonos na ilha, embora não se saiba por quanto tempo eles sobreviveram. Quando o grupo de Gardar retornou depois de um ano à Noruega, seu escravo Nattfari e um ou dois outros foram deixados para trás, ou porque fugiram ou por acidente.

Porém, logo chegaram outros com o objetivo de estabelecer uma colônia mais permanente na ilha, começando por Floki Vilgerdarson, um outro explorador norueguês. Foi por meio dele que o país recebeu o nome que mantém até hoje. Vilgerdarson observou que o gelo permanecia nos fiordes do país por grande parte do ano e decidiu que, portanto, Islândia (ilha de gelo) era um nome mais apropriado do que a Terra de Neve de Naddod ou Gardarsholmur de Svavarsson.

O nome se perpetuou. Infelizmente para Floki, não aconteceu o mesmo com sua colônia na Baía Vatnsfjord. Embora ele importasse animais de criação e companheiros de viagem numa tentativa de tornar sua estadia permanente, ele aparentemente se envolveu tanto na abundante pesca na Islândia durante o verão que se esqueceu de preparar feno para o inverno. Em consequência, todo seu gado pereceu durante os meses mais frios e estéreis, e o próprio Vilgerdarson mal conseguiu sobreviver. Ele ficou tão desanimado pela dificuldade do ambiente e pelas experiências amargas que logo foi embora e nunca retornou.

A primeira colônia bem-sucedida na Islândia só aconteceu por volta de 874. Ingolfur Arnarson chegou ali com sua família e alguns outros, depois de uma disputa com chefes locais em sua Noruega nativa. Ele acabou residindo no lado sudeste da ilha, em um lugar a que deu o nome de Reykjavik, que significa Baía Enevoada. Reykjavik continua a ser a capital da Islândia até hoje.

Ottar *Século nono*

Assim, os vikings tinham atingido o território mais ocidental da Europa, mas uma questão que continuava sem resposta era até onde ao norte se estendia o continente europeu. Outro escandinavo, chamado Ottar, logo se tornou o primeiro explorador conhecido a resolver este enigma, por volta de 890. Parte da vantagem de Ottar está no fato de que ele iniciou sua famosa jornada de uma posição no extremo norte. De fato, no relato que ditou, ele afirmou ter partido de uma colônia que já ficava "ao norte de todos os nortistas". Esse lugar ficava em uma área conhecida como Halgoland, que se situa no condado de Troms, na costa noroeste da Noruega atual.

Ottar queria saber até onde a terra se estendia ao norte e também queria investigar as possibilidades de caça no território, talvez caça a morsas. De fato, sua grande riqueza, pelos padrões vikings, dependia muito da caça e dos animais porque ele possuía mais de 600 renas, além de bovinos, ovinos e suínos. Além disso, Ottar, ou Ohthere, como às vezes também é chamado, era um grande comerciante que aumentou suas riquezas e sua fama ainda mais.

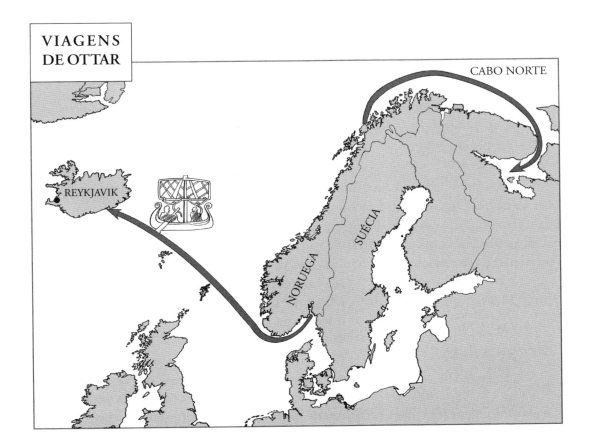

ACIMA: *O ponto mais ao norte da Europa, o Cabo Norte da Noruega. Ottar foi o primeiro europeu a navegar ao redor do Cabo, e sua história foi preservada para a posteridade por Alfredo, o Grande, rei da Inglaterra.*

Foi essa celebridade que, em última instância, resultou no registro de suas explorações ao norte. Ottar era tão famoso que o rei Alfredo de Wessex, na Inglaterra, solicitou uma audiência com ele durante uma visita comercial às Ilhas. Na época, Alfredo estava atualizando uma antiga história romana sobre o mundo conhecido de 400 d.C., com detalhes de descobertas adicionais e avanços nos 500 anos seguintes. O rei ficou tão impressionado com os detalhes da aventura de Ottar que os registrou no *The Old English Orosius*, o relato pelo qual hoje conhecemos as realizações dos vikings.

> *Em 890 d.C., a pergunta que os vikings faziam era: "Até onde a Europa se estende ao norte?"*

Tendo decidido investigar o norte, Ottar saiu de sua casa de barco. Ele navegou seis dias para o norte, dos quais três dias foram além das águas que há haviam sido mapeadas pelos caçadores de baleias. Observando apenas terras vazias enquanto trabalhava, Ottar acabou chegando ao que agora conhecemos como o Cabo

Norte, o ponto mais ao norte da Europa. Porém, a viagem dele não parou ali porque ele pegou um vento que o levou por quatro dias para o leste. Finalmente, ele seguiu a terra para o sul até o Mar Branco por mais cinco dias, até chegar à foz do Rio Dvina. Ottar tinha circundado o alto da Noruega e a Finlândia e navegado até o local onde hoje se situa o porto de Arcangel na Rússia atual.

Ottar retornou nesse ponto, pois encontrou as colônias permanentes dos biarmianos na margem esquerda do rio e temeu que pudessem atacá-lo. Essa foi a primeira comunidade que ele encontrou em sua viagem, confirmando assim sua suposição de que morava "ao norte de todos os homens do norte". As únicas outras pessoas que tinha visto nas terras vazias do extremo norte eram caçadores, apanhadores de pássaros e pescadores ocasionais. Mais tarde, ele afirmou que os biarmianos lhe contaram histórias de terras desconhecidas, mas ele não transmitiu esses detalhes ao rei Alfredo porque Ottar não tinha estado lá pessoalmente e, portanto, não podia confirmar sua exatidão. Do mesmo modo, Ottar não teve a oportunidade de ir mais ao sul no Mar Branco para explorar sua crença incorreta de que a Escandinávia era uma ilha.

Em vez disso, ele retornou triunfante de sua conquista do norte como uma lenda nórdica. Um dos últimos segredos da Europa havia sido revelado. Os futuros exploradores do continente podiam agora concentrar seus esforços em "revelar" o resto do mundo.

CRONOLOGIA

Ottar *Século nono*

c.890 Ottar se torna o primeiro viajante registrado a atingir o Cabo Norte, o ponto mais ao norte da Europa.

Ele continua sua viagem para o leste e, depois, para o sul até o Mar Branco e a Rússia atual.

Depois, ele conta suas explorações para o rei Alfredo de Wessex, que registra a viagem em sua história do mundo.

Capítulo 2

SEGUINDO AS PEGADAS DE ALEXANDRE:
Abertura da Ásia

Uma ideia conhecida da história da exploração asiática começa com Marco Polo espiando na fechadura do continente e, depois, quase nada mais importante aconteceu até que Vasco da Gama abriu com firmeza a porta alguns séculos mais tarde. Na melhor das hipóteses, porém, essa é uma visão simplista dos eventos reais; na pior isso está no limite da inverdade.

Por mais de mil anos antes de Marco Polo, a Ásia já estava sendo ativamente explorada, conquistada e aberta para o comércio por todos os lados. Alexandre, o Grande, veio do oeste e os chineses vieram do leste (veja mapa a seguir). O Egito enviou pioneiros do sul e, no meio tempo, vastos impérios como o da Pérsia floresceram. Além disso, inúmeros comerciantes anônimos da Ásia Central e do Oriente Médio haviam estabelecido um elemento decisivo no comércio leste-oeste por séculos antes de os colonizadores europeus aparecerem.

Ibn Battuta *(1304-1369)*
No entanto, mesmo concedendo que Polo estivesse entre as primeiras pessoas a dar uma visão "renovada" sobre a Ásia para o mundo mais amplo, pelo menos dois exploradores menos famosos seguiram o veneziano antes do surgimento de Vasco da Gama. Seus feitos merecem ser celebrados. O primeiro deles foi Ibn Battuta, no século XIV. Um marroquino de Tânger, suas conquistas são admiráveis por muitos motivos, mas acima de tudo, talvez, pela distância que ele percorreu em uma época em que os métodos de transporte disponíveis eram muito primitivos. Mesmo hoje, poucos poderiam cobrir os 121 mil quilômetros de território que ele atravessou, grande parte do qual permaneceu fechado para os europeus por muitos séculos mais.

ABERTURA DA ÁSIA 21

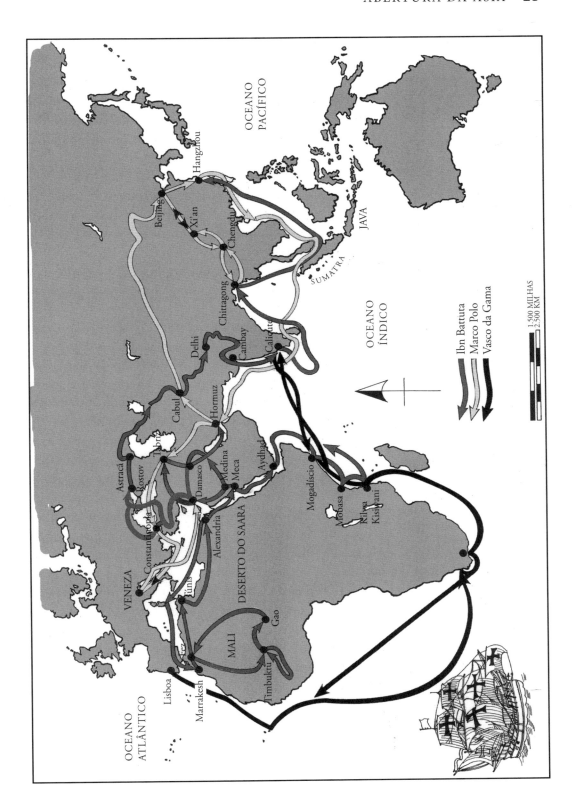

CRONOLOGIA

Ibn Battuta *(1304-1369)*

1325 Ibn Battuta deixa o Marrocos com 21 anos para sua primeira peregrinação a Meca.

1326-49 O marroquino percorre um itinerário incansável de viagem e exploração pela África Oriental, Oriente Médio, Ásia Central, Índia, Sudeste da Ásia e China. Finalmente, ele retorna para casa no Marrocos.

1353 Depois de uma breve visita a Granada, na Espanha, Battuta viaja pelo Deserto do Saara até o Rio Níger e Timbuktu.

1355 Battuta retorna ao Marrocos onde permanece pelo resto de sua vida.

Battuta foi favorecido porque sua família rica e sua educação subsequente em direito lhe deu a oportunidade financeira para viajar. Depois de ter agarrado sua oportunidade, porém, ele levou o conceito de exploração a um nível que foi raramente visto. Em termos da simples distância, o muçulmano Battuta superou completamente seu predecessor europeu, Marco Polo.

De fato, era a fé de Battuta que estava no cerne de seu desejo de viajar. Depois de retornar ao Marrocos depois de três décadas na estrada, Battuta ditou os detalhes de sua jornada a um autor chamado Ibn Juzay al-Kalbi. Tanto quanto um relato de viagem por direito próprio, o livro resultante, *Rihla*, era também um tributo ao tamanho e à influência do mundo muçulmano na época, pois Battuta tinha visitado cada um dos estados compreendidos nele em algum ponto. As terras islâmicas se estendiam pela África, o Oriente Médio, o sul da Europa e, é claro a Ásia, e seu comércio e influência marítima se estendiam ainda mais longe. Battuta aproveitou a oportunidade que suas viagens lhe deram para testemunhar tudo em primeira mão.

Ele começou, corretamente, com uma peregrinação pelo norte da África até Meca, em 1325. Battuta retornaria muitas vezes a essa cidade durante suas viagens. De fato, depois de uma excursão de Meca ao Iraque e à Pérsia, ele passou mais três anos na Cidade Sagrada antes de continuar. Quando ele finalmente partiu, viajou de barco ao longo da costa da África Oriental, chegando até a Tanzânia, em uma época em que a África era também muito desconhecida dos exploradores europeus. Finalmente, voltando-se novamente para o norte, Battuta circundou a Península Árabe por mar antes de atracar em algum lugar ao longo da costa do Golfo Pérsico, de onde ele foi novamente para Meca. Foi nesse ponto que as aventuras asiáticas de Battuta começaram de verdade, quando ele escolheu ir para o norte primeiro antes de virar para o leste. No processo, ele cruzou o Mar Negro e chegou até o local em que hoje fica Istambul. Depois, ele viajou pelos estados contornando o lado norte do Mar Negro e do Mar Cáspio e abriu caminho pela Ásia Central até a Índia.

O subcontinente indiano se tornaria um dos destinos favoritos de Battuta, e ele encontrou emprego lá como juiz a serviço do sultão muçulmano Muhammad Tughlaq, de Delhi. Depois de trabalhar para ele por quase uma década, Battuta foi enviado em uma

ACIMA: *Peregrinos modernos escalam o Pico de Adão no Sri Lanka em um ritual que continua imutável desde a época de Ibn Battuta.*

missão oficial à China. Preferindo pegar a rota marítima, Battuta passou pelas Maldivas, Ceilão, leste da Índia, Sumatra e Malásia, a caminho de Cantão. Ao chegar à China, ele possivelmente viajou até o norte, chegando ao local onde hoje se situa Beijing. Finalmente, Battuta começou sua jornada para casa, mais uma vez por mar, pelo sul da Ásia, Índia e novamente o Oriente Médio. Ele voltou a Meca mais uma vez antes de voltar para o Marrocos, onde chegou em 1349, quase 25 anos depois de ter partido. Mesmo assim, o marroquino não tinha perdido seu gosto por viagens. Ele também visitaria o sul da Espanha e cruzaria o Deserto do Saara até Timbuktu antes de terminar seus dias de caminhante.

Cheng Ho *(1371-1435)*

Outro notável predecessor de Vasco da Gama foi o aventureiro chinês do século XV, Cheng Ho. Quase cem anos antes de os navios europeus chegarem à Ásia, a China estava realizando viagens em frotas igualmente grandes saindo do litoral da Ásia e da África Oriental. Foi um empreendimento que transformou a China no poder dominante em toda a região, e Cheng Ho estava no cerne disso.

ACIMA: *Juncos chineses no porto de Hong Kong. Uma das maiores nações marítimas do mundo, os chineses se aventuraram pela maior parte do globo nesses surpreendentes navios.*

Também conhecido como Zheng He e San Bao, Cheng Ho realizou pelo menos sete grandes expedições, e talvez mais, sob as ordens do Imperador Ch'eng Tsu, da dinastia Ming. O Imperador estava ansioso por estabelecer relações diplomáticas com o máximo possível de países estrangeiros. Isso não só estenderia o alcance e a influência das autoridades chinesas, mas também aumentaria a possibilidade de desfrutar comércio, riqueza e itens de luxo importados.

Então, Cheng Ho iniciou sua primeira expedição em 1405, com cerca de 300 navios e quase 28 mil homens sob seu comando. Os 60 navios da frota eram enormes, cada um media 120 metros de comprimento. Os navios da maioria dos grupos europeus que chegaram um século depois pareciam pequenos perto deles. Os navios estavam carregados com presentes para governantes estrangeiros e itens para comerciar com o objetivo de que a missão de Cheng Ho prosperasse. Consequentemente, a viagem de dois anos do almirante chinês ao redor do Mar do Sul da China até Java, Ceilão e Índia foi um completo sucesso, resultando em novas importações e em novos parceiros internacionais.

Incentivado por isso, o Imperador manteve Cheng Ho nos mares nas duas próximas décadas. Além de viajar a países anteriormente visitados e descobrir muitos destinos novos no Sudeste da Ásia, como Sião, Malásia e Filipinas, Cheng Ho alcançou o oeste. Suas missões se estenderam até o Golfo Pérsico e a Arábia, incluindo uma peregrinação a Meca, que, por ser muçulmano, Cheng Ho estava ansioso por fazer.

Além disso, as expedições se estenderam até o Egito e o litoral da África Oriental, onde muitas relações importantes foram estabelecidas.

De fato, embaixadores de até 30 países voltaram à China com Cheng Ho, fortalecendo assim as relações políticas.

Alguns comentaristas acreditam que uma das expedições de Cheng Ho circundou o Cabo da Boa Esperança, a ponta sul da África, por volta de 1420, mais de meio século antes de os portugueses conseguirem o mesmo feito partindo da Europa. Mapas que mostram parte da costa oeste da África, possivelmente desse período, sustentam essa afirmação. Existem outros relatos de Cheng Ho descrevendo franceses, portugueses e holandeses, então há uma possibilidade remota, portanto, que ele até tenha atingido as costas da Europa. Existe até alguns indícios de que as frotas de Cheng Ho chegaram à América, décadas antes de Colombo. Mais uma vez, especialistas indicam possíveis mapas do período que marcam o continente. Existe uma probabilidade um pouco maior de que as frotas dele tenham chegado ao litoral norte da Austrália, séculos antes de outros exploradores mais famosos. O Imperador Ch'eng Tsu morreu perto do final do período expedicionário de Cheng Ho e com sua morte foi-se também grande parte do interesse da China no internacionalismo que ele tinha praticado. A China tornou-se cada vez mais isolacionista até o ponto em que, apenas alguns anos depois da morte de Cheng Ho, virou completamente as costas ao mundo exterior. A China abandonou o domínio cultural, tecnológico e econômico que havia estabelecido na Ásia, Oriente Médio e África Oriental, deixando a porta aberta para a colonização europeia, algumas décadas depois.

Apesar disso e do fato de muitos de seus registros terem sido posteriormente destruídos, as conquistas de Cheng Ho abriram o caminho para outros. Em particular, grande parte do antigo tráfego pela "Rota da Seda" mudou e permaneceu na "Rota Marítima da Seda" conforme os países da região aproveitavam as novas oportunidades de comércio. Assim, quando Vasco da Gama viajou para a Ásia pela primeira vez, ele estava na verdade já entrando em rotas comerciais já estabelecidas há quase um século. E isso, é claro, juntou-se aos quase dois mil anos de conheci-

CRONOLOGIA

Cheng Ho *(1371-1435)*

1405 Cheng Ho zarpa da China em sua primeira expedição.

1407 A missão inicial retorna à China. Seu sucesso comercial e diplomático é tal que o Imperador Cheng Zu incumbe Cheng Ho de pelo menos mais seis grandes expedições a outras partes da Ásia, Índia, Oriente Médio e África Oriental.

1420 É possível que uma das frotas de Cheng Ho tenha sido a primeira a contornar o Cabo da Boa Esperança, na África.

Após 1435 Depois da morte de Cheng Ho, a China abandona cada vez mais as expedições em grande escala e adota uma política isolacionista.

Embora Alexandre fosse inegavelmente um líder implacável, suas explorações foram dirigidas por um ideal muito mais elevado.

mento mais amplo do domínio asiático que tinham sido estabelecidos por exploradores asiáticos anteriores.

Alexandre, o Grande, *(356-323 a.C.)* e os primeiros exploradores asiáticos

Alexandre, o Grande, não era um explorador convencional. Mas ele também não era um homem convencional. Em muitos aspectos, a inclusão dele neste livro sob o título de "explorador" é um pouco de indulgência, mas ele cobriu tanta distância e atingiu tal quantidade de países tão cedo na história e em um período tão curto, que é impossível ignorar seus feitos tão determinados.

Alexandre era um macedônio que se tornou rei em seu país aos 20 anos. Aos 33, ele estava morto. Nesses 13 anos, ele criou o maior império na história e visitou pessoalmente a maior parte de seu território. Sem dúvida, ele liderou pessoalmente a conquista da maior parte do império.

Embora Alexandre fosse um líder implacável, suas explorações e conquistas foram, em muitos aspectos, dirigidas por um ideal mais elevado. Aluno de Aristóteles e acostumado a encontrar estrangeiros na corte de seu pai e predecessor, o rei Filipe II da Macedônia, Alexandre tinha uma visão ampla do mundo desde tenra idade. Em

ACIMA: *Desenho do Palácio Real da Babilônia, de Johann Fischer von Erlach, arquiteto oficial da corte dos imperadores austríacos Habsburgos, no século XVII.*

vez de brigar com a diversidade do mundo, ele estava pronto para abraçá-la. Consequentemente, seu desejo era unificar todo o mundo conhecido em um único país que combinasse os melhores elementos do Leste e do Oeste em seu governo e cultura. Ele quase conseguiu isso.

Depois de subir ao trono da Macedônia, o primeiro ato do jovem rei foi unir a Grécia sob seu poder, abafando diversos levantes nesse processo. Um primeiro exemplo de seu rastro implacável foi quando ele saqueou a cidade de Tebas depois de uma revolta. No processo, seu exército destruiu todos os prédios na cidade, exceto os templos e as casas de um famoso poeta chamado Píndaro. Muitos foram mortos e os milhares de habitantes que sobreviveram foram vendidos como escravos pelo rei. Esse foi um exemplo que garantiu que as outras cidades da Grécia logo se submetessem a ele.

Neste estágio, Alexandre já tinha entrado em uma breve investida contra o exército persa, mas seu objetivo era implementar o que havia sido inicialmente o plano de seu pai e superá-lo. Para fazer isso, Alexandre embarcou em uma viagem admirável que durou uma década e que o levou por toda a Ásia. Ele começou abrindo caminho pela Ásia Menor, superando continuamente a resistência dos exércitos do rei persa

ACIMA: *Alexandre, o Grande, derrota o exército persa sob Dário, na Batalha de Grânico, em 334 a.C.*

CRONOLOGIA

Alexandre, o Grande
(356-323 a.C.)

336 a.C. Alexandre sobe ao trono da Macedônia.

334 a 325 a.C. Depois de unificar a Grécia e os Bálcãs, Alexandre começa uma enorme campanha de exploração e conquista. Durante esse período, seu império se estendeu para incluir a Ásia Menor, Pérsia, Síria, Egito, Afeganistão e norte da Índia.

325 a.C. Alexandre vai novamente para o oeste, para consolidar seu império.

323 a.C. Enquanto planejava uma expedição ao redor da Arábia partindo da Babilônia, Alexandre fica doente e morre com apenas 33 anos.

Dário III. Ele continuou pela Síria antes de entrar no Egito onde foi recebido como o libertador do jugo persa. Um de seus legados mais duradouros foi fundar e dar o nome à cidade de Alexandria em 331 a.C. Ele viajou para o oeste até a Líbia antes de voltar sua atenção mais uma vez para a Pérsia.

Novamente, ele derrotou Dário, desta vez na Mesopotâmia, na Batalha de Gaugamela, antes de marchar para a Babilônia. Nos anos seguintes, ele percorreu o resto da Pérsia. Nesse período Dário foi assassinado por seu próprio primo Bessus por causa da disputa pela coroa. Mas Bessus não a teve por muito tempo, pois Alexandre logo o prendeu e o executou, garantindo sua própria ascensão como Rei da Pérsia.

Ainda assim, a sede de Alexandre por novos territórios não foi satisfeita. Ele continuou até alcançar o que agora é o Afeganistão e, depois, estendeu seu domínio até o norte da Índia. Então, ele mandou construir uma frota de barcos e zarpou pelo Rio Indo até sua foz. Com os homens cansados de tanta expansão e a ameaça de motim no ar, Alexandre optou por consolidar seu império, enviando sua frota ao longo da rota marítima pouco explorada pelo Golfo Pérsico. Ele marchou com o resto de seu exército pelo terreno do deserto onde hoje estão o Paquistão e o Irã, e encontrou sua frota de novo em Susa.

No ano seguinte, Alexandre se dirigiu novamente para a Babilônia, que havia escolhido para ser a nova capital de seu enorme império. Lá ele planejou reformas governamentais e administrativas, e também uma expedição marítima ao redor da península árabe. Infelizmente para Alexandre, essa seria a única jornada além de seu alcance. Algumas semana depois, no auge de seu poder e império, Alexandre pegou o que provavelmente seria a malária e morreu logo depois.

O enorme império de Alexandre desmoronou rapidamente depois de sua morte inesperada. Ele havia conquistado tão depressa, e sua morte foi tão súbita que não houve tempo para preparar um sucessor ou uma estrutura nas instituições administrativas necessárias para gerenciar um território tão vasto. No entanto, embora os pilares do governo do império se desintegrassem, grande parte do tecido social e ritual permaneceu, o que é mais notável na influência duradoura da cultura helênica na região.

Chang Ch'ien *(c.160-107 a.C.)*

O espírito de exploração logo se espalhou por toda a Ásia. Dentro de alguns séculos, os chineses estavam batendo às portas do extremo oriental do antigo império de Alexandre com suas próprias investigações. Um de seus cidadãos, Chang Ch'ien (ou Zhang Qian como às vezes é chamado) tem o crédito de ter sido o fundador da "Rota da Seda", um grande trajeto de comércio que ligava a china à Ásia Central e ao Ocidente.

As explorações de Chang Ch'ien foram inicialmente motivadas por preocupações militares, sem muito sucesso a princípio. O imperador da China na época, Wu Ti, que governou de 140 a 87 a.C., estava ansioso por fazer alianças com aqueles que compartilhassem seu inimigo comum, "os hunos", chamados na época de Hsiung-nu ou Xiongnu. Os hunos, um povo nômade, fazia ataques regulares à China, vindos do noroeste. Uma tribo chamada yueh-chih também tinha sofrido nas mãos dos hunos. Vivendo na borda do território huno oposta aos chineses, eles tinham sido empurrados cada vez mais para o oeste pelas invasões de seu inimigo comum.

Consequentemente, Wu Ti decidiu que seria uma boa estratégia tentar fazer amizade com os yueh-chih e, assim, resolveu mandar um enviado para as terras inexploradas e perigosas em uma tentativa de estabelecer relações diplomáticas. Cheng Ch'ien, que trabalhava para o imperador como um comandante no Palácio Imperial, na capital da época, Chang'an (ou Xian), foi voluntário para a missão. Wu Ti lhe deu cem homens para acompanhá-lo e, em 138 a.C., eles começaram sua missão. Passar-se-iam 13 anos antes que Chang Ch'ien retornasse.

A principal razão para a longa duração da viagem foi que o grande explorador chinês passou 11 desses anos em cativeiro. Ele tinha seguido uma passagem ao norte pelo território huno a caminho dos yueh-chih na esperança de evitar a captura. Infelizmente, ele não só foi preso como também passou a década seguinte como prisioneiro dos hunos. Durante esse tempo, porém, ele se casou com uma mulher local e teve um filho com ela antes de finalmente escapar e continuar sua viagem para o oeste.

A primeira viagem de Chang Ch'ien durou 13 anos, 11 deles passados em cativeiro.

Por fim, ele chegou à capital do povo yueh-chih onde hoje fica o Afeganistão. Nessa época, no entanto, a tribo havia abandonado o nomadismo, não mais desejava retornar às terras de que os hunos os haviam expulsado e tinha se estabelecido em um novo território. Consequentemente, eles não desejavam uma aliança militar que potencialmente os levaria a um conflito no qual não estavam mais interessados.

Depois de levar 11 anos para chegar ali, Chang Ch'ien fracassou em sua missão diplomática. Agora, ele tinha de voltar para casa para levar notícias a Wu Ti. Dessa vez, ele foi pelo sul, perto do Tibete, em uma tentativa de evitar uma nova captura pelos hunos. Mais uma vez, Chang Ch'ien fracassou. Ele passou mais um ano em

CRONOLOGIA

Chang Ch'ien
(c.160-107 a.C.)

***c.*138 a.C.** Chang Ch'ien parte em sua primeira expedição ao oeste na esperança de fazer alianças militares contra os hunos.

***c.*125 a.C.** Depois de fracassar em sua missão diplomática e passar grande parte desse tempo na prisão, Chang Ch'ien volta para casa, mas não antes de aprender muito sobre as melhores rotas terrestres para o oeste.

***c.*115 BC** Chang Ch'ien vai novamente para o oeste em uma segunda missão.

***c.*105 a.C.** A rota comercial da Estrada da Seda unindo o Oriente e o Ocidente abriu-se intensamente, e Chang Ch'ien é considerado seu fundador.

cativeiro com a esposa e o filho antes de escapar com eles mais uma vez.

Por fim, 13 anos depois de começar, Chang Ch'ien chegou de volta a Chang'an, acompanhado por apenas um dos cem homens originais. Muito mais importantes do que as notícias da aliança fracassada, porém, foram as histórias fascinantes das terras, culturas e rotas que ele tinha explorado no caminho de ida e volta das terras dos yueh-chih. Ainda mais empolgantes eram as histórias que ele ouvira sobre as grandes civilizações ainda mais a oeste, os persas, os mesopotâmios e os romanos, com quem poderiam ser formadas novas parcerias comerciais por meio das rotas que ele havia descoberto.

Depois, Chang Ch'ien foi enviado em uma segunda expedição por volta de 115 a.C., com o objetivo de formar uma aliança militar contra os hunos com outra tribo ocidental, os wu-sun. Isso, por sua vez, inspirou Chang Ch'ien a enviar aliados para locais como a Índia, para investigar o possível estabelecimento de outras parcerias militares e comerciais.

Logo depois de seu retorno da segunda expedição, Chang Ch'ien adoeceu e morreu. Suas ações e sua bravura já haviam criado um legado que ajudaria a China a comercializar lucrativamente com outros países asiáticos pelos próximos mil anos: os caminhos para a Ásia Central que Chang Ch'ien havia descoberto se tornaram parte da famosa Rota da Seda. A partir de aproximadamente 105 a.C., e pelos séculos que se seguiram, grandes cargas comerciais contendo, entre outras mercadorias, especiarias e a valorizada seda começaram a ser enviadas ao longo dessa rota terrestre da China para a Ásia Central e o Oriente Médio. Por sua vez, essas mercadorias muitas vezes chegavam à Europa e ao Império Romano, estabelecendo as primeiras dependências comerciais entre o Oriente e o Ocidente. Logo mercadorias e animais também começaram a percorrer a direção oposta, entre eles, cavalos, couro e uvas para a produção do vinho.

Eudoxo de Cízico *(c.150 a.C.)*

No extremo ocidental do antigo império de Alexandre, os gregos também empreenderam suas primeiras explorações. Além de buscar oportunidades para investigar o Mar

Negro e as águas ao norte da Europa, indivíduos trabalhavam a serviço de outras nações se isso significasse a possibilidade de se aventurar ainda mais. Eudoxo de Cízico foi um grande exemplo desse princípio. Embora fosse grego, seus patrocinadores eram os egípcios. E embora fosse um europeu, seu destino, como o de Alexandre, era a Índia.

Mil e quinhentos anos antes de Vasco da Gama, Eudoxo de Cízico fez não uma, mas duas viagens por mar ao subcontinente. No entanto, ao contrário do explorador português, ele não precisou circundar a África para chegar à Índia. Trabalhar para mestres egípcios tinha algumas vantagens, e uma delas era o litoral do Mar Vermelho. Isso tornou mais realista uma jornada que, de outra forma, teria sido quase impossível em uma época em que Eudoxo tinha poucas das vantagens tecnológicas em projeto de barcos e instrumentos de navegação que Vasco da Gama desfrutava.

Desde que a humanidade conheceu pedras preciosas, perfumes agradáveis e especiarias finais, eles foram desejados, e os homens se dispunham a arriscar a própria vida e a vida de outros em sua busca. Os faraós egípcios não eram diferentes. Ptolomeu Euergetes II, que reinou de 170-163 e 145-116 a.C., desejava os luxos dos reis. Ele decidiu que Eudoxo seria seu instrumento para obtê-los, então o grego foi enviado com o ambicioso objetivo de viajar por mar até a Índia para adquirir essa carga exótica. A falta de instrumentos de navegação de Eudoxo era compensada pela sorte. Em Aden, na ponta sul da península árabe, ele encontrou um piloto indiano que tinha sido abandonado na cidade. Subitamente, a perspectiva de uma viagem difícil para o desconhecido ficou muito mais direta. O piloto guiou Eudoxo até o destino desejado e o grego obteve a carga que estava procurando.

Voltando ao Egito com a esperança de manter pelo menos parte de sua carga para si mesmo, Eudoxo foi rapidamente colocado em seu lugar. O faraó confiscou todo o conteúdo dos baús da expedição, de pedras preciosas a especiarias e perfumes. Como agradecimento, Eudoxo foi enviado novamente para a Índia, alguns anos depois, desta vez para obter mercadorias para a nova líder do Egito,

> *Mil e quinhentos anos antes de Vasco da Gama, Eudoxo de Cízico fez não uma, mas duas viagens por mar ao subcontinente.*

CRONOLOGIA

Eudoxo de Cízico
(c.150 a.C.)

c. 120 a.C. Eudoxo encontra a rota marítima do Egito para a Índia, a serviço do faraó Ptolomeu Euergetes II. Ele retorna com muita carga. Alguns anos depois, o grego foi enviado em outra missão à Índia, a serviço de Cleópatra III, retornando novamente com especiarias, perfumes e pedras preciosas.

c. 108 a.C. Convencido de que a África poderia ser circunavegada, Eudoxo equipa uma frota para realizar essa viagem. Sua primeira tentativa deu em terra no Marrocos. Sua segunda expedição (*c.*105 a.C.) nunca mais foi vista depois de ir para o sul da África Ocidental.

Cleópatra III, que reinou de 116-107 e de 88-80 a.C. Mais uma vez, o grego foi bem-sucedido, e mais uma vez ele teve muitos lucros. Entretanto, como antes, os ganhos foram da soberana porque a carga foi para as mãos da governante.

No entanto, muito antes da era moderna, a exploração da Ásia e o comércio no continente estavam claramente florescendo. Desde os limites orientais da Grécia até as fronteiras da China, os primeiros exploradores e comerciantes já haviam dominado a localização da maior parte das terras — e dos mares — entre eles. O homem que dominara mais do que a maioria, Alexandre, o Grande, havia ajudado a abrir um caminho na Ásia que estava florescendo mais de mil anos antes de uma nova onda de exploradores chegar mais uma vez para "abrir" o continente.

Marco Polo *(1254-1324)*

"Eu só contei metade do que vi", declarou Marco Polo em seu leito de morte. No entanto, esses 50% foram um relato fantástico das terras e dos povos do oriente, muito além da experiência da maioria dos exploradores europeus até essa época.

De certo modo, a fama que Marco Polo tem na história é um pouco injusta, pois ele foi praticamente um explorador "acidental". Se não fosse pelas viagens anteriores

ACIMA: *Uma caravana de camelos atravessa o deserto de Taklimakan, ao longo do caminho da Rota da Seda, a antiga rota de comércio entre a Europa e a Ásia.*

de seu pai e de seu tio, Niccolo e Maffeo respectivamente, os contatos que permitiram que Marco realizasse suas viagens extraordinárias pela Ásia quase certamente não teriam sido feitos. Além disso, Marco só começou suas próprias viagens como adolescente porque o pai insistiu em levá-lo junto.

Embora Marco provavelmente só tivesse uma influência mínima sobre o plano de sua família para viajar por terra para a China, o que o distinguia de Niccolo e Maffeo, pelo menos em termos históricos, era o fato de que ele se certificou de que sua história fosse escrita. Mais uma vez, porém, pode-se argumentar que isso provavelmente foi uma coincidência. O homem que se tornou o autor das viagens de Marco, um escritor chamado Rustichello, só escreveu a história depois de passar um ano na prisão com Polo. Os dois homens se tornaram companheiros de cela quando os genoveses os capturaram durante uma guerra com a cidade de Veneza, onde Marco nasceu. Durante esse confinamento, Marco relatou os detalhes de suas viagens a Rustichello que, depois, lançou o livro *bestseller*, *As Viagens de Marco Polo*. Foi em parte porque muitos não acreditavam em seu conteúdo e em parte porque ele era o relato mais específico de muitas das culturas além da Europa que existiam no continente nessa época em que o nome de Marco Polo se tornou lendário. Além do mais, o trabalho se tornou uma inspiração para as futuras gerações de exploradores, entre eles Henrique, o Navegador (ver Capítulo 3) e Cristovão Colombo (ver Capítulo 4).

A jornada por terra que Marco Polo fez de Veneza até o leste da Ásia foi imensa, mas não única. Desde a ascensão do império mongol, que se estendia das fronteiras da Europa Oriental até a China e o Pacífico, embaixadores tinham sido enviados do Ocidente para tentar estabelecer relações diplomáticas com os mongóis. Esforços anteriores tinham sido feitos em nome do Papa por Giovanni da Pian del Carpini e, depois, Guilherme de Rubrouck. Ambos os emissários passaram pela Pérsia e pela Ásia Central até a capital mongol de Karakorum, mas sem sucesso diplomático.

Porém, na década de 1260, Niccolo e Maffeo Polo, que tinham simplesmente um contrato comercial com a Crimeia, acabaram sendo convidados a viajar até a China por um embaixador mongol. Lá eles conheceram o líder mongol da China, Kublai Khan e, essencialmente por coincidência estabeleceram a abertura diplomática que o Papa desejava. Eles voltaram a Veneza alguns anos depois com saudações amigáveis e presentes para o líder da igreja cristã.

Então, em 1271, quando Marco Polo partiu com Niccolo e Maffeo em uma viagem de retorno de Veneza até a cidade que hoje é Beijing, ele não estava viajando por um território completamente desconhecido para um europeu. Mesmo assim, a jornada por terra demorou difíceis três anos e meio para ser concluída. Eles passaram pela Ásia Menor e pela Pérsia, de onde pretendiam fazer uma passagem por mar até a China. Infelizmente, eles não conseguiram um navio que considerassem forte o bastante para concluir a longa viagem e, assim, tiveram de continuar por terra. Eles caminharam pela

ACIMA: *Mapa ilustrado representando a jornada do comerciante veneziano Marco Polo ao longo da Rota da Seda até a China.*

Ásia Central, cruzando o inóspito deserto de Gobi enquanto seguiam para seu destino na China. A viagem incluiu um ano de recuperação de uma doença contraída por Marco Polo e também forneceu alguns relatos vívidos para seu livro posterior, embora mesmo essa realização épica não fosse o elemento mais extraordinário de seu tempo na Ásia. Em vez disso, foi o fato de que ao chegar na corte de Kublai Khan a família Polo passou quase duas décadas a seu serviço, explorando os locais mais remotor da China e outras áreas da Ásia.

A família Polo tinha um papel na administração do império e ajudou a preparar guerras. Em certo ponto, Marco Polo até se envolveu em coletar seus impostos. De fato, Marco, em particular, era favorecido por Kublai Khan e representava sua corte em muitas missões distantes. Seu serviço o levou para a Índia, Sri Lanka, Burma, Sudeste da Ásia, Sibéria e Mongólia. Ao fazer isso, Marco Polo foi exposto a partes da Ásia que, em alguns casos, os europeus não veriam novamente por mais 500 anos.

Marco Polo até se envolveu em coletar impostos para a corte de Kublai Khan.

Marco Polo não estava apenas vendo um "novo" território. Ao contar sua história, ele registrou os detalhes dos povos e os costumes que tinha encontrado em sua épica jornada, além de relatos de invenções desconhecidas. Esses relatos incluíam a criação chinesa da pólvora, livros impressos e, talvez o mais surpreendente de todos, o papel-moeda. Ele também falou de uma infraestrutura de cavalos e mensageiros que tinha sido estabelecida para levar rapidamente o "Correio Imperial" por vastas distâncias, permitindo que mensagens e cartas fossem enviadas para toda a China com uma velocidade inacreditável.

Durante seu trabalho e representações diplomáticas, a família Polo acumulou uma certa quantidade de riquezas. Em determinado ponto, surgiu a tarefa problemática de tentar transportar essa riqueza em segurança de volta à Europa. Depois de quase 20 anos a seu serviço, a família Polo persuadiu Kublai Khan a permitir que partisse de volta à casa, obtendo um passaporte imperial para ajudar a garantir uma viagem de retorno livre da ameaça de roubo. Como parte do acordo, eles concordaram em acompanhar uma princesa mongol a um casamento arranjado na Pérsia como sua tarefa final na corte mongol.

Dessa vez, a família Polo preferiu seguir viagem por mar da China para a Pérsia. Infelizmente, ela não foi menos traiçoeira e árdua do que a viagem por terra. Apenas o trecho por mar até a Pérsia levou quase dois anos. E ao chegar descobriram que o marido prometido para a princesa já havia morrido! Então, ela se casou com o filho do príncipe falecido.

Depois de concluir suas tarefas, os Polos continuaram a viagem de volta pela Pérsia, Turquia e, finalmente, Veneza. Eles chegaram em 1295, vinte e cinco anos depois da partida, com uma história tão admirável que chegaria até os dias de hoje.

Vasco da Gama *(c.1469-1524)*

Vasco da Gama é um dos nomes mais conhecidos na história das explorações. Ele é conhecido como o homem que completou a primeira viagem marítima da Europa para a Índia pela ponta sul da África, abrindo uma nova era nas relações comerciais entre Oriente e Ocidente. No entanto, ele também era um líder notoriamente impiedoso que recorria às vezes a métodos estranhos para atingir seus objetivos, algo que muitas vezes é desconsiderado na celebração de suas realizações.

CRONOLOGIA

Marco Polo *(1254-1324)*

1271 Marco, ainda adolescente, deixa Veneza, sua cidade natal, para viajar por terra para a corte de Kublai Khan, onde hoje fica Beijing, com o pai e o tio. Niccolo e Maffeo já tinham feito uma viagem por terra na década de 1260.

1275 A família Polo finalmente chega a seu destino e fica trabalhando a serviço de Kublai Khan.

1292 Marco Polo e sua família começaram a viagem de volta à Europa, mas dessa vez por mar.

1295 Finalmente a família Polo chega em Veneza, embora muitos não acreditem nos relatos da jornada dos viajantes.

1298-99 Marco Polo é aprisionado com o escritor Rustichello de Pisa, que ouve a história de sua vida e, depois, escreve o livro *As viagens de Marco Polo*. Ele se torna um *bestseller*.

Um dos motivos pelos quais Vasco da Gama foi escolhido como líder da expedição à Índia foi sua tendência à crueldade.

De fato, uma das principais razões para a escolha de Vasco da Gama como o homem que lideraria a expedição para a Índia foi sua tendência à crueldade. Outros haviam sido enviados em uma rota à terra prometida que se encontrava depois do Cabo da Boa Esperança, na África. Muitas vezes, eles tinham fracassado por causa da incapacidade de se manter firmes contra o desejo das tripulações de voltar para casa. Um desses exemplos foi Bartolomeu Dias (ver Capítulo 3) que foi o primeiro a circundar o Cabo, em 1487, mas que não conseguiu obrigar seus homens a chegar na Ásia. Então, o rei Manuel I de Portugal escolheu Vasco da Gama para concluir a viagem histórica para a Índia, acreditando que ele tinha a força de caráter para cumprir a tarefa que lhe fora designada.

O rei estava certo. Vasco da Gama acabou com qualquer sinal de motim nas primeiras semanas de sua viagem que incluiu uma viagem marítima incomumente longa para o sul da África. Em vez de seguir a rota tradicional ao longo da costa oeste da África, parando ao longo do caminho, Vasco da Gama achou que podia usar melhor

ACIMA: *Vasco da Gama se apresenta à corte de Calicute, na Índia, em 1498. Embora Vasco da Gama fosse inicialmente bem-recebido, as relações entre o explorador e os anfitriões não permaneceram boas.*

as correntes oceânicas e os ventos, fazendo um arco mais amplo que inicialmente ia para o oeste no Atlântico ao mesmo tempo que ia para o sul. Isso funcionou bem, mas significou três meses ininterruptos no mar, o que testou a vontade dos homens de Vasco da Gama e a força de sua liderança.

Vasco da Gama enfrentou o desafio e atingiu o Cabo da Boa Esperança em 22 de novembro de 1497. Agora, seguia-se a difícil jornada subindo o litoral da África Oriental, ainda inexplorado pelos marinheiros europeus. Em contraste, grande parte do litoral era bem conhecida e controlada pelos comerciantes árabes, que não receberam bem o recém-chegado. Em particular, Vasco da Gama encontrou hostilidades dos comerciantes muçulmanos em Moçambique e no porto de Mombasa, que agora fica no Quênia. Ele teve mais sucesso mais ao norte, em Malindi, onde o governante local achou que poderia estabelecer uma aliança útil contra a cidade concorrente de Mombasa.

Os bons contatos feitos em Malindi também ajudaram Vasco da Gama a garantir o conhecimento necessário para fazer o histórico trecho final de sua viagem revolucionária. Ele obteve os serviços de um guia veterano para ajudá-lo a navegar no oceano até a Índia. Em menos de um mês, aproveitando os ventos das monções, Vasco da Gama chegou a Calicute. A viagem pioneira por mar da Europa até a Ásia estava completa.

Infelizmente para Vasco da Gama, as relações comerciais que teriam tornado essa viagem tão importante não foram nada fáceis. A carga de Vasco da Gama tinha sido carregada para atrair os entrepostos comerciais menos sofisticados ao longo da costa africana e não os portos prósperos da Índia. Consequentemente, Vasco da Gama tinha pouco de valor a oferecer ao governante hindu de Calicute, e as negociações logo deram errado. Além do mais, os comerciantes árabes também controlavam essa região e, mais uma vez, quiseram expulsar Vasco da Gama o mais depressa possível.

De alguma maneira, essa falta de previsão em relação ao destino indiano é surpreendente porque o rei João II de Portugal tinha enviado uma operação secreta ao subcontinente uma década antes. Pêro da Covilhã fora escolhido para realizar a missão quase

CRONOLOGIA

Vasco da Gama
(c.1469-1524)

8 de julho de 1497 Vasco da Gama zarpa para a Índia de Lisboa, em Portugal.

22 de novembro de 1497 O explorador português chega ao Cabo da Boa Esperança, na África.

18 de maio de 1498 Vasco da Gama chega a Calicute, na Índia, completando a primeira viagem marítima bem-sucedida da Europa até o subcontinente.

Setembro de 1499 O explorador chega a Lisboa como herói.

1502-3 Vasco da Gama faz uma segunda viagem a Calicute, provocando desastres e vingança ao longo do caminho.

1524 Em uma última visita à Índia, Vasco da Gama fica doente e morre.

suicida, no entanto, ele conseguiu chegar à Índia e despachar relatório com muitas novas informações.

Pêro da Covilhã *(c.1450-1524)*

O segredo por trás do sucesso de Pêro da Covilhã foi, é claro, a preparação. O plano era que o espião chegasse à Ásia pelo Mar Vermelho. A fim de chegar à Índia por essa rota marítima ao norte, ele precisaria cruzar território islâmico no Egito e, provavelmente, parar em Aden no processo. O único modo de um europeu cristão sobreviver a essa missão seria se disfarçar de muçulmano, e para isso ele precisaria falar árabe. Não é coincidência, então, que Pêro da Covilhã tenha realizado anteriormente tarefas menos ambiciosas de espionagem em outros locais, entre eles em Fez, no Marrocos, onde aprendeu o idioma árabe. Ele também precisava de uma nova "ocupação", então enquanto viajava pelo Mediterrâneo até Rodes ele renasceu como um comerciante árabe.

Nesse estágio, Pêro da Covilhã pelo menos tinha um companheiro, outro espião, Afonso de Paiva, com quem ele viajou até Aden, no sul da península arábica. Enquanto as instruções de Covilhão eram para ir para o leste, as de Afonso de Paiva eram para ir para oeste, para o que hoje é a Etiópia, então chamada de Abissínia, onde os portugueses acreditavam que o lendário rei cristão Prestes João poderia ser encontrado, em busca de uma aliança.

Em busca do lendário Prestes João, Afonso de Paiva, companheiro de Pêro da Covilhã, foi para o oeste e chega à Etiópia.

A fim de chegar a Aden, os dois exploradores passaram mais de um ano cruzando o Mediterrâneo e, depois, viajando pelo Egito, parando onde fica atualmente o Sudão, enquanto se dirigiam disfarçados até o Mar Vermelho. Em Aden, Pêro da Covilhã encontrou uma passagem em um barco árabe que estava fazendo a travessia do Oceano Índico até o subcontinente. Em 1489, ele chegou à Índia. Visitou Calicute e Goa, todo o tempo tomando notas detalhadas do que observava e das rotas que seu grupo seguia, supostamente para benefício futuro de seus colegas aventureiros portugueses. Certamente, a Índia era o Santo Graal da promessa de comércio que os europeus esperavam que fosse, com grandes quantidades de especiarias, perfumes, sedas, pedras preciosas e ouro mudando de mãos. No entanto, apesar desse reconhecimento, Vasco da Gama ainda viajou posteriormente com mercadorias pouco atrativas para o comércio.

Apesar de seu sucesso comercial limitado na Índia, Vasco da Gama foi recebido como herói em Portugal.

Pêro da Covilhã havia, no entanto, cumprido sua missão ao tentar garantir que seus achados chegassem a Portugal, ao conseguir retornar para a península Arábica. Ele viajou ao longo de seu litoral de volta a Aden e, no final de 1490, chegou novamente ao Cairo. Lá ele encontrou alguns emissários que haviam sido enviados de

Portugal para coletar as notas que Pêro da Covilhã tinha tomado em sua jornada pioneira.

Ao mesmo tempo, Pêro da Covilhã soube da morte de Afonso de Paiva e de sua missão incompleta. Assim, em vez de voltar para casa, Pêro viajou para a Etiópia para concluir a missão inacabada de seu compatriota. No caminho, ele passou pela Cidade Sagrada de Meca e foi o primeiro europeu a visitar a cidade que era proibida para os cristãos. Porém ele não teve sucesso em encontrar o esquivo Prestes João, embora tenha sido bem recebido pelo imperador Eskender, governante da Abissínia, em grande parte cristã, que o obrigou a permanecer no reino praticamente pelo resto de sua vida.

No entanto, todo esse sacrifício pessoal e a coleta de informações feita por Pêro da Covilhã pouco impacto tiveram no planejamento de Vasco da Gama. Em resultado, três meses depois de chegar à Índia, Vasco da Gama foi obrigado a voltar para casa praticamente de mãos vazias. Ainda pior, ele tinha sido forçado a fazer alguns reféns para negociar a liberdade de parte de sua tripulação que havia sido presa por não pagar os impostos locais.

Depois de uma difícil viagem de 13 meses de retorno, três meses mais do que a viagem de ida, Vasco da Gama chegou a Portugal com apenas dois de seus quatro navios e apenas 54 homens de sua tripulação original de 170. Apesar disso e de seu sucesso comercial limitado, Vasco da Gama foi recebido como um herói pelo seu feito histórico.

Em 1502, Vasco da Gama partiu em uma nova viagem, desta vez com 20 navios fortemente armados. Ele estava resolvido a vingar o tratamento que recebera dos comerciantes muçulmanos e do governador hindu de Calicute. Sua raiva foi ainda mais alimentada por experiências igualmente negativas encontradas por seu compatriota Pedro Álvares Cabral (ver Capítulo 4) em uma missão nesse intervalo de tempo. Foram muitos os atos selvagens de Vasco da Gama, incluindo o bombardeio de Calicute e o assassinato de 38 pescadores locais como parte de uma campanha de terror para garantir acordos comerciais. Seu

CRONOLOGIA

Pêro da Covilhã
(c.1450-1524)

7 de maio de 1487 Pêro da Covilhã parte de Portugal em uma missão de espionagem para encontrar a rota marítima pelo norte até a Índia. Seu compatriota, Afonso de Paiva parte com ele tendo como destino a Etiópia.

1488 Disfarçado como um comerciante árabe, Pêro da Covilhã cruza o Egito e chega a Aden. Dali, ele vai de navio até o subcontinente.

1489 Chega a Calicute e Goa, na Índia.

1490 Retorna ao Cairo e fica sabendo da morte de Afonso de Paiva. Volta para concluir a missão do colega.

*c.***1492** Torna-se o primeiro europeu a visitar Meca.

1493 Chega à Etiópia e, embora bem recebido pelo imperador, é obrigado a permanecer ali por 30 anos.

*c.***1524** Finalmente, deixa a Etiópia e se dirige a Portugal, mas morre durante a viagem.

ato mais atroz, porém, foi impulsionado pelo desejo de vingança contra a hostilidade de muitos dos muçulmanos que ele havia conhecido.

Consequentemente, ele abordou e roubou um navio que levava cerca de 400 peregrinos que voltavam de Meca. Ao completar seu saque, ele trancou os reféns no porão do navio e depois o incendiou, causando a morte de todos os inocentes ocupantes.

Apesar desse terror, Vasco da Gama teve apenas um sucesso limitado no estabelecimento dos acordos comerciais que ele buscava na Índia. Contudo, ele abriu a porta para outras missões. Isso logo resultou no domínio português na região e em outras partes da Ásia. Muitas vezes, repetindo os atos cruéis de poder e terror de Vasco da Gama, os exploradores portugueses obtiveram as ricas cargas que desejavam. Confrontados com tanto poderio, muitos dos portos asiáticos que tinham sido controlados pelos comerciantes árabes logo assinaram contratos comerciais ou foram até colonizados por Portugal, iniciando um fluxo constante de mercadorias por mar do Oriente até a Europa.

Barão Nils Adolf Erik Nordenskjöld *(1832-1901)*

A rota da Europa para a Ásia pela África continuava muito difícil. Por séculos, as nações europeias continuaram a buscar a possibilidade de uma passagem por mar

ACIMA: *Peregrinos muçulmanos em Meca circulam a pedra sagrada da Caaba, em um antigo ritual.*

ao redor da massa de terra da Eurásia. Se fosse viável, a recompensa seria potencialmente enorme: uma rota mais curta e mais segura para a China e o resto da Ásia, removendo a necessidade existente do desvio perigoso ao redor da ponta sul da África.

Os exploradores estavam entusiasmados para enfrentar o desafio, e muitos fracassaram e alguns morreram nesse processo. Um dos primeiros exemplos foi Willem Barents que, no final do século XVI, fez três tentativas para encontrar a esquiva Passagem do Nordeste pelo mar que agora leva seu nome. Na terceira viagem, seu barco ficou preso no gelo compacto e ele acabou morrendo de escorbuto depois de um longo e frio inverno.

Nils Adolf Erik Nordenskjöld foi o homem que finalmente teve sucesso onde todos os outros haviam fracassado. Seu sucesso veio quase três séculos depois de Barents perder a vida, e nesse momento o pensamento de usar essa rota norte como uma alternativa comercial viável já havia sido abandonado, pois vastas áreas do oceano permaneciam congeladas por tempo demais durante o ano. Mesmo assim, a descoberta e a travessia da Passagem do Nordeste feita por Nordenskjöld continua a ser uma das realizações significativas da exploração.

Willem Barents foi apenas um dos muitos exploradores que deram a vida em busca da Passagem Nordeste.

Nordenskjöld nasceu na Finlândia, mas por causa de suas opiniões políticas ele foi exilado de sua terra pelas autoridades russas, em 1857. Ele se fixou na Suécia, de onde sua família tinha vindo, e foi ali que fez muitas das conexões que lhe permitiram realizar a exploração científica praticamente pelo resto de sua vida.

O sueco adotivo persuadiu seus colegas e patrocinadores que, ao realizar a viagem em um navio a vapor, ele poderia ser bem-sucedido em uma tentativa pela Passagem do Nordeste, onde outros haviam falhado. No passado, os esforços tinham sido feitos principalmente em barcos menores e mais velhos que ficavam presos no gelo. Nordenskjöld pensou que um navio a vapor maior não teria o mesmo destino. Ele não estava totalmente correto, mas mesmo assim acabou conseguindo. Vega, o navio a vapor de Nordenskjöld, zarpou de Kalskrona em 22 de junho de 1878, com uma tripulação de 21 homens. Inicialmente, eles fizeram um progresso excelente e, em setembro, estavam perto do Estreito de Bering, o canal que separa a Ásia do Alasca.

Esse canal recebeu o nome devido a Vitus Jonassem Bering, que o descobriu em 1728. Nascido na Dinamarca, mas empregado a serviço da marinha russa, Bering tinha sido enviado em uma grande expedição para estabelecer a extensão nordeste da Rússia. Em particular, ele recebeu ordens de confirmar que os continentes asiático

Depois de passar um inverno preso no gelo do Ártico, Nordenskjöld finalmente passou pelo Estreito de Bering.

e norte-americano eram separados por mar, e não unidos em uma grande massa de terra. Isso confirmaria a viabilidade de uma saída para qualquer passagem nordeste em volta da Rússia e para a China para possíveis propósitos comerciais. Bering teve sucesso em sua missão, o que significava que o interesse em completar a passagem seria mantido pelas gerações futuras. Infelizmente, não seria ele a tentar o feito, pois sucumbiu à doença em 1741 no que agora é a Ilha de Bering, depois de uma expedição para investigar o Alasca.

Então, um século e meio depois, o desafio continuava aberto para Nordenskjöld. Enquanto se dirigia ao Estreito de Bering, no entanto, o sueco, apesar de seu navio a vapor, como tantos antes dele, ficou preso no gelo. Não era possível fazer mais pro-

ACIMA: *O barão Nils Adolf Erik Nordenskjöld, navegador sueco nascido na Finlândia e descobridor da Passagem do Nordeste, com seu navio, o Vega.*

gressos durante o inverno. A expedição teria de suportar a longa espera até que o gelo derretesse no verão seguinte, antes de poder retomar a viagem.

Por fim, a paciência dos tripulantes foi recompensada e, no ano seguinte, eles passaram pelo Estreito de Bering e chegaram à China e ao resto da Ásia. Nordenskjöld completou sua jornada de volta à Europa pela rota mais tradicional e voltou para casa como herói. Em 1880, ele foi nomeado barão em reconhecimento à sua realização.

As conquistas de Nordenskjöld não se limitaram à Passagem do Nordeste. Antes em sua carreira, ele conseguiu explorar até a latitude 81 graus 42 minutos norte. De fato, ele fez numerosas viagens à terra norte de Spitsbergen e a mapeou. Em 1872, ele até fez uma tentativa de chegar ao Polo Norte, mas teve de abandonar a expedição depois de sua rena fugir! Ele também teve um intenso envolvimento na exploração da Groenlândia. Em 1870, ele viajou mais terra adentro do que qualquer outra pessoa já tinha conseguido. Mais tarde, em 1883, no litoral leste da Groenlândia, ele viajou cerca de 120 quilômetros por sua famosa grande barreira de gelo.

Além disso, as realizações de Nordenskjöld em explorações tornaram-se ainda mais significativas por causa de seu conhecimento como cientista e cartógrafo. Ele deixou um vasto legado de livros e mapas que fez durante suas expedições ao norte, bem como um conjunto de outros trabalhos, que ainda hoje são considerados muito valiosos. Em 1902, logo depois de sua morte, toda a coleção foi vendida para a Universidade de Helsinki, cumprindo o desejo de Nordenskjöld de que a compilação retornasse completa à sua terra natal.

A conclusão da Passagem do Nordeste foi sua maior realização. Ao rodear o topo da Ásia, Nordenskjöld estava concluindo um processo de exploração do vasto litoral do continente que tinha começado literalmente milhares de anos antes. De Alexandre, o Grande, a Vasco da Gama e além, a Ásia nunca desapontou: ela foi uma fonte constante de maravilhas exploratórias. Finalmente, porém, o mundo está começando a compreender o continente em sua totalidade.

CRONOLOGIA

Barão Nils Adolf Erik Nordenskjöld *(1832-1901)*

1857 Nordenskjöld é exilado de seu país natal, a Finlândia, e se muda para a Suécia.

Década de 1860 Realiza diversas expedições ao Ártico, finalmente chegando à latitude 81 graus 42 minutos ao norte.

1870 Viaja mais para o interior da Groenlândia do que qualquer pessoa antes.

1872-73 Abandona a tentativa de chegar ao Polo Norte depois da fuga de sua rena. Realiza mais explorações ao Ártico nos anos seguintes.

1878-79 Torna-se a primeira pessoa a atravessar a Passagem do Nordeste.

1883 Completa outra expedição à Groenlândia.

CAPÍTULO 3

O BERÇO DA HUMANIDADE:
Redescoberta da África

A África foi provavelmente o primeiro continente habitado na Terra. Porém, com exceção das regiões polares, ele foi o último a revelar seus muitos segredos aos exploradores do mundo "exterior". O que torna isso ainda mais intrigante é que mesmo na época dos primeiros registros, a África, ou pelo menos as áreas mais ao norte, eram muito mencionadas.

Mesmo assim, a maior parte do continente permaneceu misteriosamente oculta até, em algumas áreas, pouco mais de um século atrás. O Novo Mundo demorou menos de 500 anos da "descoberta" até a revelação completa, mas até os tempos modernos, a África, cuja existência era conhecida há milênios, teimosamente frustrou todos que tentaram compreendê-la.

Necho II *(c.600 a.C.)*
A exploração conhecida do continente na verdade começou com uma nota positiva. Em cerca de 600 a.C., o rei egípcio, Necho II, enviou uma frota de exploradores fenícios que, se acredita, circunavegou o continente. Originalmente da região do Líbano, os fenícios estabeleceram postos comerciais e colônias em toda a região do Mediterrâneo e eram conhecidos na época por sua força como comerciantes e navegadores. Naturalmente, então, eles eram a escolha perfeita para Necho. Ele era um homem de grandes projetos. O governante anteriormente tinha tentado construir o equivalente do atual Canal de Suez que ligaria o Mediterrâneo à Arábia e à Ásia por meio de uma nova passagem aquática. Era um projeto enorme que estava muito além de seu tempo e, embora seu fracasso tenha sido inevitável, o revés só animou Necho a tentar algo que era ainda mais ousado. Ele enviaria uma frota ao redor do continente africano que ele apenas suspeitava que poderia ser circunavegado. Os fenícios que ele enviou não só provaram isso,

REDESCOBERTA DA ÁFRICA 45

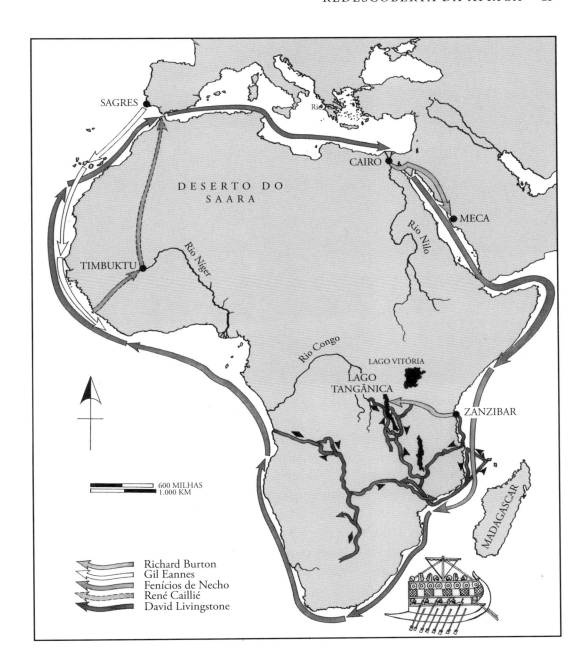

ACIMA: *O Cabo da Boa Esperança, a ponta mais ao sul do continente africano. Uma combinação de correntes do norte e do sul ao redor desse cabo torna a navegação traiçoeira ao extremo.*

mas completaram uma jornada que as superpotências chinesa e europeia dos séculos XV e XVI só conseguiriam depois de dois mil anos.

A razão dessa conquista não ser mais amplamente divulgada é que muitos duvidam de sua autenticidade. O conhecimento da jornada foi transmitido pelo historiador grego Heródoto em sua obra *Histórias*, e mesmo ele duvidava da veracidade de alguns dos registros. Ironicamente, o ponto específico questionado por Heródoto é que hoje leva os historiadores a acreditar que o relato provavelmente seja preciso.

Os fenícios contornaram a África, ou a Líbia como Heródoto chamava na época, na direção horária, com o Mar Vermelho egípcio como ponto de partida. No processo, eles passaram para o hemisfério sul. Nesse ponto, o caminho do sol estaria no lado oposto ao que era "normal" quando navegavam em qualquer determinada direção. Heródoto não tinha conhecimento de que a Terra é um globo e, consequentemente, ele não entendeu e, por isso, não acreditou nos fenícios quando eles relataram essa observação. Ele escreveu:

> Esses homens fizeram uma declaração em que eu não acredito, embora outros sim, e disseram que ao navegarem em um curso para o oeste ao redor do final sul da Líbia, eles tinham o sol à direita, não ao norte deles.

Sabendo hoje que a Terra é de fato uma esfera, o relato se torna muito mais crível. Só alguém que tivesse realmente feito a viagem para o hemisfério sul em uma época tão remota poderia visualizar essa história.

Mesmo se concedermos que esse relato antigo pode ser verdadeiro, porém, isso não significa que a África se tornou mais acessível e menos misteriosa. Pouco mais aconteceu nos mil anos seguintes, pelo menos no que diz respeito à história das explorações. Finalmente, quase no fim do primeiro milênio d.C., os chineses provavelmente chegaram à África Oriental. No século XIV, o marroquino Ibn Battuta esteve entre os primeiros a registrar parte do Saara e as peculiaridades da África Oriental, como parte de suas viagens (ver Capítulo 2). No século seguinte, Cheng Ho e os chineses voltaram a explorar ainda mais do litoral africano, provavelmente rodeando a ponta sul do continente pela primeira vez desde a frota de Necho (ver Capítulo 2). E embora os europeus também tenham se juntado à busca pelo conhecimento a partir do século XV, o interior da África permaneceu misterioso por mais 500 anos.

Se a exploração tinha a ver com obrigar as terras e os mares a revelarem seus segredos, então claramente a África era um continente que não se rendia fácil.

Henrique, o Navegador *(1394-1460)*

Dois mil anos depois de Necho II enviar uma frota para explorar o litoral africano, um príncipe português ficou interessado em uma realização similar. Seu nome era Henrique, o Navegador.

Em alguns aspectos, Henrique era semelhante ao rei egípcio. Os dois homens são registrados como sendo grandes "exploradores" embora nenhum deles tenha realmente tomado parte nas expedições que lhes foram creditadas. Ambos, como estadistas, estavam interessados no comércio e no poder que a influência sobre a África poderia oferecer. E ambos foram responsáveis por supervisionar revoluções na história da exploração, forjando um caminho que os outros seguiriam.

CRONOLOGIA

Necho II *(c.600 a.C.)*

c.600 a.C. Depois de abandonar seus planos para um antecessor do "Canal de Suez", Necho II decide enviar uma frota para ver se é possível circunavegar a África, talvez pensando em ampliar o comércio e sua influência política.

Os fenícios que Necho contratou para a tarefa foram para o sul a partir do Mar Vermelho, abrindo caminho pelo litoral da África Oriental, antes de contornar o Cabo da Boa Esperança.

Os exploradores pararam no caminho, durante o outono, por dois anos, para semear e esperar a colheita crescer antes de continuar sua viagem.

No terceiro ano, eles chegaram novamente ao Mediterrâneo e, por fim, retornaram ao Egito, depois de completar a primeira circunavegação da África.

CRONOLOGIA

Henrique, o Navegador (1394-1460)

1415 Henrique envolve-se na captura da cidade marroquina de Ceuta, o que o expõe às riquezas comerciais da África e o inspira a realizar outras expedições ao continente desconhecido.

***c.*1418 em diante**. As expedições sob as ordens de Henrique começam a ser enviadas de Sagres, no sudoeste de Portugal. Cada vez mais, elas se dirigiam para a África Ocidental, embora todas se esforçassem para velejar além do Cabo Bojador.

1434 Gil Eannes, pelo menos, chega ao sul do Cabo Bojador, abrindo um caminho para o resto do litoral da África Ocidental.

1460 Henrique morre, e suas expedições chegam até a Libéria.

Acima de tudo, porém, a principal contribuição de Henrique foi sua capacidade de organizar ciclo após ciclo de viagens marítimas ao longo do litoral oeste da África, muito antes de qualquer outra potência europeia ter sequer pensado nisso. Seu interesse principal era saber até onde ao sul, ao longo do litoral africano, ele poderia incentivar seus navios e seus pilotos a explorar, levando-os cada vez um pouco mais longe no desconhecido. Embora ele não tomasse parte nas viagens, há pouca dúvida de que sua promoção apaixonada delas foi o impulso de uma nova era de ouro da exploração ao longo da costa africana.

Embora outros mais tarde aproveitassem o impulso que ele colocou em movimento a fim de chegar à Ásia, a meta de Henrique era, em grande medida, espalhar a influência do cristianismo na África. Em especial, ele queria superar a população muçulmana no norte do continente.

De fato, Henrique tinha feito parte de uma invasão militar portuguesa em 1415 à cidade islâmica de Ceuta, no Marrocos. É provável que esse sucesso o tenha incentivado a tentar rastrear o reino mítico de Prestes João, um sacerdote que os boatos diziam governar um grande império cristão em algum ponto no interior da África. Uma aliança com esse reino seria atraente para Henrique, criando a possibilidade de atacar os muçulmanos do norte e do sul.

A invasão de Ceuta também abriu os olhos de Henrique para a riqueza de mercadorias luxuosas que chegavam ao norte da África em grandes caravanas, por terra, vindas do leste e do sul, mas que eram negadas às populações cristãs da Europa. Ele contemplou a possibilidade de desviar completamente esse monopólio por mar e criar um regime comercial português para si mesmo e seu país. A força política que esse movimento traria e também o valor das alianças formadas no processo não podiam ser desconsiderados.

Assim, com a bênção de seu pai, o rei João I, ele começou a estabelecer um regime sistemático para a exploração do litoral oeste da África. Ele estabeleceu uma base em Sagres, na ponta sudoeste extrema de Portugal (e da Europa) e reuniu os navios, pilotos, tripulações e navegadores necessários para completar a missão que havia forjado para si mesmo. Possivelmente, ele levou a questão um pouco adiante, estabelecendo uma academia naval e um observatório em Sagres que teriam pesquisado, reunido e ensinado o conhecimento e as habilidades neces-

REDESCOBERTA DA ÁFRICA 49

ACIMA: *O príncipe Henrique de Portugal, mais conhecido como Henrique, o Navegador, vê sua frota que retorna da África em seu observatório em Sagres, na costa sul portuguesa.*

> *Henrique enviou Gil Eannes em outra viagem à África, com ordens de não retornar sem ultrapassar o Cabo Bojador.*

sárias para uma exploração bem-sucedida em massa. Além disso, um novo tipo de navio, a caravela, estava sendo construído nessa época, e oferecia a combinação perfeita de operabilidade, resistência e possibilidades de carregamento de cargas para longas expedições no mar.

Como quer que ele tenha conseguido, há pouca dúvida sobre o impulso que Henrique deu à exploração europeia da África. Nos primeiros 15 anos sob seu patrocínio, ao menos 15 expedições foram enviadas para explorar. Nenhuma delas conseguiu chegar mais ao sul do que o Cabo Bojador, perto das Ilhas Canárias, por causa de uma combinação de águas difíceis e do medo de fenômenos medonhos que, segundo as lendas, espreitavam no mar mais perto do Equador.

Gil Eannes *(século XV)*

Em 1434, porém, um dos pilotos de Henrique, Gil Eannes, passou ao sul do Cabo Bojador na viagem que garantiu seu lugar na história da exploração. Ele foi um herói, embora relutante, pois a motivação de Eannes para ter sucesso onde os outros falharam basicamente não tinha a ver com ganho pessoal nem orgulho nacional. Em vez disso, ele temia a ira de Henrique e as possíveis consequências que cairiam sobre ele se retornasse a Portugal sem atingir sua meta.

Eannes sabia disso muito bem porque no ano anterior liderou uma expedição que havia fracassado. Quando ele voltou a Henrique com as notícias, seu mecenas perdeu a paciência com o fracasso contínuo das expedições, que podia ser explicado pela retirada temerosa de tripulações supersticiosas. Então, ele mandou que Eannes e seus barcos dessem meia-volta e os fez retornar, com ordens de não voltar sem conquistar o Cabo Bojador.

A abordagem dura funcionou. Eannes superou a agitação de seus homens ao traçar um curso amplo para o oeste ao redor do Cabo, de tal forma que eles não veriam terra de novo até terem passado pelo Cabo. Levando algumas rosas de "Santa Maria", uma das poucas plantas que podem sobreviver no duro clima no litoral logo além do Cabo, como prova de sua realização, Eannes retornou a Portugal como o orgulho dos pilotos de Henrique.

Com a barreira física e psicológica finalmente vencida, outras expedições ficaram livres para continuar além ao longo do litoral oeste da África para lugares como Senegal, ilhas do Cabo Verde e Guiné. Os arranjos comerciais começaram a ser estabelecidos, embora muitos dos primeiros "sucessos" comerciais se baseassem na captura e venda de escravos. Outras riquezas como peles de focas e, depois, ouro, também cimentaram o desejo de ir em frente naquilo que Henrique tinha instigado.

Consequentemente na época de sua morte, em 1460, a dedicação e a persistência de Henrique tinham colocado em movimento um desejo pelas descobertas portuguesas que não foi interrompido com sua morte. Embora os navios de Henrique só tivessem chegado até a Libéria em sua vida, ciclos de expedições continuariam até que o litoral africano tivesse sido conquistado, e rotas viáveis de comércio para a Índia e o Extremo Oriente fossem estabelecidas.

Bartolomeu Dias (c.1450-1500)

Bartolomeu Dias foi um dos muitos exploradores portugueses que continuaram a ser enviados para mapear o desconhecido depois da morte de Henrique. O principal evento que abriu a porta para esse objetivo foi sua navegação ao redor do cabo sul da África. Quando os dois navios de 50 toneladas de Dias, o São Cristovão e o São Pantaleão, deixaram Portugal em agosto de 1487, junto com um navio de suprimentos de apoio, o litoral africano até a Namíbia já havia sido mapeado, mas a navegação ao redor da ponta sul continuava fora de alcance.

Quando Bartolomeu Dias chegou aos limites das águas anteriormente mapeadas, uma forte tempestade começou e, sem dúvida, ele temia que o objetivo continuasse além de seu alcance. O tempo terrível durou por duas semanas e, durante esse período, Bartolomeu Dias perdeu o controle dos navios, que ficaram completamente fora de curso e sem nenhuma vista da terra.

Quando o mar finalmente se acalmou. Dias pilotou um curso para o leste para tentar fazer contato novamente com o litoral africano ocidental. Ele não teve sucesso, então mudou para a direção norte. Dessa vez, ele encontrou terra em Mossel Bay, do outro lado da ponta sul da África. Os portugueses tinham finalmente circundado o cabo e nem tinham percebido nem visto. Foi só quando Dias continuou sua jornada ao longo do litoral em direção de Porto Elizabeth e, depois, do Rio Great Fish que ele começou a suspeitar de sua realização, pois a costa estava indo para uma direção contínua norte--leste. Ele pensou em viajar até a Índia, mas a tripulação estava com medo e os suprimentos estavam baixos e assim ele foi persuadido a voltar para casa.

Na viagem de volta, Dias avistou o esquivo cabo, confirmando sua realização. Ele o nomeou brevemente como "Cabo das Tormentas", devido a sua navegação difícil,

CRONOLOGIA

Gil Eannes (*século XV*)

1433 Eannes é o último piloto enviado por Henrique, o Navegador, para circundar o Cabo Bojador. Ele seria o último a fracassar.

1434 Cansado das desculpas dos marinheiros e das tripulações, Henrique obrigou Eannes a tentar de novo. Dessa vez, ele teve sucesso.

1435 Eannes toma parte em outra expedição com seu compatriota Afonso Gonçalves Baldaia que viaja mais de 300 quilômetros além do Cabo Bojador. Eles também encontram a primeira evidência de habitação humana na costa oeste da África além do Cabo.

Ao circundar o cabo, Bartolomeu Dias abriu a porta para rotas comerciais viáveis para a Índia e o Oriente.

mas isso foi mudado pelo rei de Portugal depois de seu retorno. O sobrinho de Henrique, o Navegador, João II continuou a patrocinar o espírito exploratório que seu tio tinha fundado. Consequentemente, ele reconheceu a realização simbólica de Dias e a perspectiva comercial otimista com a Índia e o Extremo Oriente que ela abria, então renomeou a ponta de "Cabo da Boa Esperança".

O Cabo representou o fim de uma fase da exploração africana e o início de uma nova além dele. Foi um marco psicológico e físico que, um quarto de século depois de sua morte, foi tanto uma realização de Henrique, o Navegador, quanto de Bastolomeu Dias. Não só Dias, mas todos aqueles que nas décadas anteriores e nos séculos posteriores estavam sobre os ombros da visão ampla desse homem.

Além disso, enquanto os portugueses tinham todos esses primeiros sucessos, a determinação de Henrique e de seus pilotos também despertou as outras potências europeias para as possibilidades comerciais e políticas na África e na Ásia, um despertar que também resultaria na "descoberta" do então chamado Novo Mundo. Esse foi o início da "era de ouro" das grandes navegações.

CRONOLOGIA

Bartolomeu Dias
(c.1450-1500)

1487-1488 Bartolomeu Dias completa a expedição pioneira portuguesa que finalmente circunda a ponta sul da África. Ela abre a possibilidade real do comércio marítimo entre a Europa e a Ásia pela primeira vez.

1500 Pedro Álvares Cabral lidera sua expedição à Índia, com Bartolomeu Dias pilotando um dos navios. Depois de o grupo descobrir acidentalmente o Brasil, Dias morre quando seu barco é perdido em uma tempestade ao rodear o Cabo da Boa Esperança, o Cabo que ele descobrira 13 anos antes.

René Caillié *(1799-1838)*

Durante os séculos imediatamente depois dos primeiros sucessos portugueses, a exploração da África permaneceu em grande medida restrita a suas áreas costeiras. A força impulsora por trás do envolvimento europeu no continente foi principalmente comercial. As demandas das nações marítimas eram, em sua maioria, satisfeitas com pequenos e seguros postos comerciais e fortalezas que pontilhavam o litoral da África.

No final do século XVIII e início do XIX, porém, um novo espírito começou a surgir: a exploração do interior da África como um fim em si mesma. Isso depois se manifestaria na colonização europeia de todo o continente, mas inicialmente não era assim. A África era simplesmente a joia derradeira nos muitos tesouros de exploração. Qualquer aventureiro digno desse nome queria um pedaço desse místico continente. Enquanto grande parte do mundo já havia sido descoberta nessa época, o interior da África permaneceu teimosamente fechado. Esse foi o perfeito lugar de aventura para qualquer explorador corajoso que enfrentasse o desafio. Poucos eram mais corajosos do que René Caillié.

O ponto inicial do francês, como da maioria dos primeiros exploradores do interior da África, foi o lado ocidental do vasto continente. Dois tesouros místicos, em particular, foram buscados. Em primeiro lugar, havia o traçado do curso do grande rio Níger, que se pensava percorrer muito da África Ocidental e talvez além. Em segundo lugar, e acima de tudo, havia a revelação do mistério que rodeava a lendária cidade de Timbuktu. Por séculos, boatos desse supostamente rico assentamento na borda sul do Deserto do Saara haviam sido contados: dizia-se que as ruas e as casas eram literalmente banhadas a ouro. No entanto, ela era tão remota e se situava em uma região tão hostil aos cristãos que nenhum europeu havia conseguido entrar na cidade a fim de confirmar ou refutar os rumores. Essa foi a realização de Caillié.

Com todo o sucesso de Caillié e o novo mapeamento do território, porém, ele ainda tinha o benefício do conhecimento coletado das quatro décadas das outras expedições europeias no interior da África Ocidental que precederam sua realização de 1828. Em particular, isso incluía as informações reunidas pelas aventuras anteriores do escocês Mungo Park que, pelo menos parcialmente, tinha resolvido a primeira grande questão da África Ocidental em relação ao Rio Níger. De fato, foi o bestseller, *Travels in the Interior Districts of Africa*, publicado por Park depois de sua primeira expedição que, junto com o conto de Robinson Crusoé, evocou muito do desejo de Caillié de ir para a África Ocidental.

Mungo Park *(1771-1806)*

Park, um médico por profissão, teve sua oportunidade por meio do patrocínio da "Association for Promoting the Discovery of the Interior Parts of Africa" (Associação para promover a descoberta das partes interiores da África), com sede em Londres, na Inglaterra. Formada em 1788, um dos principais objetivos da sociedade era responder a questão do Rio Níger. Nenhum europeu tinha conseguido viajar por toda a sua extensão ou mapear seu curso. De fato, havia até alguma dúvida sobre qual a direção em que ele fluía. Park estava determinado a ser o homem que descobriria isso com certeza.

Em 1795, Park recebeu a aprovação da Associação para mapear o Níger. Uma aventura anterior havia sido realizada pelo Major Daniel Houghton que, antes de morrer no Deserto do Saara, tinha sugerido que o Níger fluía na direção leste. A tarefa de Park, então, era verificar essa teoria e, depois, viajar por toda a extensão do rio até atingir o oceano.

CRONOLOGIA

René Caillié *(1799-1838)*

1816 Aos 16 anos, Caillié consegue sua primeira passagem em um navio para a África, indo para o Senegal. Nos doze anos seguintes, Caillié sairia e retornaria à África em diversas ocasiões, enquanto buscava levantar fundos e desenvolver um plano para ir até Timbuktu.

1827 Caillié parte para Timbuktu saindo de Kakundi, na África Ocidental.

20 de abril de 1828 Caillié chega a Timbuktu.

Setembro de 1828 Depois de cruzar o Saara, Caillié chega a Tânger, no Marrocos, e declara sua realização ao cônsul francês. Ele é secretamente levado para a França onde se tornou um herói nacional.

Havia até dúvida sobre em qual direção o Rio Níger fluía; Mungo Park estava determinado a resolver o enigma.

CRONOLOGIA

Mungo Park (1771-1806)

1795 Park chega à Gâmbia com a missão de encontrar o lendário Níger e seguir seu curso.

1796 Capturado e aprisionado durante quatro meses, Park finalmente foge e chega ao Níger antes de, totalmente sem recursos, ser obrigado a dar meia-volta e ir para casa.

1797 Anteriormente tido como morto, Park volta à Inglaterra e é muito celebrado.

1799 Park publica *Travels in the Interior Districts of Africa*. O livro se torna um bestseller.

1805 O explorador escocês parte em outra expedição ao Níger. Depois de muitos de seu grupo morrerem de doenças antes de chegar ao rio, Park e o resto do grupo acabam se afogando depois de serem atacados em Bussa.

Depois de aportar na Gâmbia em junho de 1795 e passar alguns meses estudando árabe, ele partiu para o Níger em dezembro. Muito rapidamente, porém, Park teve problemas. Roubado da maioria de suas posses, ele foi capturado e aprisionado pelos habitantes locais. Um de seus guias foi vendido e o outro, Johnson, teve de suportar o confinamento nas mesmas condições aterrorizantes que Park.

Quatro meses depois, Park fugiu do cativeiro com a ajuda de seu guia. Em vez de desistir e voltar para casa, porém, a determinação de Park era tanta que ele continuou em busca do Níger, mesmo depois de Johnson se recusar a prosseguir. Com poucas posses, pouco dinheiro e sem guia, a chegada de Park às margens do Níger, em julho de 1796, foi um feito incrível. Confirmando os relatos de Houghton de que ele fluía em direção leste, ele viajou por 130 quilômetros indo além da cidade de Segu. Nesse ponto, sua posição era precária e ele teve de admitir a derrota e voltar para casa a fim de relatar seus achados.

No entanto, Park estava determinado a concluir a missão e, em 1805, ele conseguiu, por meio da Associação, outra comissão para encontrar a foz do Níger. Desta vez, ele teve o apoio de cerca de 30 soldados e de 10 outros europeus, entre eles seu cunhado Alexander Anderson e quatro construtores de navios que ajudaram a construir os barcos necessários para navegar o Níger. Guias locais também auxiliaram o grupo.

No entanto, apesar de uma força expedicionária muito mais substancial, a sorte de Park ao chegar à África não melhorou. A disenteria dizimou o grupo e, na época em que chegaram ao famoso rio, apenas onze dos europeus ainda estavam vivos. Um período de descanso não melhorou a situação em nada, e logo eles eram apenas cinco. Anderson também sucumbira.

Porém, novamente, Park demonstrou determinação absoluta em face da adversidade. Criando um barco pela junção de duas canoas — apelidado HMS Joliba, o nome nativo para o "Níger" —, ele seguiu em sua missão, acompanhado pelos membros sobreviventes do grupo e alguns guias. Apesar de tudo, Park seguiu 1.600 quilômetros ao longo do Níger antes de sua sorte se esgotar. Em Bussa, o barco foi atacado por nativos que pensavam que ele carregasse agressores, e o grupo não teve opção a não ser abandonar o barco para se esconder. O rio místico que tinha sido buscado por tanto tempo agora retribuía a curiosidade dos exploradores, afogando todos exceto um único guia local.

Então, com boa parte do mistério que rodeava o Rio Níger resolvido, ninguém ainda sabia com certeza onde ficava sua foz, e René Caillié decidiu concentrar seus esforços para resolver a segunda grande questão da África Ocidental: a lenda de Timbuktu era realmente verdade? O que tornou as realizações de Caillié ainda mais admiráveis é que ele não só retornou com as respostas, mas ao contrário de Park, fez isso sem nenhum apoio de uma sociedade expedicionária ou governo nacional.

De fato, Caillié foi talvez o explorador mais improvável que já existiu, pois embora fosse obrigado a patrocinar suas aventuras privadamente, ele não era um homem rico. Ele era um francês comum, da classe trabalhadora, da pequena cidade de Mauzé, cujo pai morreu na prisão e cuja mãe faleceu enquanto René ainda era criança. No entanto, apesar da pobreza e da falta de qualquer tipo de vantagem social, Caillié continuou motivado pela ideia de revelar Timbuktu. Aos 16 anos, e contra todas as probabilidades, ele conseguiu uma cabine para si mesmo em um navio para o Senegal, na África Ocidental.

Caillié demoraria mais 12 anos para economizar dinheiro suficiente para lançar uma tentativa séria para Timbuktu. Durante esse período, ele foi obrigado a voltar à França por causa de doença, e seu emprego o levou a Guadalupe, nas Índias Ocidentais Francesas, mas depois de cada desvio, ele acabava voltando para a África em busca de apoio para sua missão. No entanto, ele fracassou todas as vezes. Em 1825, finalmente desistindo da esperança de apoio do governo francês, ele foi até a colônia britânica de Freetown para tentar achar apoio. Mais uma vez, Caillié fracassou, mas achou um trabalho bem remunerado como supervisor de uma fazenda britânica. Isso não foi apenas coincidência, porém, pois os britânicos estavam no processo de lançar uma expedição para Timbuktu saindo do norte e liderada pelo major Gordon Laing. Qual o melhor meio de obstruir um concorrente francês em potencial do que distrai-lo em Freetown com um emprego atraente?

Um francês da classe trabalhadora de Mauzé, Caillié era motivado pela ideia de encontrar Timbuktu.

No entanto, Caillié riria por último. O trabalho era tão bem pago que ele logo conseguiu economizar o suficiente para se demitir do emprego e, em 1827, fazer sua tentativa particular de chegar a Timbuktu. Os meros 2 mil francos com que ele partiu ainda eram risíveis pelos padrões e custos da maioria das expedições, mas a abordagem de Caillié seria bem diferente da rota da maioria das expedições.

Caillié havia concluído que a maioria dos aventureiros europeus que fizera todo tipo de tentativa no interior da África Ocidental, inclusive Park, havia falhado porque era

ACIMA: *A estrada para Timbuktu, 52 dias montado em camelo, segundo esta sinalização no deserto.*

exatamente isto: branco, rico, cristão europeu em uma África Ocidenal pobre e, em grande parte, muçulmana. Eles eram um alvo tentador demais para roubo e assassinato com base em sua cor, riqueza, religião ou nacionalidade. De fato, embora Caillié e o restante da Europa ainda não soubessem disso, o major Laing havia cruzado o Saara e chegado a Timbuktu em 1826. No entanto, provando o ponto de Caillié, ele tinha sido assassinado por nativos desconfiados quando saía da cidade. Seu diário e muitos de seus relatos foram perdidos com ele.

Assim, a solução de Caillié era simples. Ele viajaria como um pobre egípcio muçulmano que buscava retornar para casa depois de uma infância nas mãos dos franceses, após de ter sido capturado no Egito pelos exércitos de Napoleão. Sua preparação prévia havia sido completa, pois incluía um período de vários meses morando no deserto com um grupo de mouros, aprendendo árabe e estudando a fé islâmica.

Funcionou. Na maior parte da jornada, Caillié lutou contra um terreno hostil, tempo ruim, febres, escorbuto, pobreza e pessoas que questionavam sua história antes de conseguir, finalmente, chegar a Timbuktu e voltar para contar a história. Seu caminho estava longe de ter sido direto: partindo de Kakundi, no Rio Nunez, na África Ocidental, ele foi obrigado a se juntar e a viajar com caravanas comerciais nas rotas que elas fizissem, a fim de evitar ser descoberto. Consequentemente, sua jornada pela África Ocidental muitas vezes o levou a áreas que nenhum homem branco havia estado antes. Ele abriu caminho por Cambaya e Tiémé antes de finalmente conseguir uma passagem no Rio Níger até Kabara, o que o deixou perto de Timbuktu.

Ele desembarcou ali e caminhou os poucos quilômetros até a cidade de seus sonhos de infância, chegando em 20 de abril de 1828. Foi uma decepção, nada parecida com a lenda — embora já tivesse sido uma grande cidade comercial no passado — e tinha decaído até uma série de cabanas de barro em ruas de terra, rodeando uma mesquita central. Mesmo assim, ele permaneceu ali durante duas semanas, estudando a cidade e escrevendo secretamente nas páginas de seu Alcorão antes de partir.

Como nunca fazia as coisas do modo mais fácil, Caillié decidiu viajar para casa atravessando o Deserto do Saara. A caravana a que ele se juntou quase morreu de sede em certo ponto por falta de água, mas mesmo assim ele acabou chegando a Tânger no Marrocos. Ele revelou sua verdadeira identidade ao cônsul francês e foi levado de volta para a França onde recebeu acolhida de um herói. Suas recompensas tardias incluíam um prêmio de 10 mil francos da Sociedade Geográfica de Paris, o reembolso de suas despesas e uma pensão do governo. Os ingleses, a princípio, foram mais difíceis de convencer e se recusaram a acreditar que um camponês solitário tinha sido bem-sucedido

ACIMA: *Cidade em uma ilha no delta do Rio Níger.*

John Hanning Speke
(1827-1864)

1854-55 Junta-se à expedição de Richard Burton para explorar a moderna Somália e o leste da Etiópia. Speke foi gravemente ferido em uma emboscada somali.

1856-59 Segundo em comando de Burton em uma expedição que descobriu o Lago Tanganica. Sozinho, Speke descobre o Lago N'yanza (que chamou de Vitória), a nascente do Rio Nilo buscada por tanto tempo (embora na época isso não tivesse sido provado). Ao voltar à Inglaterra antes dos demais, Speke assume a maior parte do crédito pelas duas descobertas e foi aclamado pelo público.

1860-63 Speke lidera outra expedição ao Lago N'yanza para provar que ele é a nascente do Nilo. Ele descobre um grande rio que flui para o norte saindo do lago, mas não consegue segui-lo sem interrupção para Gondokoro, deixando assim ainda aberta a questão do rio ser realmente o Nilo.

1864 Morre em um "acidente" com uma arma no dia anterior a um debate público com Burton sobre a nascente do Nilo.

onde o rico e apoiado major Laing havia falhado, mas com o tempo as realizações de Caillié se tornaram amplamente aceitas.

John Hanning Speke *(1827-1864)*

Com muitos dos mistérios da África Ocidental revelados, os exploradores europeus agora voltaram sua atenção para outras questões importantes no interior do continente. Uma questão fundamental da geografia africana, acima de todas as outras, permanecia sem solução: onde ficava a nascente do Rio Nilo? Há milhares de anos, muitos tinham tentado sem sucesso responder essa questão. Os gregos tinham especulado a respeito de sua nascente, e os romanos até enviaram uma expedição para seguir o rio até a sua foz, mas ela ficou atolada em um pântano. Em meados do século XIX, ninguém ainda sabia com certeza.

As esperanças europeias se concentravam nos rumores de dois grandes lagos no coração da África. Se existissem, um ou ambos poderiam ser a nascente do grande rio. A pessoa a quem a história creditaria ser o primeiro a conseguir validar essa teoria em uma expedição foi o inglês John Hanning Speke. No entanto, para todos os propósitos, as cosias não deveriam ter sido assim. O líder da expedição que tornaria Speke famoso era seu compatriota Richard Francis Burton, a quem a glória deveria ter sido atribuída. Porém, as circunstâncias, doença e a boa e velha sabotagem intervieram para dar essa chance a Speke. Depois disso, acusações, sarcasmo e a própria morte misteriosa de Speke se seguiriam, em um drama coerente com a resolução de um enigma tão antigo.

Sir Richard Francis Burton *(1821-1890)*

Antes de partirem para os grandes lagos centrais, Speke e Burton tinham trabalhado juntos sem nenhum sinal da animosidade pessoal que se seguiria. Em 1854, Burton tinha liderado uma expedição para explorar a moderna Somália e o leste da Etiópia. Speke, que até esse momento servira no exército britânico na Índia, como o próprio Burton havia feito na primeira década de sua carreira, foi convidado a se juntar à expedição. No início, foi um sucesso. Burton, viajando sozinho, separado do grupo principal por alguns meses, disfarçado como um peregrino muçulmano, tornou-se o primeiro cristão a entrar na "proibida" cidade sagrada islâmica de Härer. Quando ele voltou ao resto do grupo em Berbera, porém, a sorte do grupo se deteriorara. Em abril de 1855, eles foram atacados por somalis. Um membro do grupo foi morto, Speke foi ferido gravemente e Burton recebeu uma lança no maxilar como agradecimento por seus esforços. Eles voltaram para casa em frangalhos para se recuperar.

Depois da breve distração da Guerra da Crimeia para os dois aventureiros, Burton recebeu autorização para liderar uma expedição para responder a questão do Nilo para a Royal Geographic Society em Londres e o Departamento do Exterior. A escolha de Burton como comandante foi apenas natural. Ele era o estereótipo do explorador heroico e o público britânico o amava. Um aventureiro instintivo e um investigador apaixonado, Burton tinha boa aparência e não se preocupava com convenções. No entanto, ele era excelente em mapear suas descobertas e era um linguista brilhante, sendo que o árabe era um dos muitos idiomas em que era fluente. Foi essa última habilidade, em especial, que ajudou a torná-lo famoso em 1853 quando fez uma ousada viagem às cidades sagradas islâmicas de Meca e Medina. Como em sua última viagem a Härer, Burton foi para as cidades que estavam estritamente fora dos limites para infiéis, sob pena de morte se fosse descoberto, disfarçado como muçulmano. Burton também era um prolífico escritor e tradutor, testando os limites das percepções vitorianas de decência no processo de levar o Kama Sutra ao público inglês, entre outras obras eróticas.

Speke, em contraste, não tinha nada da aura romântica associada a Burton. Menos cavalheiro, incapaz de viajar disfarçado ou adotar os customes seguindo os hábitos locais, um linguista ruim com pouco talento para registrar com precisão os detalhes geográficos e históricos, e vários anos mais jovem que Burton, Speke era em todos os aspectos o segundo em comando quando Burton recebeu a aprovação em 1856 para liderar a expedição aos grandes lagos. No entanto, Burton tinha fé e respeito suficientes nas capacidades de Speke, especialmente como caçador e como um explorador teimosamente determinado, para escolhê-lo pessoalmente como seu assistente. Eles tinham evidentemente trabalhado bem juntos na expedição à Somália, apesar de, ou talvez até por causa de suas personalidades muito diferentes, sem nenhuma indicação da controvérsia que se seguiria a essa segunda aventura africana.

Burton viajou para as cidades sagradas de Meca e Medina, proibidas a infieis sob pena de morte.

Assim, os dois homens saíram do porto de Zanzibar na costa leste da África em meados de 1857, acompanhados por um grande grupo de guias, carregadores e animais que levavam provisões, e cheios de otimismo de que pelo menos resolveriam a questão do Nilo. Seu alvo era confirmar a existência do que hoje é conhecido como o Lago Tanganica, uma enorme massa de água que se encontra no oeste e que eles esperavam provar

CRONOLOGIA

Sir Richard Francis Burton
(1821-1890)

1853 Burton viaja disfarçado até as cidades sagradas islâmicas de Meca e Medina, sendo um dos primeiros europeus a fazer isso.

1854-55 Lidera uma expedição para explorar a moderna Somália e o leste da Etiópia, chegando à cidade sagrada islâmica de Härer.

1856-59 Planeja e lidera uma expedição que descobre o Lago Tanganica, uma possível nascente do Nilo. Na mesma viagem, seu assistente, John Speke, descobre o Lago N'yanza (ou Vitória), mais tarde provado como a nascente verdadeira. Ao retornar à Inglaterra antes de Burton, Speke recebe a maior parte do crédito por essas descobertas.

1861 em diante, Burton passa a maior parte do resto de sua vida no Serviço do Departamento do Exterior, como seu cônsul em Fernando Po, Santos, Damasco e Trieste. Ele realiza outras jornadas exploratórias partindo desses locais. Também publica muitos livros e traduções, entre eles o *Kama Sutra* e *As mil e uma noites*.

ser a nascente do Nilo. Quase imediatamente, porém, os aventureiros tiveram dificuldades, a doença acima de tudo os bloqueou. Consequentemente, eles levaram até fevereiro de 1858 para chegar às margens do Lago Tanganica. Até então, os dois sofriam com malária, e Burton, em particular, continuou a ser afligido por pernas inchadas que tornavam extremamente difícil seguir adiante. Depois de ficar sabendo com os que moravam na área que não se conhecia um grande rio que fluísse para o norte e saísse do lago, os homens se retiraram para a colônia comercial árabe de Tabora para convalescer.

Foi ali que Speke viu, e agarrou, sua chance de glória. Nesse momento, os exploradores haviam sido avisados da localização provável do segundo grande lago que se pensava estar ao norte de sua nova posição. Burton, porém, estava doente demais para continuar. Speke tinha se recuperado suficiente para ir adiante e persuadiu Burton a deixá-lo tentar encontrar sozinho o lago norte. De fato, Burton ajudou-o significativamente a planejar a rota.

Em contraste com as viagens anteriores, a passagem de Speke até o Lago N'yanza, que ele batizou de Lago Vitória, foi um passeio. Depois de pouco mais de três semanas, ele estava na margem sul do vasto corpo de água que ele "instintivamente" sentiu que era a nascente do Nilo. Burton registrou os pensamentos de Speke sobre sua descoberta e, depois, se apressou até Tabora para divulgar as notícias:

... ele anunciou o fato surpreendente de que havia descoberto a nascente do Nilo. Foi uma inspiração, talvez: no momento em que avistou o N'yanza, ele sentiu imediatamente, sem dúvida de que o "lago a meus pés dá nascimento a aquele interessante rio que tem sido sujeito a tantas especulações e objeto de tantos exploradores". A convicção afortunada do descobridor era forte; suas razões eram fracas...

Aqui começou a controvérsia. Speke não tinha se demorado o bastante para provar seus pensamentos sobre o que a descoberta do Lago N'yanza representava. Burton continuou a acreditar que o Lago Tanganica, ou os dois lagos, ou uma combinação deles e de outros

ACIMA: *Um babuíno procura comida nas margens do Lago Tanzânia, na Tanzânia, frequentemente acreditado ser a nascente do Nilo.*

lagos podia ser a nascente do Nilo: sem uma investigação científica completa, eles não sabiam. No entanto, Speke era insistente, e isso começou a criar uma divisão entre os dois homens.

Se essa diferença de opinião foi o ponto fraco da divisão, então o que ocorreu a seguir rompeu seu companheirismo além de qualquer reconciliação. Speke e Burton decidiram voltar para casa para relatar as descobertas até o momento. No entanto, Burton continuava doente ao chegar a Zanzibar e não podia completar o resto da jornada de volta à Grã-Bretanha. Mais uma vez, Speke e Burton concordaram em se separar e mais uma vez o primeiro manipulou a oportunidade que se apresentava. Speke zarpou para casa enquanto Burton se recuperava na África, tendo feito um acordo de cavalheiros de que esperariam até que ambos estivessem na Inglaterra antes de anunciar os resultados da expedição "deles".

O pacto só durou até que Speke desembarcasse do navio e estivesse em terra firme em maio de 1859. Ele não só tornou público os resultados, mas assumiu a parte do leão do crédito da "descoberta" do Lago N'yanza *e* do Lago Tanganica. Além disso, ele fez a afirmação não comprovada de que o N'yanza era a nascente do Nilo. Com isso, Roderick Murchison, presidente da Royal Geographical Society, deu-lhe seu apoio para liderar outra expedição, sem Burton, para obter uma prova definitiva. Tudo isso aconteceu antes de Burton ter conseguido chegar em casa. Não é de admirar que os dois se tornassem inimigos irreconciliáveis.

O duro mundo da exploração tinha pouco espaço para sentimento, embora Speke estivesse empolgado com a possibilidade de partir gloriosamente de novo para a África em 1860. Seu plano era se dirigir, com seu novo companheiro de viagem, James Grant, para a área ao norte do Lago N'yanza e descobrir um rio que fluísse para o norte. Prevendo que ele seria o Nilo, eles o seguiriam até encontrarem um barco de resgate que viajaria subindo o rio desde Cartum e que os levaria para casa.

Mais uma vez, porém, o progresso foi lento. Além de doenças, guerra locais e governantes dogmáticos os seguraram desta vez, incluindo o rei do território onde hoje fica Uganda, um país misterioso que nenhum europeu ainda havia visitado. Por fim, eles chegaram à extremidade norte do N'yanza. Em julho de 1862, Speke, que mais uma vez teve a sorte de estar viajando sozinho porque Grant estava doente, encontrou um rio que saía do lago e fluía para o norte. Ele descreveu sua abordagem:

"Aqui, finalmente, eu estou à beira do Nilo! Por mais lindo que seja o cenário, nada poderia superá-lo. Ele era a própria perfeição do efeito buscado em um parque muito bem cuidado com uma corrente magnífica de 550 a 650 metros de largura...".

ABAIXO: *Sir Richard Burton. Explorador, linguista e cartógrafo, Burton também traduziu o livro indiano* Kama Sutra *para um público britânico fascinado.*

Ele chamou o ponto de saída de Rippon Falls e começou a seguir o rio em direção ao norte como planejado, até seu ponto de encontro em Gondokoro. Infelizmente, a falta de conhecimento científico de Speke e mais dificuldades provocadas por tribos locais significaram que ele não manteve sempre o rio à vista, pois teve de tomar atalhos e caminhos alternativos até seu destino. Isso deu a seus inimigos na Inglaterra, dos quais um dos mais explícitos era Burton, munição suficiente para afirmar que ele ainda não havia provado que o N'yanza era a nascente do Nilo porque não o tinha seguido completamente do lago até Gondokoro.

Aqui o drama atingiu sua conclusão extraordinária. Depois de Speke ter voltado em triunfo à Grã-Bretanha, um debate foi marcado para setembro de 1864, para tentar acabar de uma vez por todas com as dúvidas que ainda existiam em relação a suas descobertas. O principal oponente de Speke no debate seria, é claro, o exuberante e articulado Richard Burton.

O encontro nunca aconteceu. No dia anterior, Speke "acidentalmente" atirou em si mesmo em um incidente de caça e morreu. Nunca se saberá se isso foi realmente uma coincidência ou se, por temer enfrentar o bilhante Burton em público, ele tirou a própria vida.

David Livingstone *(1813-1873)*

As perguntas que Speke deixou sem resposta tornaram-se uma das forças por trás das expedições contínuas do explorador mais famoso da África, David Livingstone. No entanto, com toda a motivação que isso lhe dava, Livingstone já era então um aventureiro conhecido, tendo começado a percorrer a África quando Speke era apenas um menino. Ele também estaria ali muito tempo depois de Speke estar em seu prematuro túmulo.

De fato, embora Livingstone seja talvez mais lembrado por seus esforços para provar ou refutar as afirmações de Speke a respeito da nascente do Nilo, a sua maior realização já estava acontecendo antes mesmo de Speke pisar na África. Isso seria não menos do que caminhar atravessando a largura da África, de uma costa até a outra.

Tendo enviado sua esposa e filhos, que até então viviam e viajavam com ele pela África, da Cidade do Cabo para a segurança da Grã-Bretanha em abril de 1852, o missionário preparou-se para uma jornada épica de quatro anos. Essa foi uma expedição que testemunhou a transformação de Livingstone de um pregador da palavra de Deus em um consumado explorador. No entanto, a difusão do cristianismo continuou a ser uma de suas prioridades, mas era apenas uma parte da solução para uma questão que realmente o impelia: derrotar

A empatia de Livingstone com os nativos africanos se provaria a pedra fundamental de seus sucessos posteriores.

o tráfico de escravos humanos. Embora ele sentisse que a "civilização" trazida pela Bíblia só podia ajudar sua causa, o que realmente venceria os escravagistas seria a abertura da África para o comércio legítimo e a comercialização. Era obrigação de Livingstone, portanto, encontrar as "estradas" comerciais que tornariam o interior da África disponível aos comerciantes, e era essa a busca que o fez cruzar o continente.

Inicialmente, Livinstone abriu caminho saindo da Cidade do Cabo e cruzando o território familiar em que havia passado grande parte da última década, em sua então principal ocupação como missionário. De fato, foi esse chamado que o levou à África em 1841, tendo sido inspirado pelo representante da London Missionary Society na África do Sul, Robert Moffat, a se aventurar em aldeias onde nenhum missionário jamais esteve. Anteriormente, Livingstone, que tinha sido treinado como médico depois de uma infância pobre passada nos moinhos de algodão em Glasgow, tinha pensado em difundir a Palavra na China. Uma combinação da Guerra do Ópio e das palestras evocativas de Moffat, porém, persuadiram Livingstone que a África era sua vocação.

Stanley cumprimentaria Livingstone com as palavras imortais: "Dr. Livingstone, eu suponho?".

Então, ele foi até a casa de Moffat, em Kuruman, a várias centenas de quilômetros ao norte da Cidade do Cabo. Livingstone gradualmente foi indo mais para o norte, estabelecendo novos postos missionários conforme prosseguia, e finalmente chegou a Kolobeng, que ficava várias centenas de quilômetros no interior, na borda leste do vasto Deserto do Kalahari. Durante esse período, ele também fez amizade com um influente líder tribal, o Chefe Schele, e o converteu, uma indicação da empatia e humanidade que Livingstone partilhava com os nativos africanos; uma habilidade de viria a ser a pedra fundamental de seus sucessos durante suas incursões posteriores.

Foi para Kolobert que ele voltou depois de mandar sua família para casa em 1852. Dali ele cruzou o Deserto do Kalahari, uma área que já havia explorado anteriormente com a esposa, durante a busca de novos postos missionários, descobrindo a borda norte do Lago Ngami. Em 1853, Livingstone chegou a Linyanti, de onde começou a busca de estradas comerciais que ele acreditava serem a panaceia para os problemas da África. Pouco tempo depois, Livingstone e um grupo de assistentes nativos que lhe foram emprestados pelo Chefe Sekeletu, um outro chefe tribal com quem fizera amizade, encontraram as margens do Rio Zambezi em Sesheke. Ele estava no coração da África e dali ele pretendia atingir a costa oeste em busca de uma rota comercial viável.

Dirigindo-se para o noroeste, no princípio seguindo o Zambezi e, depois, por terra e afastando-se do rio, Livingstone suportou uma jornada traiçoeira, dificultada pela malária e pela disenteria. Mesmo assim, ele conseguiu chegar a Luanda na costa oeste em 1854. Ele parou por algum tempo para se recuperar, quando recusou uma passagem em um navio britânico, em parte porque se sentia obrigado a guiar seus assistentes de volta para casa, depois ele se dirigiu para o local de onde tinha partido. A jornada por terra até Luanda tinha sido tão difícil que Livingstone percebeu que ela não podia ser a estrada comercial que ele procurava, então decidiu retornar a Linyanti a fim de procurar uma rota melhor ao longo do Zambezi até o leste.

A jornada de volta a Linyanti não foi mais agradável, mas mais uma vez Livingstone suportou, recuperou-se e, com mais homens do Chefe Sekeletu, partiu novamente do coração da África para a costa. Foi durante esse período que Livingstone fez algumas das mais românticas descobertas que têm sido associadas a seu nome: acima de tudo as imensas Cataratas de Vitória, "a fumaça trovejante". Ele continuou ao longo do Zambezi na maior parte de sua jornada para o leste e chegou à costa perto da boca do rio em 1856.

Ao fazer isso, ele percorreu mais de 6 mil quilômetros cruzando a largura da África. Embora o Zambezi não fosse a "estrada para o interior" que ele esperava, por causa das intransponíveis Corredeiras Kebrabasa das quais, sem querer, ele se desviou em sua jornada para o leste, Livingstone mesmo assim retornou à Grã-Bretanha como um herói nacional por seu feito admirável.

Embora a Royal Geographical Society tenha ficado suficientemente impressionada para lhe conceder uma Medalha de Ouro, sua honra de maior pretígio, a London Missionary Society não gostou nada de Livingstone ter se afastado das atividades como missionário. Em consequência, ele cortou seus vínculos com a Society e retornou à África Oriental em 1858, acompanhado desta vez pela esposa e pelo irmão, entre outras pessoas, para realizar uma missão em nome do governo britânico.

Em contraste com seus sucessos anteriores, o período de 1864 foi de uma série de decepções e reveses. Ele descobriu as Corredeiras Kebrabasa que bloqueavam

CRONOLOGIA

David Livingstone
(1813-1873)

1841 Chega à África do Sul para começar a trabalhar como missionário para a London Missionary Society.

1852-56 Depois de uma década de trabalho missionário e expedições exploratórias, Livingstone inicia sua primeira grande expedição com que atravessaria a África do oeste para o leste e descobriria as Cataratas de Vitória.

1859 Livingstone descobre o Lago Nyasa durante um período difícil a serviço do governo britânico no leste da África.

1866-73 Tentando confirmar a nascente do Rio Nilo, Livingstone inicia sua última expedição africana ao redor dos grandes lagos centrais e da área do Congo Superior. Ele morre durante suas explorações, e seu corpo é transportado de volta à Grã-Bretanha para ser enterrado na Abadia de Westminster.

ACIMA: *Cataratas de Vitória, no Rio Zambezi em Bulawayo, descobertas por David Livingstone em 1855 e nomeadas em homenagem à Rainha da Inglaterra.*

a rota subindo o Zambezi. Anteriormente, ele tinha se desviado delas. Um posto missionário no interior sob seu domínio, para cujo estabelecimento sua influência tinha desempenhado um grande papel, foi dizimado e rapidamente desintegrado. Ele ficou triste ao descobrir que sua grande descoberta durante esse período, o Lago Nyasa (agora Lago Malawi) era um centro de comércio de escravos, e que o barco que construiu com seu próprio dinheiro, quase toda a sua fortuna, no qual ele planejava velejar ao redor do lago para tentar desencorajar os escravagistas, não podia ser transportado até lá e não era capaz de realizar esse trabalho. No final, ele foi forçado a levar o barco a Mumbai, onde o vendeu, com grande prejuízo. O dinheiro que ele recuperou foi depositado em um banco indiano que, mais tarde, faliu, acabando com seus bens. Para completar, a esposa de Livingstone e um de seus filhos morreram durante esse período miserável.

Muitos sentiam que uma das razões subjacentes das lutas de Livingstone durante esses anos difíceis foi o fato de que ele tinha os serviços de outros europeus a sua disposição, com cuja liderança ele teve dificuldades. Em vez disso, ele estava em sua melhor posição como um solitário, um homem branco que trabalhava com um grupo de nativos que confiavam nele e eram guiados por seus instintos. Essa tinha sido a premissa de sua última grande, e provavelmente mais famosa, jornada na África entre 1866 e

1873. A Royal Geographical Society queria que ele investigasse melhor as afirmações conflitantes de Speke e Burton a respeito da nascente do Nilo e examinasse mais de perto a série de grandes lagos que havia descoberto. Ele tinha a licença para conduzir a exploração por si mesmo e de acordo com sua intuição.

Depois de partir de Zanzibar, Livingstone abriu seu caminho ao redor do Lago Nyasa em um período de vários anos, depois foi ao Lago Tanganica e dali ao Congo Superior, enquanto procurava esclarecer a fonte do Nilo e a geografia geral da região. Ele teve de lidar com todos os perigos usuais de doenças, deserção, atritos tribais e desnutrição, mas dessa vez, o saque de seus suprimentos de alívio foi acrescentada à lista. Entre as mercadorias que ele encomendou na costa, e que nunca chegaram, estavam remédios para agir contra a debilitação contínua de sua saúde. Na época em que ele retornou às praias do Lago Tanganica em Ujiji, no final de 1871, sua saúde estava frágil, e ele descobriu que seus medicamentos haviam sido roubados.

Henry Morton Stanley *(1841-1904)*

Chega Henry Morton Stanley. Com um pacote de remédios, as perspectivas da expedição de Livingstone melhoraram significativamente. Stanley fora enviado pelo jornal *New York Herald como repórter freelance*, para investigar o que havia acontecido a Livingstone. O médico estava ausente há cinco anos, e muitos pensavam que ele provavelmente estaria morto. Se não tivesse sido pela chegada oportuna de Stanley, Livingstone provavelmente teria morrido logo depois. Em vez disso, a saúde dele se recuperou o suficiente para permitir que os dois homens passassem algum tempo explorando a parte norte do Lago Tanganica e se tornassem bons amigos durante o breve tempo que passaram juntos.

Esse período teria um profundo efeito sobre Stanley porque o capacitou a também se tornar um dos grandes exploradores da África no século XIX. Mesmo antes de encontrar Livingstone, a história de sua vida já era comparável ao mais turbulento dos dramas. Nascido como John Rowlands no País de Gales, ele tinha passado grande parte de uma infância pobre em orfanatos antes de fugir, em um navio como camareiro, para os Estados Unidos no final da adolescência. Chegando à Louisiana, ele conseguiu um emprego com um comerciante de algodão que mais tarde o adotou. Tal foi sua gratidão, que Rowlands mudou seu nome para o de seu novo patrono, Henry Morgan Stanley. A Guerra Civil Americana irrompeu em 1861 e, durante o

Se não tivesse sido pela chegada oportuna de Stanley, Livingstone provavelmente teria morrido logo depois.

CRONOLOGIA

Henry Morton Stanley
(1841-1904)

1871-72 Encontra e leva suprimentos de auxílio a Livingstone em Ujiji, quando muitos o supunham morto.

1874-77 Lidera uma das expedições africanas mais bem-sucedidas na história do continente, confirmando a principal nascente do Rio Nilo e seguindo o caminho do grande Rio Congo até sua embocadura.

1879-84 Realiza mais explorações na área do Congo, como um precursor da criação do Estado Livre do Congo.

1887-89 Lidera uma expedição para resgatar Emin Pasha no sul do Sudão.

conflito, Stanley serviu no exército para ambos os lados, passando algum tempo como prisioneiro de guerra e, finalmente, acabando na Marinha. Depois da guerra, ele tornou-se jornalista, cobrindo diversas missões ousadas e glamurosas desde rebeliões na Europa, a abertura do Canal de Suez no Egito, e viagens através da Pérsia, antes de receber a missão de encontrar Livingstone.

Não conseguindo persuadir Livingstone a retornar à Grã-Bretanha no início de 1872, o drama da vida de Stanley não acabou aqui. Retornando a Zanzibar e, depois, à Grã-Bretanha, o relato de seu encontro e do tempo passado com Livingstone o tornou famoso. Foi uma experiência que o deixou ansioso por mais. Em 1874, ele tinha recebido o apoio para liderar outra expedição saindo de Zanzibar para mapear os Lagos Tanganica e Vitória. Nesse processo, ele conseguiu realizar o que nenhum dos outros (Speke, Burton e Livingstone) havia conseguido fazer e confirmou com certeza que o Lago Vitória era a principal nascente do Nilo.

Como se isso ainda não fosse o bastante, Stanley resolveu também outra das grandes questões da África, o caminho do Rio Congo. Começando no Rio Lualaba, a oeste do Lago Tanganica, Stanley seguiu seu curso até que ele se encontrou com o Congo e dali seguiu o grande rio por todo o percurso até a costa do Atlântico, tornando-se o primeiro explorador a fazê-lo.

Ele retornou ao Congo entre 1879 e 1884, realizando investigações que levariam diretamente à criação do Estado Livre do Congo. Por sua vez, isso voltou os pensamentos das nações europeias para as contínuas possibilidades coloniais que a África apresentava e intensificou a corrida geral para se apoderar de terras. Consequentemente, a última viagem de Stanley à África, iniciada em 1887, cujo propósito era socorrer o governador de uma região no sul do Sudão que havia ficado isolado por levantes rebeldes, representou talvez a última grande expedição "exploratória" em um continente que estava se tornando cada vez mais familiar à Europa.

Apesar das últimas realizações de Stanley, porém, a era romântica da exploração africana já havia terminado mais de uma década antes com a morte do homem que personificara o sonho: David Livingstone. Depois de Stanley tê-lo socorrido, o médico escocês conseguiu viver pouco mais de um ano depois de os dois se separarem. Continuando suas explorações além da extremidade sul do Lago Tanganica, Livingstone ficou cada vez mais fraco e acabou morrendo no coração da África em 1873. Seus dois assistentes mais leais, Susi e Chumah, tiraram o coração de Livingstone e o enterraram no solo do continente, antes de embalsamar o corpo e levá-lo até a costa para a longa viagem de volta a Londres.

De volta à Inglaterra, a identidade do corpo foi confirmada pela visão do braço esquerdo deformado de Livingstone. Ele havia sido destroçado três décadas antes por uma das criaturas que continuava a dominar mais o continente do que o próprio Livingstone, um grande leão africano.

ACIMA: *Os perigos da viagem por rio na África: o barco de um explorador e de seus guias é virado por um hipopótamo enraivecido.*

Capítulo 4

VIAGENS AO NOVO MUNDO:
Descoberta da América do Sul

Enquanto os portugueses estavam ocupados abrindo caminho ao longo do litoral africano na tentativa de chegar à Ásia, os espanhóis finalmente despertaram para a importância de perseguir um objetivo similar. Porém, eles abordaram o problema de uma perspectiva um pouco diferente. Os portugueses podiam ficar com a África.

Em vez disso, com alguma persuasão, em grande parte de um homem chamado Cristóvão Colombo, os espanhóis decidiram tentar alcançar as riquezas do Extremo Oriente indo para o oeste. Foi uma ideia revolucionária que acabaria dando enormes dividendos para a coroa espanhola, embora não do modo inicialmente esperado.

Ninguém na época havia previsto o imenso obstáculo do continente americano e, como os espanhóis depois descobririam, do Oceano Pacífico, que bloqueava o caminho para os grandes prêmios comerciais da Ásia. No caso específico da Espanha, a interrupção aconteceria na América do Sul e Central e nas ilhas em sua costa leste.

Conforme a percepção do que tinham realmente descoberto se afirmava nas autoridades espanholas, a decepção de não ter encontrado a Ásia deu lugar a uma determinação de descobrir mais sobre esse novo domínio. Em contraste com a conquista claudicante (e, em última instância, incompleta) portuguesa da África, os espanhóis se dedicaram ao jogo da exploração com um zelo raramente ou nunca visto. Consequentemente, a maioria das grandes histórias relativas à revelação da América do Sul e da América Central ocorre dentro de algumas décadas após a descoberta inicial de Colombo, pois a conquista do continente foi realizada a um ritmo estonteante.

Contudo, os acontecimentos que formam a base de um conto extraordinário da América Latina ocorreram nos dois séculos que se seguiram. Além de ser um incrível feito por mérito próprio, ela também representa uma das primeiras his-

DESCOBERTA DA AMÉRICA DO SUL 71

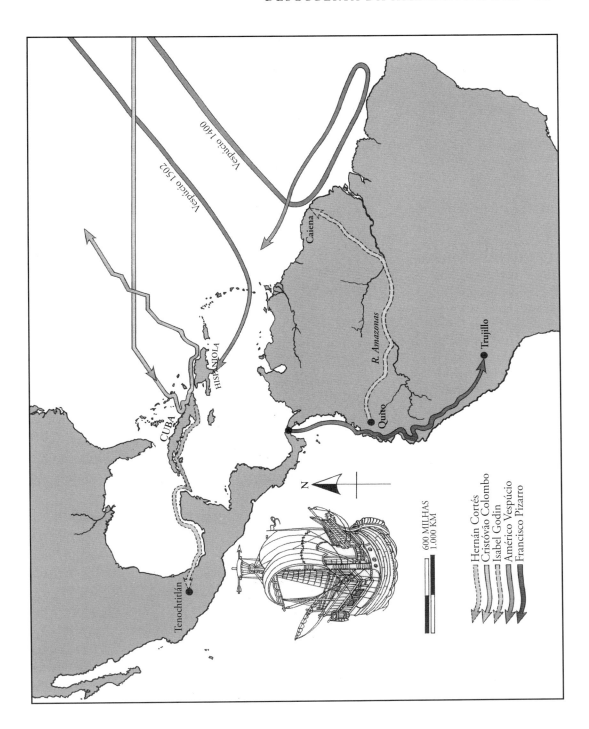

CRONOLOGIA

Isabel Godin des Odonais
(1728-1792)

1741 Casa-se com o francês Jean Godin.

1749-50 Jean Godin cruza os Andes e navega pelo Amazonas para chegar à Guiana Francesa. Os planos de retornar para buscar a esposa foram impedidos pelas tensões políticas na região.

1769-70 Depois de 20 anos de espera pela permissão, Isabel finalmente lidera uma expedição de 42 pessoas para repetir a jornada do marido. Todo o grupo morreu durante a jornada, exceto Isabel que, por fim, se reuniu ao marido.

tórias de exploração e aventura lideradas por uma mulher. O nome dela era Isabel Godin des Odonais.

Nascida em 1728, ela era filha do governador espanhol no Peru. Quando era apenas uma adolescente, ela se casou com Jean Godin, um francês enviado para a região com uma expedição científica. Alguns anos depois, em 1749, ele concluiu seu trabalho e devia retornar a seu país passando pela Guiana Francesa, na costa nordeste da América do Sul. Ele decidiu realizar a jornada por terra, cruzando os Andes e navegando por toda a extensão do Rio Amazonas. Querendo levar sua família, mas evitando expô-la aos perigos da jornada e sem ter certeza de sua viabilidade, Godin partiu sem eles de um ponto próximo a Quito, onde hoje fica o Equador.

Ele conseguiu chegar a Caiena, na Guiana Francesa, um ano depois. Confiante em sua rota, seu plano era retornar para buscar a família para que eles pudessem concluir a mesma jornada. Infelizmente, as tensões políticas entre os poderes europeus na região significavam que nem Portugal nem a Espanha concederiam permissão a Godin para realizar a expedição atravessando seu território para que ele pudesse se reunir com sua esposa. De algum modo, por causa de infortúnio, falta de diplomacia e mal-entendidos, demorou 20 anos para que a travessia de Isabel fosse concedida e que notícias do arranjo chegassem até ela.

Em 1769, liderando um grupo de 42 pessoas, Isabel finalmente partiu em uma jornada épica para se reunir com o marido. Como se infortúnios suficientes já não tivessem caído sobre ela, porém, toda a expedição foi gradualmente dizimada por doenças e acidentes, deixando Isabel como a única sobrevivente. Com fome e sozinha, a determinação dela foi tanta que ela continuou pela selva densa e pelas águas perigosas. De algum modo, e mais tarde auxiliada por índios, ela sobreviveu e acabou concluindo a incrível jornada de 5 mil quilômetros até Caiena.

O casal zarpou alguns anos depois para a Europa, cruzando o Atlântico na direção oposta à dos aventureiros espanhóis que tinham aberto o continente pela primeira vez há mais de dois séculos.

Cristóvão Colombo *(1451-1506)*

Cristóvão Colombo muitas vezes é lembrado pela história como o "descobridor do Novo Mundo". No entanto, na verdade, ele nem o descobriu nem percebeu que a

ACIMA: *Aldeões no Rio Amazonas. A viagem de canoa ainda é o modo usual de percorrer a selva amazônica, embora o modo de vida amazonense esteja cada vez mais ameaçado pela agricultura e extração de madeira.*

massa de terra a sua frente era um vasto "novo" continente. Em primeiro lugar, pode-se dizer com mais exatidão que os vikings fizeram a "descoberta", cerca de 500 anos antes (ver a introdução ao Capítulo 5), embora tenham encontrado a América do Norte, e Colombo, as regiões central e sul. Em segundo lugar, o próprio Colombo foi responsável por subestimar suas verdadeiras realizações. Ele acreditava, e continuava a insistir, que não havia chegado a um "Novo Mundo", mas sim no extremo leste da Ásia.

Em defesa da lenda de Colombo, porém, em todos os termos práticos, ele foi o fundador de um imenso novo mundo, pelo menos para os poderes dominantes da Europa. As viagens anteriores dos vikings não eram até então amplamente conhecidas e a lembrança de suas atividades já estava apagada há muito tempo na época de Colombo. Além disso, o fato de que o próprio Colombo não percebia plenamente a extensão de sua "descoberta" não importa em longo prazo. Havia muitos outros que logo o fizeram e, dentro de poucos anos, eles tinham compreendido a magnitude da oportunidade de saque e conquista que as Américas ofereciam à Europa.

CRONOLOGIA

Cristóvão Colombo *(1451-1506)*

1484 Concebe pela primeira vez o plano para uma rota oeste para a Ásia. Ele o oferece inicialmente para o rei de Portugal, mas é rejeitado.

1492-93 Depois de obter patrocínio espanhol, Colombo parte na primeira e maior expedição cruzando o Atlântico. Ele descobre ilhas que depois se comprovariam ser o continente americano. Na época, porém, ele acreditava erroneamente ter chegado à Ásia.

1493-96 Segunda expedição de Colombo. Inclui a descoberta da Jamaica, mas, entre muitos outros problemas, não consegue chegar ao continente.

1498-1500 Descobre Trinidad e chega na Venezuela. No entanto, a expedição termina em humilhação para Colombo, com a prisão e a deportação dele de Hispaniola para a Espanha acorrentado.

1502-1504 A última expedição de Colombo inclui a investigação de uma área significativa do litoral da América Central. Porém, mais uma vez, ele encontra muitas dificuldades, incluindo o naufrágio de todos os seus navios. Colombo tem de ser resgatado um ano depois, na Jamaica.

Na verdade, esse talvez seja o ponto mais pertinente quando se considera o que Cristóvão Colombo realmente conseguiu: com sua determinação para navegar até o "desconhecido" e retornar bem-sucedido, ele despertou o interesse pela exploração do Novo Mundo de maneira muito similar à de Henrique, o Navegador, e de seus sucessores no caso da África e da Ásia. Colombo foi o "descobridor" das Américas no sentido prático da palavra, pois ele revelou sua existência ao mundo mais amplo, com todos que se seguiram aproveitando o luxo de seguir o caminho que ele desbravou.

Colombo certamente precisou de uma determinação inabalável só para conseguir baixar seus navios no oceano. Quase todos os obstáculos que poderiam ter surgido em seu caminho apareceram enquanto ele lutava para ser levado a sério em sua crença de que poderia chegar à Ásia navegando para o oeste em vez de para o leste.

Nascido em Gênova, na Itália, em uma família de comerciantes, seu histórico lhe dava pouca vantagem quando se tratava de subir na hierarquia social que lhe permitiria embarcar em suas expedições posteriores. Porém, ele conheceu o mar em tenra idade, possivelmente começando a navegar quando tinha apenas 14 anos. Com vinte e poucos anos, Colombo acabou residindo em Lisboa, Portugal, depois de um navio em que ele estava ter sido atacado e naufragar perto dali. Conforme Colombo progredia em sua carreira de comerciante, a ideia de uma expedição à Ásia navegando para o oeste gradualmente foi tomando impulso em sua mente. Em 1484, ele tinha formulado um plano abrangente para a expedição às Índias, mas se passariam mais oito anos de luta antes de ele finalmente encontrar um patrocinador que lhe desse autorização para ir em frente. Foi um período desesperado durante o qual Colombo sofreu zombarias, tentativas de roubar seu plano, rejeição pelo rei de Portugal e, inicialmente, rejeição pelo rei

DESCOBERTA DA AMÉRICA DO SUL

ACIMA: *A frota do explorador italiano Cristóvão Colombo, a* Nina, Pinta *e* Santa Maria, *parte da Espanha para o Novo Mundo em 3 de agosto de 1492.*

e pela rainha da Espanha depois de ele ter buscado patrocínio ali em 1485. Finalmente sua persistência rendeu frutos e, em 1492, a corte real espanhola concordou em patrocinar o grande plano de Colombo.

ACIMA: *Colombo é recebido pelos nativos sul-americanos em sua chegada ao Novo Mundo. Ele logo perderia essa acolhida entre seus anfitriões.*

Apesar de todas essas dificuldades, talvez os maiores obstáculos que Colombo teve de superar tenham sido aqueles que nem existiam! Mitos e lendas tinham interrompido o progresso de Henrique, o Navegador, ao longo do litoral africano durante anos, e um comportamento supersticioso similar tinha impedido qualquer exploração séria do Atlântico. Em primeiro lugar, havia o medo de, literalmente, cair da borda do mundo. Embora já se soubesse que o mundo era de fato uma esfera desde a época dos antigos gregos, muitos ainda não sabiam deste fato ou se recusavam a acreditar nele. Colombo sabia que isso era verdade, mas todos que zombavam da possibilidade de chegar à Ásia navegando para a direção "errada" claramente não sabiam. Depois, é claro, havia as fantasias costumeiras a respeito de monstros marinhos e outras similares que induziam um medo ainda maior. Se essa histeria estivesse confinada às massas que viviam em terra, não teria sido relevante, mas, infelizmente, isso também se estendia às tripulações dos navios. Os homens de Colombo não eram diferentes.

De fato, foi a tripulação que quase impediu que a primeira e mais gloriosa expedição de Colombo tivesse sucesso. Depois de finalmente reunir os navios e o patrocínio, e partir para o desconhecido em agosto de 1492, os homens de Colombo estavam tomados acima de tudo pelo medo muito real de ficar tanto tempo sem ver a terra. Esse não foi o caso, porém, durante a primeira parte da viagem. Sensatamente, Colombo tinha tomado a precaução de se dirigir para as Ilhas Canárias depois de sua partida do pequeno porto de Palos, no sul da Espanha. Isso lhe permitiu ir alguns graus para o oeste enquanto ainda mantinha a segurança do território conhecido antes de se lançar de cabeça no Atlântico não mapeado. Isso também lhe deu uma chance de conseguir suprimentos frescos e água, e também fazer reparos nos navios antes de começar a parte realmente épica da viagem.

Acalmados com esse conforto, então, as tripulações dos três navios de Colombo, *Santa Maria*, *Nina* e *Pinta*, não expressaram preocupação demasiada nos primeiros estágios da viagem. Assim que partiram da ilha de Gomera, em 6 de setembro e, especialmente depois de perderem de vista Hierro, a Ilha das Canárias mais a oeste, em 8 de setembro, as coisas começaram a mudar. Será que eles cairiam pela borda da Terra? Que horrores das profundezas os aguardavam? Como eles poderiam confiar em seu comandante quando ele lhes garantia que encontrariam terra novamente?

O medo deles aumentava a cada dia conforme se dirigiam infinitamente para o oeste por mais de um mês sem avistar terra. Os murmúrios de insatisfação tornaram-se preocupações expressas e, conforme os dias passavam, a ameaça de motim ficou no ar. Colombo acabou sendo obrigado a fazer um acordo com os homens que queriam voltar para casa. Ele lhes garantiu que, se não avistassem terra dentro de mais alguns dias, eles iriam retornar, embora em particular o diário dele indicasse que ele não pararia por nenhum homem a menos que fosse destituído da liderança.

No final, a ameaça se dissipou porque em 12 de outubro foi avistada terra firme. Colombo tinha chegado às Bahamas. Havia terra ao oeste! Ele deu o nome de San Salvador à primeira ilha em que desembarcou e, depois, passou a investigar algumas das ilhas próximas, na esperança de encontrar evidências para apoiar sua convicção de que tinham chegado à Ásia. Depois de algumas semanas, Colombo tinha descoberto sua primeira massa de terra substancial, Cuba, e no início de dezembro ele também tinha descoberto a ilha de Hispaniola.

No entanto, mesmo com o auge de seu sucesso, as coisas tinham começado a dar errado para Colombo. Como comandante geral da expedição, ele também estava encarregado do navio principal, o *Santa Maria*. Os outros dois navios, o *Pinta* e o *Nina* eram capitaneados respectivamente por dois irmãos, Martin Alonso Pinzón e Vicente Yáñez Pinzón.

CRONOLOGIA

Vicente Yáñez Pinzón
(c.1463-c.1514)

1492-93 Participa da primeira expedição de Colombo ao Novo Mundo como o comandante do *Nina*. Leva Colombo para casa em triunfo após o navio de seu líder naufragar.

1499-1500 Lidera sua própria expedição às Américas, chegando ao Brasil provavelmente depois de Vespúcio, mas antes de Cabral. Um dos primeiros europeus a ver a foz do Rio Amazonas.

1505 É nomeado governador de Porto Rico.

1508-9 Não consegue encontrar o muito buscado canal de água através das Américas para colocar a Ásia ao alcance, mas provavelmente vê o México com Juan Díaz de Solis durante suas navegações.

Embora o último viesse a ser um auxílio importante a Colombo mais tarde na jornada, Martin Pinzón estava começando a sabotar seu líder. Em 22 de novembro, ele abandonou o irmão, e talvez também Colombo, em busca de ouro em outras ilhas. Isso já foi um golpe, mas se tornou um caso ainda mais grave em 24 de dezembro, quando o próprio navio de Colombo naufragou ao largo de Hispaniola. Isso deixou apenas o *Nina* flutuando e, com o grupo principal, o navio era pequeno demais para levar toda a tripulação remanescente para casa. Em consequência, Colombo construiu um forte em Hispaniola, ao qual chamou *La Navidad*, e onde foi obrigado a deixar cerca de 40 de seus homens, com a promessa de vir buscá-los no futuro. Vicente Pinzón provou seu valor ao dar passagem segura para o próprio Colombo no *Nina* a fim de que ele pudesse retornar à Espanha e revelar o que descobrira.

Por coincidência, Colombo acabou se deparando com Martin Pinzón no caminho para casa. Os dois navios se encontraram e palavras fortes foram trocadas, mas logo depois uma tempestade os separou de novo. Portanto, ambos correram para casa, e embora Martin Pinzón tenha aportado no continente europeu primeiro, possivelmente na esperança de roubar parte da glória de Colombo, Colombo realmente o venceu chegando algumas horas primeiro no porto de Palos em 15 de março de 1493.

Colombo era um herói. Todos aqueles que tinham duvidado dele estavam comprovadamente errados, e ele tinha trazido glória e sucesso a seus patrocinadores espanhois. Em seu ponto mais baixo, talvez tivesse sido melhor se ele fizesse o que Martin Pinzón fez nesse momento e logo morresse. Pois, como se o comportamento de Pinzón e o naufrágio do *Santa Maria* tivessem sido um presságio da má sorte que viria, as coisas começaram progressivamente a ir ladeira abaixo para Colombo depois deste ponto.

Colombo ainda realizou mais três expedições à América Central e à América do Sul, ainda se recusando a acreditar que não estava na Ásia. Apesar da descoberta contínua de novas terras, ele lutava para repetir suas realizações anteriores. O propósito principal de sua segunda expedição, entre 1493 e 1496, era tentar encontrar o continente asiático. Considerando que ele ainda estava a um continente e um oceano de distância, porém, não é difícil acreditar que ficasse decepcionado: ele não só não conseguiu alcançar a Ásia, mas também não desembarcou no continente americano. Além disso, ele cumpriu sua promessa de retornar a La Navidad, apenas para descobrir que seus homens foram massacrados pelos nativos.

Colombo fez várias expedições às Américas Central e do Sul, enquanto ao mesmo tempo se recusava a acreditar que não estava na Ásia.

Portanto, a segunda expedição se ocupou principalmente de navegar entre muitas das mesmas ilhas que Colombo já havia descoberto. Para ser justo, ele também conseguiu chegar à Jamaica, e também estabeleceu uma nova colônia em La Isabela em Hispaniola. Além disso, Juan de la Cosa, o antigo proprietário do *Santa Maria*, navegou com Colombo nessa viagem. Suas experiências com Colombo, e uma viagem posterior com Alonso de Ojeda, que também estava na segunda expedição de Colombo, contribuiu para que ele conseguisse desenhar o que é agora o mais antigo mapa sobrevivente do "Novo Mundo", por volta de 1500.

A terceira viagem de Colombo aconteceu entre 1498 e 1500. Mais uma vez, ele talvez devesse ter ficado em casa, ao menos para melhorar sua saúde continuamente frágil. Pelo menos dessa vez, porém, ele brevemente atingiu um ponto no continente da América do Sul onde agora fica na Venezuela, mas ele acabou do lado de dentro de uma cela de prisão. A sequência de acontecimentos foi que depois de dividir sua frota de seis navios em duas e avistar Trinidad além do continente, Colombo voltou para a outra metade de seu grupo que tinha estado envolvida em levar suprimentos aos colonos em Hispaniola. Na época, uma nova cidade chamada Santo Domingo tinha sido fundada e os colonos dali estavam revoltados por Colombo cuidar dos assuntos da ilha. Embora ele conseguisse acalmar os ânimos ao chegar, o rei e a rainha da Espanha também estavam começando a perder a fé em seu homem. Eles decidiram enviar Francisco de Bobadilla como o novo encarregado real para a colônia. Sua primeira ação ao chegar à ilha foi prender Colombo por má administração e mandá-lo de volta acorrentado. A humilhação do grande explorador estava completa.

Colombo conseguiu recuperar o bastante de sua reputação ao voltar à Espanha para ser libertado. Ele até persuadiu os reis do mérito de uma quarta expedição entre 1502 e 1504, mas nunca se recuperou completamente do tratamento que recebeu. Porém, houve alguns sucessos nessa viagem. Colombo investigou uma extensão razoável do litoral da América Central de Honduras até o Panamá, encontrando nativos que possuíam grandes quantidades de ouro. Mais uma vez, no entanto, tudo isso teve um preço. O forte que construiu no Panamá foi atacado por habitantes locais, e ele perdeu vários de seus homens. Na corrida para abandonar a colônia, Colombo teve de deixar

ACIMA: *Américo Vespúcio descobrindo a América, sendo recebido por deuses e criaturas míticas, entre eles Netuno e sereias.*

um de seus quatro navios para trás. Nas semanas seguintes, os navios remanescentes sucumbiram ao molusco marinho gusano ou a danos causados por tempestades, e também naufragaram. O grupo inteiro ficou preso na Jamaica. Um dos homens foi de caiaque até Hispaniola para conseguir ajuda, mas ao chegar foi preso sem compaixão. Muitos dos que permaneceram com Colombo tentaram se amotinar no ano anterior ao resgate.

Colombo retornou à Espanha, com a reputação ainda mais baixa do que antes. Ele morreu alguns anos depois, teimosamente apegado à crença errônea de que tinha chegado à Ásia. Ele sentiu que sua última viagem tinha confirmado isso quando, ao falar com os nativos no Panamá, ele ficou sabendo que havia um outro grande oceano na costa sul da massa de terra. É claro que eles estavam se referindo ao Pacífico. No entanto, Colombo acreditava que seria o Oceano Índico, e nesse caso o já registrado Estreito de Malaca (na verdade, perto da Malásia) sem dúvida seria encontrado nas proximidades, e o desejado atalho para a Ásia seria revelado.

Ele estava tão desesperado para ser lembrado por sua realização oriental que ignorou sua grande conquista — levar as Américas ao mundo — até o dia de sua morte.

Américo Vespúcio *(1451-1512)*

Se Cristóvão Colombo "descobriu" o "Novo Mundo", então por que o país mais poderoso do mundo não se chama EUC ("Estados Unidos da Colômbia")? Por que, em vez disso, o nome América foi dado em homenagem ao explorador florentino Américo Vespúcio, um homem que claramente chegou ao Novo Mundo depois de Colombo?

Essas perguntas surgiram em tom apaixonado nos séculos seguintes a ponto de Ralph Waldo Emerson ter dito em 1856: "É estranho que a grande América deva usar o nome de um ladrão", e isso não ser incomum. No entanto, parece provável que o próprio Vespúcio tivesse pouca ou nenhuma participação na controvérsia que rodeou o batismo de um continente com seu nome.

Talvez seja um pouco irônico, então, que nem Colombo nem Vespúcio tenham realmente pisado no que agora é o território dos Estados Unidos. É claro que ambos chegaram às Américas, embora suas excursões por terra tenham se confinado inteiramente às América Central e América do Sul. No caso de Vespúcio, mesmo o número de expedições que ele realizou a essas áreas é controverso, e diferentes relatos de documentação dizem que foram duas, três ou quatro entre 1497 e 1504.

Com tanta controvérsia rodeando o homem, então, talvez seja melhor abordar os muitos fatos e realizações "conhecidos". Sua primeira viagem "certa" aconteceu de maio de 1499 a junho de 1500, em nome do trono espanhol. Nessa época, Colombo já estava em sua terceira vigem à região. Como o grande homem, Vespúcio também acreditava que Colombo tinha descoberto o outro lado da Ásia. Em consequência, ele zarpou sob o comando geral de Alonso de Ojeda com a intenção de encontrar uma passagem para a Ásia "conhecida", onde Colombo tinha fracassado até então.

CRONOLOGIA

Américo Vespúcio *(1451-1512)*

1451 Vespúcio nasce e é educado onde atualmente fica Florença, na Itália.

***c*.1490** Seus patronos, a família Médici, o enviaram à Espanha para trabalhar em uma empresa de consertos de navios que possuíam ali.

***c*.1493** Vespúcio fica sabendo das descobertas de Colombo e, provavelmente, ajuda a preparar algumas das frotas dele para as outras viagens. Mais tarde, ele se tornou amigo de Colombo.

1499-1502 Acontecem as viagens "conhecidas" de Vespúcio. Ele conclui que não estava observando a Ásia, mas um "Novo Mundo".

1508-12 Vespúcio torna-se "Piloto Principal" da Casa de Contratação das Índias pela Espanha, uma honra extremamente elevada para um estrangeiro. Isso efetivamente o colocou no comando do licenciamento dos pilotos navais da Espanha, que eram obrigados a relatar suas descobertas a ele para que ele pudesse manter atualizados os mapas marítimos mestres da Espanha.

CRONOLOGIA

Alonso de Ojeda
(c.1466-c.1515)

1493-96 Parte com Colombo em sua segunda expedição para as Américas.

1499-1500 Lidera a expedição em que Vespúcio depois fez seu nome. Faz descobertas significativas enquanto mapeia grande parte do litoral nordeste da América do Sul pela primeira vez.

1502 Lidera outra expedição às Américas que tenta estabelecer colônias, sem sucesso, e termina com sua prisão e deportação para a Espanha.

1508 Tenta estabelecer uma colônia em Cartagena, na Colômbia, com de Juan de la Cosa. Ela é atacada por nativos, e de Juan de la Cosa e muitos outros do grupo são mortos. De Ojeda vinga-se destruindo uma aldeia nativa.

O capitão da missão geral, de Ojeda, agora tende a ser esquecido pela história em favor de Colombo e de Vespúcio, mas ele também era um homem determinado e experiente por mérito próprio. Ele tinha tomado parte na segunda expedição de Colombo e foi essa nova expedição, que incluiu Vespúcio que também permitiu que Juan de la Cosa reunisse muitos dos detalhes restantes para seu famoso mapa do Novo Mundo. Além disso, de Ojeda navegaria ao longo de uma parte significativa do litoral nordeste da América do Sul, o primeiro estrangeiro a ver esse território.

Ele logo granjeou uma reputação de brutalidade, especialmente em seus encontros com os nativos ameríndios. Em uma tentativa posterior de fundar colônias, ele exerceria extrema crueldade contra os habitantes locais, fazendo escravos conforme seu desejo. Em um ataque que pretendia vingar a morte de Juan de la Cosa e de muitos de seus homens, que tinham sido emboscados pelos nativos na colônia de breve duração de Cartagena, na Colômbia, em 1508, de Ojeda destruiu uma aldeia inteira, com cerca de 100 casas. Ele matou todos os moradores, homens e mulheres, e só salvou seis crianças.

Porém, mesmo com toda a determinação implacável de Ojeda, Vespúcio estava apenas concentrado em atingir seus próprios objetivos, de um modo mais leve. Depois de cruzarem o Atlântico em 1499, Vespúcio separou seus navios dos de Ojeda e foi para o sul, provavelmente tornando-se o primeiro europeu a ver a foz do Rio Amazonas e o que agora é o Brasil.

De fato, com tantos detalhes que rodeiam as realizações de Vespúcio, a identidade do verdadeiro "descobridor" do Brasil ainda está aberta a debate. Os livros de história muitas vezes registram Pedro Álvares Cabral como o fundador do país, mas na melhor das hipóteses, ele foi provavelmente apenas o líder do terceiro grupo europeu a aportar no Brasil. O motivo de ele ser geralmente registrado como o primeiro estrangeiro, porém, é que ele foi o primeiro explorador português a chegar. Significativamente, em termos do futuro desenvolvimento cultural e linguístico do Brasil, Cabral tomou posse da terra para Portugal quando sua frota aportou lá em abril de 1500. Os portugueses e os espanhóis tinham um acordo anterior, intermediado pelo Papa, que dava aos portugueses o título exclusivo às novas terras descobertas a leste de uma linha imaginária de demarcação, traçada 370 léguas a oeste das Ilhas de Cabo Verde, e que incluíam também a África. Os espanhóis, enquanto isso, tinham o direito à posse de todas as terras a oeste, incluindo a maior parte da América do Sul. Parte do Brasil, porém, caía no domínio português e foi através desse tratado que Cabral pôde tomar posse da nova terra sob os olhares dos espanhóis. Este foi o início da influência dos portugueses no Brasil e, como tal, o motivo de Cabral ser frequentemente lembrado como seu descobridor.

Os espanhóis tinham mais do que um pouco de razão para ficarem zangados. Primeiramente, Cabral nem devia navegar para o Brasil. Em vez disso, ele estava liderando a segunda expedição portuguesa para as Índias. Enquanto tentava circundar a África, pensa-se que ele acidentalmente navegou demais para o oeste e foi parar no Brasil por acaso, alguns até têm sugerido que esse foi na verdade um plano deliberado para roubar as terras dos espanhóis, mas a história geralmente aceita continua a ser a de uma descoberta acidental. Essa seria uma expedição muito importante para Portugal e os países que ficaram sob sua esfera de influência. Não só Cabral tomou posse do Brasil, mas em rota para a Ásia, ele tomou posse das terras que seriam as colônias portuguesas de Moçambique e Madagascar e estabeleceu firmemente a influência portuguesa nos portos do sudoeste da Índia.

Em segundo lugar, e mais importante, porém, os espanhóis estavam convencidos de que eles haviam chegado ao Brasil antes de Cabral. Certamente Vicente Yañez Pinzón, que se saíra tão bem como comandante do *Nina* na primeira viagem de Colombo, tinha ido com uma expedição para a área em 1499. Ele chegou ao Brasil em janeiro de 1500 e, depois, passou muitos dos meses seguintes percorrendo seu litoral, incluindo a foz do Rio Amazonas. Portanto, ele também é considerado por alguns como o "descobridor" do país, embora, haja outros relatos de que ele estava meramente seguindo uma visita anterior não registrada à região por seu então falecido irmão Martin Pinzón.

Então, é claro, havia Vespúcio, que provavelmente atropelou todos os outros na época de sua chegada ao Brasil, mas que é menos lembrado por isso do que por suas outras realizações. Se acreditarmos em seus próprios relatos, ele passou à frente de Pinzón ali por vários meses e foi o primeiro a ver muitos dos marcos, inclusive o Rio Amazonas, frequentemente creditado a Pinzón.

O que é certo é que a expedição de 1499 a 1500 foi um sucesso para Vespúcio e contribuiu muito para estabelecer sua reputação. Depois de retornar à Espanha dessa viagem triunfante, ele começou a fazer planos para ir ainda mais para o sul em outra expedição que encontraria e circundaria a ponta sul do que ele ainda acreditava ser o leste da Ásia.

Assim, ele zarpou novamente em maio de 1501, desta vez com patrocínio português em uma frota inteiramente sob o seu comando. Depois de atingir o litoral brasileiro, ele foi para o sul por milhares de quilômetros ainda não mapeados, no atual Uruguai e na Argentina. Foi neste ponto que Vespúcio fez a mudança mental que o distinguiu de Colombo. Sua

Durante sua jornada ao longo da América, Vespúcio percebeu que não estava, na verdade, nem um pouco perto da Ásia.

jornada ao longo dessa épica massa de terra o fez perceber que não estava olhando para a Ásia, mas para um continente totalmente novo.

Essa conclusão foi reforçada pela revolução significativa que ele fez em suas viagens: ele tinha inventado um método muito mais preciso de calcular a longitude do que o anterior. Isso lhe permitiu desenvolver uma previsão da circunferência equatorial da Terra que mais tarde se confirmou apenas 80 quilômetros menor, e prever que o outro grande oceano do outro lado do "Novo Mundo" ia interferir antes de a Ásia ser encontrada.

Depois de uma campanha do cartógrafo alemão Waldseemuller, a América recebeu o nome de Vespúcio e não o de Colombo.

No final, quando Vespúcio deu meia-volta, ele estava a apenas 600 quilômetros da ponta sul da América do Sul, mas já tinha visto o bastante para chegar a suas mais importantes conclusões. Ele chegou a Lisboa em julho de 1502.

ACIMA: *Indígenas brasileiros, da tribo Crenac, andam na praia de Coroa Vermelha, onde o explorador português Pedro Álvares Cabral ancorou em 1500, no estado da Bahia, no Nordeste do Brasil.*

DESCOBERTA DA AMÉRICA DO SUL 85

ACIMA: *Vasco de Balboa toma posse do Oceano Pacífico para seu benfeitor, o rei Fernando da Espanha, 1513.*

CRONOLOGIA

Pedro Álvares Cabral
(c.1467-c.1520)

Março de 1500 Parte na segunda expedição portuguesa por mar para a Índia.

Abril de 1500 Acidentalmente chega ao Brasil quando vai demais para o oeste ao tentar circundar a África. Toma posse do país para Portugal.

Maio de 1500 Perde quatro navios em uma tempestade perto do Cabo da Boa Esperança, entre eles o de Bartolomeu Dias.

Julho de 1500 Toma posse de Moçambique para Portugal.

Agosto de 1500 Um navio da frota de Cabral aporta em Madagascar e toma posse da ilha para Portugal.

Setembro de 1500 Chega à Índia. Depois de vários de seus homens serem mortos por mercadores árabes em Calicute, Cabral bombardeia a cidade. Mais tarde, ele vai para Cochin e Kananur, onde tem mais sucesso no comércio.

1501 Parte da Índia e chega de volta em Portugal seis meses depois. Pouco se ouve falar de Cabral depois desta época.

Apesar de sua crença correta de que tinha percorrido um novo continente, não foi neste ponto que Vespúcio fez uma tentativa óbvia de nomear as Américas. Esse fato histórico deve-se, segundo parece, a um estudioso e cartógrafo alemão chamado Martin Waldseemuller.

Em 1507, Waldseemuller produziu um panfleto chamado *Cosmographiae introductio* seguido por um mapa atualizado do mundo conhecido em que ele sugeriu que o "Novo Mundo" que Vespúcio descobrira devia receber o nome dele. Além disso, acreditava-se na época que Vespúcio podia ter feito uma viagem anterior cruzando o Atlântico em 1497, o que se fosse verdade faria com que ele chegasse ao continente americano antes de Colombo, que até esse ponto só tinha visto ilhas ao largo do continente, e até mesmo de John Cabot (ver Capítulo 5). Embora agora não se acredite que essa viagem aconteceu, Waldseemuller estava muito interessado na época e, assim, fez pressão para que o Novo Mundo fosse nomeado em honra de Vespúcio. A partir de uma derivação latina do prenome de Vespúcio, ele nomeou seu mapa do sul do continente como "América". Em 1538, o famoso mapa de Gerardus Mercator estendeu esse nome ao norte do continente também e assim o nome entrou para a história. Embora Waldseemuller mais tarde percebesse que sua escolha de nome podia não ser a mais justa, a palavra *América* já estava sendo amplamente usada para ser alterada. Colombo tinha perdido seu lugar ao sol do Novo Mundo.

Vasco Nunez de Balboa *(1475-1519)*

Embora o fato de dar o nome de Vespúcio aos continentes do Novo Mundo possa ter sido mais acidental do que premeditado, as ações de muitos outros agentes no início da exploração da América do Sul e da América Central foram muito mais oportunistas. De fato, depois das descobertas iniciais no oeste, a América Latina logo se transformou em um *playground* de aventuras para quase todos os "conquistadores" espanhóis que quisessem um pouco de glamour e perigo como distração da vida em seu país. Poucos eram mais aventureiros do que Vasco Nuñez de Balboa. A vida, as realizações e, em última instância, sua morte foram todas definidas por sua incessante especulação no novo domínio da Espanha.

As duas décadas de aventura de Balboa começaram quando ele deixou a Espanha com vinte e poucos anos em uma expedição organizada por Rodrigo de Bastidas em 1500. Embora tenha nascido na baixa nobreza, Balboa não era de uma família rica e até esse ponto tinha trabalhado a serviço de mestres aristocratas mais abastados. Porém, morando perto da costa do Atlântico em Moguer, Balboa tinha sido exposto a histórias do Novo Mundo contadas pelos marinheiros e exploradores que estiveram por lá e, mais importante, sabia da riqueza e da oportunidade que ofereciam.

Inicialmente, porém, isso foi uma decepção. A expedição de Bastidas realizou algumas explorações ao longo da costa norte do que hoje é a Colômbia, mas tinha suprimentos e recursos insuficientes para estabelecer qualquer tipo de colônia ali. Então, em vez disso, eles se retiraram para a colônia já bem estabelecida de Hispaniola. Ali, Balboa decidiu se fixar como um fazendeiro de criação de porcos. Ele fracassou e logo estava pior do que se tivesse voltado para a Espanha.

Na verdade, a situação de Balboa era tão ruim que ele ficou profundamente endividado. Mais uma vez, a fuga para uma nova vida tornou-se sua única esperança real de salvação, mas mesmo essa porta agora estava fechada porque seus credores impediriam suas tentativas de deixar a ilha enquanto ainda lhes devesse dinheiro. Consequentemente, Balboa decidiu contar com a sorte de novo. Sem conseguir partir de Hispaniola de modo legítimo, ele se escondeu em um navio que fazia parte da expedição de 1510 de Martin Fernandez de Enciso. Se Balboa tivesse menos sorte, ou não soubesse falar de modo persuasivo, ele poderia ter sido jogado ao mar quando se mostrou aos tripulantes quando o navio já estava navegando no oceano. Mas sua sorte persistiu, e Enciso concordou em deixá-lo ficar e até ajudar a guiar a expedição ao longo do litoral do continente que Balboa tinha anteriormente visitado com Bastidas.

O objetivo inicial do grupo tinha sido levar suprimentos para San Sebastian, uma colônia recém-fundada e de vida curta no continente da América do Sul. A expedição descobriria, porém, que muitos dos habitantes da colônia tinham sido massacrados por indígenas locais e, na época da chegada de Enciso, ela estava totalmente abandonada.

Mais uma vez, Balboa viu uma oportunidade na adversidade e assumiu a dianteira. Ele convenceu Enciso de que tinha encontrado anteriormente índios mais pacíficos no oeste e que, usando os suprimentos, uma nova cidade podia ser estabelecida ali. Assim a colônia de Santa Maria de la Antigua del Darien foi fundada e se tornou a primeira colônia bem-sucedida que os espanhóis conseguiram estabelecer no continente.

CRONOLOGIA

Vasco Nuñez de Balboa *(1475-1519)*

1500 Navega sob Roderigo de Bastidas para o Novo Mundo. Acaba residindo em Hispaniola como um criador de porcos.

1510 Cheio de dívidas, Balboa parte como clandestino em uma expedição para ajudar a colônia de San Sebastian no continente. Mais tarde, ele é aceito como um membro legítimo da tripulação e persuade o comandante Martin Fernandez de Enciso a fundar uma nova colônia em Darien, depois de San Sebastian ser encontrada destruída e abandonada.

1513 Depois de se estabelecer menos do que legitimamente como o líder da nova colônia em Darien, Balboa embarca em uma expedição para conseguir glória suficiente para que o rei da Espanha lhe conceda um indulto. Ele é bem-sucedido. Em setembro, ele "descobre" o Oceano Pacífico e o reivindica para seu mestre real.

1517-18 Balboa constroi e transporta uma frota para a costa do Pacífico para explorar mais a região.

1519 Depois de ser preso pelo invejoso governador Pedrarias, Balboa é executado por traição após um julgamento falso.

Não contente com ter fugido de seus credores para se estabelecer em nova tentativa de uma vida calma, Balboa logo se imiscuiu na política da nova cidade. Seu relacionamento com Enciso azedou e, com ações furtivas, carisma e maior afinidade com a maioria de seus habitantes, Balboa efetivamente se tornou o líder não oficial de Darien. Quando Diego de Nicuesa foi enviado pelo rei espanhol como o novo governador da cidade, em uma tentativa de estabilizar os conflitos, Balboa usurpou o cargo também, correndo risco de ser julgado por traição.

Depois de triunfar sobre Enciso e Nicuesa, mas percebendo o perigo de tal desobediência à coroa espanhola, Balboa mais uma vez recorreu ao oportunismo para salvar a pele. Mais uma vez, a sorte favoreceu o corajoso. As atividades que ele realizou nessa época o imortalizaram como um explorador e são o principal motivo de ele ser lembrado atualmente.

Balboa percebeu que precisava de algum tipo de grande ação para voltar a ser bem-visto pela família real espanhola. Poucos discordariam de que foi exatamente isso que ele fez a seguir. A "descoberta" do Oceano Pacífico, mesmo na escala extensa da exploração mundial, se equipara às maiores das ações.

Embora Balboa tenha sido, em alguns momentos, bastante implacável ao dominar algumas tribos indígenas em sua colônia de Darien, incluindo o uso de técnicas horrendas de tortura, ele não era sistematicamente brutal. Sendo o oportunista político astuto que já tinha provado ser, ele também percebia o benefício de estabelecer amizade com outras tribos quando isso lhe convinha. Foram suas boas relações com várias dessas tribos que lhe trouxeram as notícias de que havia um vasto mar apenas a alguns dias de caminhada, do outro lado do que é agora o istmo do Panamá. Balboa queria investigar por si mesmo,

ACIMA: *Um mapa espanhol, desenhado por Hernán Cortés, de Tenochtitlán, conhecida na época como Cidade do México. A cidade asteca era rodeada por água, uma barreira natural, mas Hernán Cortés conseguiu entrar na cidade em 1519, conquistando-a em 1521.*

e mais uma vez seus amigos indígenas vieram em seu auxílio, fornecendo guias e conselhos sobre a melhor rota.

No início de setembro de 1513, Balboa navegou para Acla, que fica na parte mais estreita do istmo, antes de começar sua jornada por terra para a costa sul. No caminho, ele encontrou mais tribos amigáveis, que confirmaram a existência do grande corpo de água que Balboa procurava, e suprimiu outras que tentaram impedir seu progresso. Entre os cerca de duzentos espanhóis que Balboa tinha levado consigo para garantir sua passagem segura estava seu cruel subordinado, Francisco Pizarro, que mais tarde faria seu próprio nome como um conquistador por meio da destruição da civilização inca no Peru. Na verdade, é muito possível que os indígenas que eram amigos de Balboa também tivessem falado dos rumores da sociedade rica e sofisticada dos incas, o que talvez tenha plantado a semente inicial na mente de Pizarro.

Balboa entrou na água de armadura, levantou a espada acima da cabeça e reivindicou o Oceano Pacífico para o rei da Espanha.

Antes do fim do mês, Balboa havia subido o último pico de montanha que ficava entre ele e o Oceano Pacífico. Os primeiros comerciantes europeus podem ter visto a grande expansão de água de sua extremidade oeste, mas Balboa foi certamente o primeiro europeu a vê-la de sua borda leste, e geralmente recebe o crédito de sua "descoberta". Dentro de alguns dias mais, ele estava andando na água, de armadura, com a espada e a bandeira de seu país erguidas no alto, reivindicando o oceano e todas as terras banhadas por ele para o rei da Espanha. Mensageiros foram despachados de volta à pátria com notícias do achado, e o rei Ferdinando ficou satisfeito, conforme previsto. A descoberta tinha cumprido sua função, e Balboa escapou da condenação por seu comportamento insubordinado anterior. Além do mais, isso lhe deu um novo título: "Governador do Mar del Sul (como Balboa tinha chamado o oceano inicialmente), Panamá e Coiba".

No entanto, essa foi apenas uma trégua temporária e, neste ponto, a sorte de Balboa o abandonou. Embora a notícia de sua descoberta tenha sido bem recebida e conferido um novo título a Balboa, ela chegara tarde demais para impedir o envio de Pedrarias Davila como o novo líder geral do território em que Balboa operava. Pedrarias tinha sido indicado Governador da Colônia da Coroa de Castilla del Oro, o novo título oficialmente reconhecido para Darien. Apesar da nomeação de Balboa, ele ainda devia se reportar diretamente a Pedrarias. Os dois homens não se entenderam nem um pouco e, desta vez, Balboa não seria vitorioso na luta pelo poder.

Pedrarias, um homem invejoso e amargo por natureza, que se sentiu mais do que ameaçado na presença de um rival que podia afirmar as realizações de Balboa, fez tudo o que podia para frustrar qualquer outra conquista exploratória de seu subordinado. Por sua vez, Balboa fez tudo o que podia para diminuir a autoridade de Pedrarias, em uma tentativa de expô-lo como inadequado para governar. Apesar desse clima hostil, Balboa conseguiu construir e transportar uma frota de navios para a costa do Pacífico a

ACIMA: *Captura do inca do Peru, pintada por John Everett Millais, mostrando Pizarro capturando o governante inca Atahuallpa.*

fim de facilitar mais explorações do novo perímetro, embora a expedição tenha conseguido pouco no tempo limitado que Balboa teve.

Na verdade, Balboa foi preso e levado a julgamento sob acusações forjadas de alta traição por seu inimigo Pedrarias. Balboa tinha sido tão convincente em seus esforços para sabotar o governador que o rei da Espanha tinha anunciado sua intenção de substituir Pedrarias e realizar uma investigação completa das alegações de incompetência e de má administração da colônia. Percebendo os danos que Balboa e seus partidários causariam a sua reputação durante qualquer interrogatório, Pedrarias montou apressadamente o julgamento de traição e garantiu que seu rival fosse condenado antes da chegada dos assessores reais. Consequentemente, Balboa e quatro de seus colegas foram decapitados em Acla em janeiro de 1519. O homem que tinha passado a vida fugindo tinha finalmente acabado sem esconderijos.

Hernán Cortés *(1485-1547)*

Enquanto a sorte de Balboa desaparecia junto com sua cabeça, outro conquistador decidiu que era a hora de tentar a sua sorte. Seu foco era o México, que ficava mais ao norte do que o antigo domínio de Balboa. Na maioria dos outros aspectos, porém, a abordagem deles era idêntica. O nome do novo homem era Hernán Cortés. Como Balboa, Hernán Cortés apostava tudo na conquista da glória e das riquezas do Novo Mundo. Ele calculou que podia desobedecer as ordens e escapar à punição desde que entregasse um prêmio suficiente nas mãos do reino espanhol. Ele provou estar certo ao atingir seu objetivo, a conquista do grande império asteca.

Embora Balboa e Hernán Cortés tivessem muito em comum, o último provavelmente era um jogador um pouco mais racional. Ele literalmente conseguiu manter sua cabeça enquanto Balboa a perdeu, e essa diferença de resultado talvez não seja inteiramente uma coincidência. Ele era mais astuto politicamente e mais premeditado ao assumir riscos. Além de sua inegável coragem, havia uma certeza de propósito em sua tomada de decisão. Ele inspirava os homens que lutavam a seu favor e exibia todas as qualidades de um líder verdadeiramente grande, o que provavelmente explica como ele conquistou o mais forte império da América Central com uma força que, inicialmente, compreendia pouco mais de 500 homens.

O início da vida de Hernán Cortés não parecia tê-lo predestinado a suas explorações posteriores. Embora com parentes nobres, a família de Hernán Cortés não era abastada. Ele tinha sido um estudante negligente e não mostrou aptidão para uma carreira em Direito para a qual ele supostamente estava sendo criado. No entanto, ele adorava ler e ouvir as histórias dos aventureiros do Novo Mundo. Assim, não é de surpreender que aos 19 anos ele já estivesse em um navio rumo a Hispaniola. Como no caso de Balboa, seus primeiros anos na florescente colônia espanhola não tiveram nada de excepcional: ele foi agricultor e foi treinado como soldado.

Porém, em 1511, Hernán Cortés estava pronto para novas aventuras, e se apresentou para sua primeira conquista. Diego Velásquez na época estava liderando uma expedição para dominar e povoar a ilha de Cuba, situada nas proximidades, e Hernán Cortés estava ansioso para juntar-se a ele. Ele serviu bem a seu mestre durante a missão bem-sucedida, e o prestígio dos dois homens aumentou depois disso. Velásquez tornou-se governador de Cuba, e Hernán Cortés logo chegou à posição de prefeito da capital da colônia, Santiago.

Foi o primeiro contato real de Hernán Cortés com a política e a liderança, e ele floresceu no novo ambiente. A colônia como um todo também progrediu, tanto que depois de alguns anos os espanhóis estavam novamente procurando mais territórios para os quais pudessem expandir seus colonos bem-sucedidos. O continente americano era a resposta óbvia. Balboa já estava ocupado mais ao sul, mas Velásquez tinha seus olhos no que agora é o México, a pouca distância a oeste de Cuba. Entre 1516 e 1518, ele enviou

CRONOLOGIA

Hernán Cortés *(1485-1547)*

1511 Participa da conquista e colonização de Cuba e se torna prefeito de Santiago.

1519-21 Desafia ordens para viajar ao México com uma pequena força expedicionária. Derrota o grande império asteca e funda a Cidade do México sobre as ruínas da antiga capital imperial. Reivindica as terras conquistadas para a Espanha e é perdoado por ter desobedecido às ordens.

1532 Uma expedição ao Pacífico, organizada por Hernán Cortés, descobre as Ilhas Três Marias.

1535-36 Outra expedição descobre a Baja California.

algumas expedições exploratórias e, além de relatos sobre as características da terra, os homens de Velásquez retornaram com rumores de um rico império nativo ao norte.

Em 1519, Velásquez estava pronto para descobrir mais sobre o que conhecemos como a civilização asteca para poder explorar parte de seu território e começar a comerciar com eles na tentativa de explorar suas riquezas. O homem em quem ele decidiu que podia confiar para liderar essa expedição foi Hernán Cortés. Pelo menos, ele achou que podia, a princípio. Quando Hernán Cortés estava quase completando seus preparativos, o governador de Cuba mudou de ideia. Ele suspeitava que Hernán Cortés pudesse estar desenvolvendo ambições para a missão além de sua alçada e, pior, pudesse reivindicar alguma glória para si mesmo.

Ele estava certo. Mas foi lento demais. Ao receber a ordem de Velásquez para que abandonasse a liderança do projeto, Hernán Cortés simplesmente a ignorou. Ele acelerou seus preparativos finais e partiu apressadamente com cerca de 500 homens, 16 cavalos e algumas peças de artilharia. Dificilmente uma força com a qual pudesse conquistar completamente o mais forte império da região, mas isso, em total desconsideração aos desejos de Velásquez, era exatamente o que Hernán Cortés tinha decidido fazer.

> *A lenda asteca previa há muito tempo o retorno do deus de pele clara, Quetzlcoatl, e Hernán Cortés era perfeito para desempenhar esse papel.*

Depois de um curto período, ele atingiu o continente. Hernán Cortés marcou sua intenção de ficar e fundou a cidade de Villa Rica de la Vera Cruz como sua base e, depois, destruiu a frota de navios com que tinham chegado! Alguns dos homens tinham questionado a sabedoria de embarcar em uma grande conquista como essa com uma força tão pequena, então para acabar com qualquer ameaça de motim, Hernán Cortés tomou essa ação drástica. Eles teriam sucesso ou morreriam tentando. Foi uma aposta e, como no caso da decisão de desobedecer às ordens, foi uma aposta calculada. E pareceu dar certo. Sem ter outras alternativas, os homens foram inspirados à ação pela confiança de Hernán Cortés e, assim, partiram para o interior. O alvo deles era a bela capital do império asteca, Tenochtitlán.

O império asteca tinha se estabelecido nos dois séculos anteriores e ainda tinha muitos inimigos entre as tribos e as terras conquistadas. Consequentemente, Hernán Cortés teve certa facilidade para convencer muitos dos nativos descontentes a se juntarem a ele em sua marcha sobre a capital. No verdadeiro estilo conquistador, no caminho, ele se apaixonou por uma moça nativa chamada Malinche. Ela se transformou em sua intérprete e guia, ajudando-o ainda mais a obter novos aliados.

Não que Hernán Cortés precisasse se preocupar com isso, pelo menos não no princípio. Quando ele chegou a Tenochtitlán, o imperador asteca Montezuma instruiu seu povo a acolhê-lo calorosamente como se fosse um deus. A lenda asteca previa há muito tempo o retorno da divindade de pele clara Quetzlcoatl e, para sua sorte, a pele de Hernán Cortés combinava muito bem com isso.

Porém, a boa vontade não durou muito, e logo Hernán Cortés ficou grato pelos aliados extras que havia recrutado ao longo do caminho. Num movimento planejado para distrair a atenção dos relatos que chegavam a Tenochtitlán de que alguns homens de Hernán Cortés haviam sido mortos por nativos em Vera Cruz, expondo assim que eram apenas meros mortais, Hernán Cortés se arriscou a sequestrar Montezuma. O enorme resgate em ouro que pediu para liberação do imperador foi pago, mas ele continuou a manter o governante asteca preso mesmo assim.

Como se esses eventos não fossem difíceis o bastante para Hernán Cortés, Velásquez escolheu esse momento para enviar uma força para subjugar seu subordinado errante. Hernán Cortés foi obrigado a dividir sua força, que já era pequena, entre a capital e um grupo enviado para lutar com os espanhóis que se aproximavam. Surpreendentemente, Hernán Cortés não só conseguiu derrotar seus captores, mas convenceu o resto do exército espanhol a mudar de lado e se juntar a ele.

No entanto, mais problemas esperavam Hernán Cortés em Tenochtitlán. O massacre não provocado de alguns astecas desarmados por alguns soldados espanhóis durante uma reunião religiosa resultou em uma rebelião. Hernán Cortés libertou Montezuma numa tentativa de aplacar a multidão raivosa que mostrou seu desprezo por essa ação ao apedrejar seu imperador até a morte (no fim das contas, os súditos nunca tinham gostado muito dele). Com um contingente muito menor, Hernán Cortés não teve outra opção além de se retirar para o território de aliados próximos, embora alguns de seus homens tenham sido mortos enquanto tentavam escapar para um lugar seguro.

Pizarro empregou o assassinato sistemático, tortura e sequestro para atingir seu objetivo de controle sobre os incas.

Hernán Cortés planejou pacientemente sua vingança. Aumentando suas forças mais uma vez com nativos amigáveis, ele marchou de novo sobre Tenochtitlán, em 1521. Mas agora, em vez de ir direto para a cidade, ele a cercou, impedindo a entrada de suprimentos externos por muitos meses. Os habitantes sucumbiram à estratégia militar espanhola em agosto, e as forças hostis entraram na cidade. Eles a devastaram até o chão e, nesse processo, provocaram a queda do império asteca.

Nos meses e anos seguintes, Hernán Cortés cimentou o destino do povo asteca, esmagando as províncias com a superioridade espanhola e sufocando rebeliões sempre que elas surgiam. Além de suas armas, os europeus também levaram doenças contra as quais os nativos não tinham resistência. Onde as espadas não eram suficientes, a varíola geralmente vencia. A aposta de Hernán Cortés de que receberia o perdão real por sua desobediência anterior mostrou-se correta depois de reivindicar uma das maiores riquezas da América Latina em nome do rei espanhol. Por sua vez, isso garantiu mais apoio oficial para o novo território, tornando o trabalho de defendê-lo muito mais fácil.

Porém, embora esse apoio fortalecesse o poderio espanhol sobre o antigo império asteca, a proliferação de oficiais do governo e políticos provocado por ele reduziu o próprio poder e influência de Hernán Cortés a ponto de ele acabar retornando à Europa frustrado e desiludido com o tratamento que recebera. Mesmo assim, nesse período, ele ainda descobriu as Ilhas Três Marias com uma expedição ao Pacífico em 1532 e a Baja California em 1535. Além disso, a cidade que fundou no antigo local de Tenochtitlán, a Cidade do México, cresceu e dentro de poucas décadas se tornou uma das mais importantes na América espanhola.

O legado de Hernán Cortés não ficou meramente confinado ao território de suas vitórias. Sem dúvida, inspirado por seu sucesso sobre os astecas e pela glória inicial obtida por Balboa depois de sua descoberta do Pacífico, outros conquistadores assumiram a tarefa de dominar o resto da América Central e da América do Sul. O mais famoso desses, e possivelmente o mais frio deles, foi o antigo assistente de Balboa, Francisco Pizarro, cujas próprias vitórias se equipararam, ou até excederam, as de Hernán Cortés.

Entre 1531 e 1535, depois de vários anos tentando fazer contato com o império sem muito sucesso, Pizarro levou à conquista e à queda da grande e rica civilização inca. Ostensivamente associado com o Peru, o império inca daquela época na verdade se estendia ao longo do lado oeste da América do Sul, do Equador até o Chile. Aproveitando uma guerra civil entre os incas na época de sua chegada, Pizarro manipulou as facções rivais do império para atingir seus objetivos de conquista. Ele empregou o assassinato sistemático, tortura e sequestro para atingir seus objetivos. Depois, ele até se voltou contra seu companheiro espanhol, Diego de Almagro, que estivera com ele durante a conquista inicial dos incas, supervisionando sua execução a fim de fortalecer sua própria posição.

No entanto, tal crueldade não poderia ser sustentada indefinidamente sem alguma tentativa de vingança. Em 1541, o filho de Almagro e seus companheiros conseguiram executar sua vingança, assassinando Pizarro e acabando com seu reinado de terror do modo mais direto possível. Mas nessa época, a doença, a ditadura e o desejo de ouro já tinham assegurado a destruição da civilização inca que, como a demolição de Hernán Cortés em relação aos astecas, apagou essa civilização para sempre da face da Terra.

CRONOLOGIA

Francisco Pizarro
(c.1475-1541)

1513 Participa da expedição de Balboa que "descobre" o Oceano Pacífico.

1524-28 As primeiras tentativas de viajar para o Peru com Diego de Almagro e Fernando de Luque para fazer contato com o império inca, a princípio enfrentaram problemas e acabaram não tendo sucesso.

1531-35 Viaja novamente ao Peru com uma pequena força. Manipula a guerra civil inca para ganhar vantagens na região e conquistar o império.

1538 Manda executar seu compatriota Almagro, fortalecendo assim o seu poder.

1541 Pizarro é assassinado por homens leais a Almagro, em vingança por sua execução.

Capítulo 5

DA VINLÂNDIA PARA O PACÍFICO:

Jornada pela América do Norte

A história da exploração norte-americana começa apenas no final do século XV. O que muitas vezes é deixado de lado, porém, é o fato de que os europeus já tinham visitado o continente cerca de 500 anos antes.

Esses aventureiros até tentaram começar a colonizar territórios ali, mas o fracasso da colonização e o longo intervalo antes da chegada dos próximos visitantes significou que suas explorações foram rapidamente esquecidas. Mesmo hoje, elas são frequentemente deixadas de lado.

O primeiro "descobridor" da América do Norte, portanto, não foi Cristóvão Colombo nem John Cabot, mas o viking Bjarni Herjulfsson. Naturalmente, Herjulfsson nem estava procurando pelo continente quando o encontrou por volta de 986 d.C. Como todos os outros bons primeiros exploradores, ele simplesmente saiu do seu rumo por acidente enquanto tentava navegar para a Groenlândia, que também só havia sido visitada pela primeira vez alguns anos antes por outro viking, Erik, o Vermelho. Herjulfsson não era um homem especialmente curioso por natureza. Em vez de parar para investigar as novas terras que tinha avistado, ele simplesmente deu meia-volta e traçou um novo curso de volta à Groenlândia. Então, embora tenha avistado a América do Norte, ele nunca pisou nessas terras.

Essa honra foi deixada ao contemporâneo de Herjulfsson e filho de Erik, o Vermelho, Leif Eriksson. Embora Herjulfsson não tenha se interessado em investigar as novas terras que avistou, ele pelo menos registrou sua aventura quando conseguiu chegar à Groenlândia. Alguns anos depois, por volta de 1000 d.C., Eriksson decidiu que era hora de descobrir mais sobre essas terras e preparou uma expedição para seguir a rota de Herjulfsson no sentido contrário. Eriksson aportou pelo menos três vezes na América do Norte, com base nos relatos dos lugares que Herjulfsson tinha visto, em locais que chamou de Helluland ("Terra das

JORNADA PELA AMÉRICA DO NORTE 97

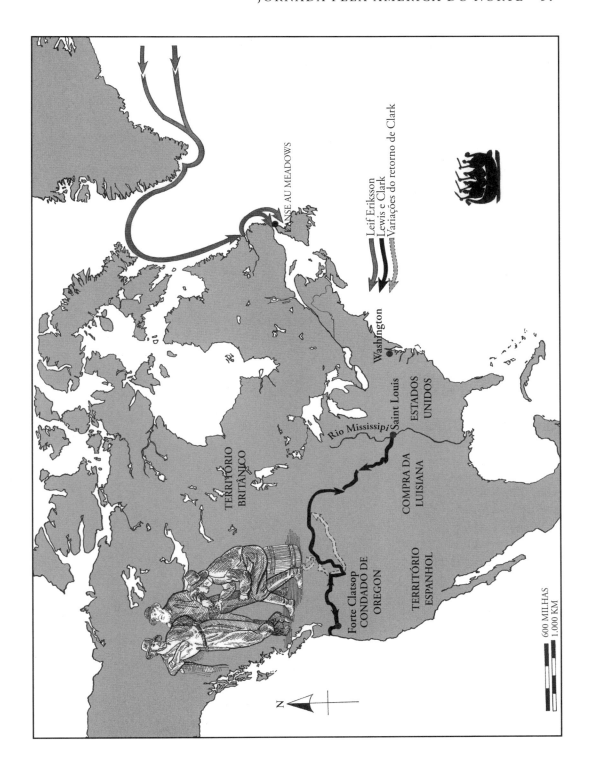

Pedras Chatas"), Markland ("Terra das Madeiras") e Vinlândia ("Terra do Vinho" ou "Terra dos Pastos"). A localização exata de cada uma delas não é conhecida ao certo, e a especulação a esse respeito cobre uma área da América desde o norte, na Ilha de Baffin, até o sul, como Cape Cod, no Massachusetts. Das três, a Vinlândia é a mais interessante para os historiadores porque foi ali que Eriksson decidiu construir uma pequena colônia e passar o inverno, antes de retornar à Groenlândia na primavera. Ruínas vikings

CRONOLOGIA

Bjarni Herjulfsson e Leif Eriksson *(século X d.C.)*

*c.*986 Bjarni Herjulfsson, um viking, avista o litoral norte-americano quando foi tirado do curso durante uma tempestade enquanto ia para a Groenlândia. Ele não aportou lá, mas registrou os detalhes de sua descoberta ao chegar à Groenlândia.

*c.*1000 Leif Eriksson, um residente na Groenlândia, decide investigar os avistamentos de Herjulfsson. Ele aporta em pelo menos três locais diferentes na América do Norte, tornando-se o primeiro europeu registrado a fazer isso, construindo uma pequena colônia para passar o inverno no local.
Tentativas vikings posteriores para estabelecer colônias mais permanentes na América do Norte fracassam e as descobertas são completamente esquecidas.

JORNADA PELA AMÉRICA DO NORTE 99

foram posteriormente encontradas em L'Anse au Meadows, na Terra Nova. Ainda não se sabe se essas são ou não as ruínas da Vinlândia de Eriksson porque outros vikings também fizeram tentativas para se estabelecer na América do Norte nos anos seguintes,

ABAIXO: *Mapa supostamente desenhado pelos vikings, mostrando a posição das novas terras de Vinlândia. A autenticidade do mapa ainda é questionada.*

depois de ouvir os relatos positivos de Eriksson sobre aquelas terras. Essas tentativas fracassaram, provavelmente devido a relações hostis com os nativos americanos. As novas terras foram abandonadas, e os relatos delas foram quase totalmente esquecidos até depois da época de Colombo. Independentemente da localização exata da colônia de Eriksson, porém, o importante é que ele foi o primeiro europeu a ter com certeza liderado uma expedição que aportou na América do Norte, meio milênio antes de seus outros "rivais" históricos do Novo Mundo.

Depois de Colombo, quando os europeus finalmente chegam, a história da exploração da América do Norte, em muitos aspectos, se transforma em uma história da competição entre a Inglaterra e a França e, depois, dos próprios Estados Unidos. A influência espanhola também esteve lá, embora não tenha penetrado tanto como em outras partes do Novo Mundo e tenha enfraquecido com o passar do tempo.

Mesmo assim, a Espanha estava mais uma vez à frente do resto da Europa na corrida inicial por terras em algumas partes da América do Norte. Os conquistadores que foram enviados para o sul e o centro do continente americano foram bem documentados, mas os que se aventuraram no norte são menos lembrados. Por exemplo, Juan Ponce De Leon, que também tinha navegado na segunda expedição de Colombo, descobriu e reivindicou a Flórida para a Espanha em 1513. Hernando de Soto, que estivera com Pizarro durante a conquista do Peru, seguiu as primeiras tentativas de colonizar a Flórida, com instruções para uma exploração e conquista completa do território de 1539 até sua morte, de febre, em 1542. Durante essa expedição, de Soto também foi para a Carolina do Sul e a Carolina do Norte, Geórgia, Tennessee e Alabama e "descobriu" e cruzou o Baixo Rio Mississipi até o Arkansas. Exatamente na mesma época, Francisco de Coronado estava indo para o local onde agora ficam os estados de Novo México, Arizona, Colorado e Nebraska, descobrindo o Grand Canyon neste caminho. Enquanto isso, Juan Rodriguez Cabrillo, que era português de nascimento, mas navegava sob patrocínio espanhol, começou a explorar o litoral da Califórnia em 1542 e, por fim, chegou ao limite norte do Oregon. Ele foi o primeiro europeu a ver essa região e percorrer grande parte dela. Embora a Espanha nem sempre explorasse completamente esse novo território da maneira como fizera na América do Sul e na América Central, isso significou que ela teve alguma influência no desenvolvimento do norte do continente durante os séculos que se seguiram. De fato, passaria muito tempo antes que a Espanha desistisse, em particular, de sua reivindicação do território ao longo do Golfo do México, na atual fronteira entre o México e os EUA, e ao litoral norte-americano do Oceano Pacífico.

Se os espanhóis gradualmente deixaram de lado a corrida pela América do Norte, e sua contribuição para sua exploração tornou-se um pouco secundária, mais negligenciado ainda foi o interesse inicial dos russos pelo continente. A extremidade leste da Rússia quase toca o Alasca no Estreito de Bering e, assim a expansão por essa rota para a América do Norte era uma progressão natural. O Alasca se tornou uma colônia russa, e um homem em particular, Aleksandr Baranov, fez muito para aumentar a influência russa durante seu governo do território entre 1788 e 1817. Além de explorar o litoral do Alasca, ele viajou para o sul até a Califórnia, onde construiu o Forte Ross, e também chegou até o Havaí.

De fato, as reivindicações de todos esses interesses conflitantes eram tão persistentes que demorou até o século XIX para que muitos deles fossem resolvidos, e as fronteiras territoriais e políticas norte-americanas começassem a ficar parecidas a sua configu-

ACIMA: *John e Sebastian Cabot aportam no continente norte-americano em 1497. O local exato em que Cabot desceu à terra é desconhecido.*

ração atual. Demoraria ainda mais antes que toda essa terra pudesse ser amplamente explorada. Embora houvesse muitos países com muitos interesses na América do Norte durante vários séculos, foi o tamanho do território e a localização da terra que, acima de tudo, os mantiveram igualmente afastados.

John Cabot *(c.1450-c.1498)*

Se Colombo abriu o Novo Mundo para os espanhóis, e muitos conquistadores também chegaram ao norte do continente além das regiões sul e central, então como é que grande parte da população na América do Norte acabou falando inglês? A resposta, pelo menos em parte, está na história de John Cabot.

Ironicamente, Cabot, como Colombo e Vespúcio, era um italiano por nascimento. Se a Itália tivesse sido uma nação unida nos séculos XV e XVI, então, considerando o número dos primeiros exploradores do Novo Mundo que ela forneceu, há uma alta probabilidade de que o idioma dominante na América do Sul e na América do Norte fosse o italiano. Na época de Cabot, porém, a Itália não existia como uma única entidade, mas era uma série de pequenas cidades-estado independentes que, por si mesmas, não tinham o poderio financeiro ou político para patrocinar grandes expedições para reivindicar novas terras. Então, foi assim que Giovanni Caboto, que nasceu em Gênova e passou a juventude em Veneza, acabou buscando patrocínio na Inglaterra sob uma versão inglesa de seu nome, John Cabot.

O italiano mudou-se com a família para a Inglaterra por volta de 1484. Foi mais ou menos nessa época que Colombo primeiro planejou a expedição para as Índias, um plano que teria um impacto tão grande na vida e na fortuna de Cabot quanto teve na de seu criador. Ao ouvir sobre o esquema e, posteriormente, saber do sucesso da expedição de 1492 de Colombo, Cabot também se convenceu da importância de tentar chegar à Ásia pelo oeste. Durante sua carreira anterior como comerciante no Mediterrâneo, ele provavelmente encontrou colegas árabes que lhe deram o contato para as especiarias, sedas e outras riquezas do Oriente. Eles também acrescentaram sua própria marca e restringiram as quantidades desses itens de luxo que chegavam à Europa. Cabot acreditava que, indo para o oeste, esses intermediários podiam ser descartados e seria possível estabelecer vínculos de comércio direto com as Índias.

É provável que Cabot inicialmente tenha pensado em oferecer seus serviços, como Colombo, à Espanha e a Portugal e, se eles tivessem sido aceitos, o desenvolvimento cultural e linguístico da América do Norte poderia ter sido bem diferente. No entanto, a pessoa que demonstrou mais interesse em seu esquema foi o rei Henrique VII da Inglaterra: e assim começou a origem da reivindicação britânica sobre a América do Norte.

Talvez motivado pela necessidade de não ser deixado de lado dos sucessos territoriais que os exploradores espanhóis e portugueses estavam conseguindo, talvez impelido meramente pelos incentivos financeiros do comércio com a Ásia, Henrique VII finalmente aderiu ao plano de Cabot "de ser como Colombo" em 1496. Consequentemente, ele emitiu a Cabot a "Carta Patente" que dava ao explorador

> plena e livre autoridade, ação e poder para navegar para todas as partes, países e mares do Oriente, do Ocidente e do Norte, sob nossa bandeira... para buscar, descobrir e encontrar quaisquer ilhas, países, regiões ou províncias... naquela parte do mundo, onde quer que estejam, e que antes deste tempo têm continuado desconhecidas de todos os cristãos.

No entanto, o rei não queria disputar a esfera de influência espanhola nas regiões sul do Novo Mundo, e assim Cabot devia procurar uma rota mais ao norte cruzando o Atlântico. De qualquer forma, este era o plano do italiano. Ao cruzar o oceano em uma latitude mais alta, ele tinha certeza de que não só chegaria à Ásia, mas que faria isso de modo mais rápido e fácil porque a curva da Terra significava que lá haveria menos distância a ser coberta.

Cabot não perdeu tempo para montar uma expedição para aproveitar a concessão real. Com apenas um navio, o *Matthew*, e 18 tripulantes, ele deixou Bristol em maio de 1497 no que seria uma viagem tão histórica quanto à de Colombo. Quando aportou no continente norte-americano em 24 de junho de 1497, ele se tornou o primeiro dos exploradores do Novo Mundo na era moderna a realmente atingir o continente americano. Colombo, nesse estágio, ainda só tinha chegado às ilhas na costa da América Central, e a suposta viagem de Vespúcio ao continente sul-americano mais ou menos na mesma época provavelmente nem aconteceu. A jornada acabou não sendo mais rápida do que a de Colombo devido a condições de vento pouco favoráveis, e Cabot também não encontrou as procuradas Ilhas de Especiarias da Ásia, mas ele chegou ao continente e reivindicou os territórios da América do Norte para a Inglaterra.

O local exato da chegada de Cabot continua desconhecido e, devido ao prestígio e receita potencial associados a esse evento histórico, é um assunto um pouco controverso. Muitos acreditam que ele aportou primeiro em Cape Breton, na Nova Escócia, enquanto outros levantam as possibilidades da Terra Nova, Labrador ou até mesmo mais ao sul no Maine.

CRONOLOGIA

John Cabot *(c.1450--c.1498)*

1497 Lidera uma expedição para a América do Norte a serviço do rei inglês. Foi o primeiro dos exploradores do Novo Mundo na era moderna a realmente aportar no continente americano.

1498 Tenta retornar à América do Norte, saindo da Inglaterra com uma frota maior, mas não se sabe mais nada de suas viagens. É provável que seu grupo tenha perecido no mar durante esta viagem.

CRONOLOGIA

Sebastian Cabot
(c.1474-1557)

1497 Possivelmente navegou com o pai, John Cabot, em sua primeira viagem histórica cruzando o Atlântico até a América do Norte.

1508-9 Talvez tenha feito uma viagem em busca da Passagem de Noroeste, embora alguns historiadores questionassem se essa jornada realmente aconteceu.

1526-30 Lidera uma expedição a serviço dos espanhóis à América do Sul, onde ele se desvia e começa a procurar prata ao longo dos rios da Prata, Paraná e Paraguai. Ele devia ter navegado em volta ao mundo. Retorna à Espanha em desgraça.

Cabot deixou Bristol com um único navio e uma tripulação de 18 homens em uma viagem tão histórica quanto a de Colombo.

Certamente, Cabot explorou uma área significativa do litoral leste norte-americano no mês seguinte, antes de voltar para a Inglaterra. Depois de um breve e inesperado desvio pela Bretanha, na França, ele chegou em 6 de agosto de 1497. Em vez das histórias esperadas de muitas especiarias, a tripulação contou histórias de águas tão abundantes em peixes que a vida marinha literalmente pulava nas cestas assim que eles as abaixavam no mar. Apesar da decepção por não encontrar a carga pretendida, Cabot ainda foi saudado como um herói, e Henrique VII, um rei com vistas para uma pechincha, ficou tão satisfeito com os desenvolvimentos que estava ansioso para patrocinar uma nova expedição no ano seguinte.

Infelizmente, essa viagem teve muito menos sucesso. Embora Cabot tivesse uma frota muito maior com cinco navios e cerca de 300 homens, isso não o ajudou. Um dos navios voltou danificado para a Irlanda logo no início da viagem, mas não se soube mais nada dos outros quatro. Alguns pensam que a expedição talvez tenha chegado à Groenlândia e, depois, ao Canadá, antes de voltar à Inglaterra. Muito mais provável, porém, é a crença mais comum que em algum ponto durante a travessia do Atlântico toda a frota tenha perecido e, com ela, John Cabot.

O nome Cabot porém não morreu com esta fatídica segunda expedição. O italiano tinha três filhos, e todos possivelmente o acompanharam em sua primeira viagem histórica à América do Norte. Um deles, Sebastian Cabot, estabeleceu sua própria reputação como navegante e cartógrafo e também liderou suas próprias expedições ao Novo Mundo. É possível que ele tenha feito uma outra viagem ao Canadá em 1508, embora muitos historiadores agora acreditem que essa jornada na verdade não aconteceu.

Sebastian Cabot certamente, porém, liderou uma frota até a América do Sul, entre 1526 e 1530. O objetivo original da expedição era repetir a viagem de

Magalhães ao redor do mundo (ver o Capítulo 10) enquanto esperava encontrar uma rota menos difícil ao redor da América do Sul, mas Cabot distraiu-se ao procurar prata ao longo dos rios da Prata, Paraná e Paraguai. O consequente fracasso percebido de sua expedição significou que demorou algum tempo para que sua reputação se recuperasse. No entanto, depois de ter desistido de singrar os mares, ele conseguiu estabelecer uma carreira de sucesso como conselheiro para outros aventureiros.

Nessa época, os piratas já tinham imitado a rota de John Cabot para a América do Norte com o propósito duplo de comerciar com os nativos e aproveitar os cardumes de peixes que ele relatara. E para preocupação da Inglaterra, os franceses também tinham chegado. E, ainda mais, eles também estavam começando a reivindicar o território da América do Norte.

À ESQUERDA: *Retrato não datado do explorador francês Jacques Cartier.*

Jacques Cartier
(1491-1557)

Se os ingleses chegaram atrasados à festa da exploração global, então os franceses quase a perderam completamente. Enquanto as outras potências europeias já tinham há tempos começado a saborear seu jantar do Novo Mundo, a França ainda nem tinha sido vista. Jacques Cartier foi o homem que, em 1534, apareceu bem na hora de garantir que seu país chegasse a tempo pelo menos de uma fatia da torta norte-americana.

Uma das poucas outras expedições francesas dignas de nota antes dessa época foi, quase inevitavelmente, realizada por um italiano. Uma década antes, Giovanni Da Verrazzano tinha sido contratado pelo rei francês Francisco I para explorar esse Novo Mundo que era tão empolgante para todas as outras potências europeias. Ele se saiu bem. Verrazzano viajou ao longo de uma parte significativa do litoral norte-americano, descobrindo, entre outras coisas, a Baía de Nova York. Ele chegou até a Terra Nova, no Canadá, que mais tarde foi chamada de "Nova França" e a reivindicou em nome de seu patrocinador, colocando os franceses em competição direta com os interesses dos ingleses na América do Norte.

Embora eles tenham demorado a chegar, essa foi uma expedição animadora para os franceses, mas pouca coisa aconteceu nos dez anos seguintes. Finalmente, porém, o rei decidiu que era hora de dar uma olhada mais de perto em "sua" Nova França. Jacques Cartier, um navegador de St. Malo com uma reputação respeitada recebeu a ordem de preparar uma frota para uma aventura que entrasse para a história do Canadá francês.

Como a maioria das grandes potências da época, o principal interesse do rei realmente era encontrar uma rota mais curta pelas Américas até os prêmios da Ásia "conhecida". No entanto, essas primeiras expedições francesas estabeleceram as bases para a expansão da influência francesa no Novo Mundo durante os séculos seguintes.

ACIMA: *Ilhas de St. Lawrence, no delta do Rio St. Lawrence, no Canadá.*

Assim, Cartier, dirigiu-se à Terra Nova com seus dois navios e começou a procurar um caminho para as Índias. Os esforços de incontáveis aventureiros por vários séculos para encontrar uma rota ao redor da América do Norte mais tarde ficariam conhecidos como a busca pela Passagem de Noroeste. Isso atingiu proporções tão épicas que tem seu próprio lugar na história da exploração (ver Capítulo 6). Cartier, como tantos outros depois dele, inicialmente ficou decepcionado com sua falta de progresso enquanto procurava em vão ao redor da Terra Nova, do Estreito de Belle Isle e no Golfo do St. Lawrence. Porém, um aspecto mais positivo foi que ele fez um contato amigável com muitos dos indígenas nativos e conseguiu comerciar com eles.

Apesar da falta de progresso em encontrar um atalho para a Ásia, Cartier foi calorosamente recebido quando retornou a sua terra em 1534. A França estava gradualmente tornando-se tão interessada no território do Novo Mundo quanto na passagem, e Cartier recebeu a ordem de se preparar para outra expedição no ano seguinte.

CRONOLOGIA

Jacques Cartier *(1491-1557)*

1534 Lidera a primeira expedição à América do Norte e reivindica a Terra Nova para os franceses.

1535-36 Penetra no Rio St. Lawrence, passando o inverno em Quebec e desce até o local de Montreal.

1541-42 Envolve-se em uma outra expedição e na tentativa inicial francesa de colonizar a região.

Entretanto, ele não tinha desistido completamente da ideia de uma passagem por água e dessa vez concentrou sua atenção além do Golfo do St. Lawrence, no próprio Rio St. Lawrence. Foi uma jornada que levaria Cartier e seus 110 homens pelo território que hoje abrange algumas das principais cidades do Canadá francês. Uma de suas primeiras paradas foi o local onde hoje fica Quebec, mas que na época era a aldeia nativa de Stadacona. Cartier tinha encontrado alguns dos habitantes do Huron em sua viagem anterior, dois dos quais ele até havia levado para a França nesse ínterim para que eles aprendessem o idioma a fim de se tornarem intérpretes. Mais uma vez, ele foi bem recebido pelo chefe nativo Donnacona. Dali, Cartier continuou a subir o rio até a aldeia de Hochelage e subiu uma montanha próxima, à qual deu o nome de Monte Real. A cidade atual com o mesmo nome foi fundada depois nessa região.

Percebendo que esse rio também não lhe daria a passagem que ele ainda esperava encontrar, Cartier voltou a Stadacona e se preparou para passar o inverno. Não foi uma boa época, com o escorbuto atingindo e matando vários tripulantes. Além disso, quando o degelo da primavera chegou, e Cartier estava se preparando para retornar à França, ele sequestrou Donnacona e várias pessoas de seu povo. Eles tinham contado histórias de um reino rico (e mítico, como se descobriu depois) ao norte, chamado Saguenay. Cartier levou-os de volta à França, esperando que seus relatos pessoais ajudassem a persuadir o rei a enviar outra expedição em busca de Saguenay.

Ele acabou conseguindo isso, mas, por causa da guerra e de outras interrupções, não foi capaz de retornar à Nova França até 1541. Ainda mais que, desta vez, Cartier estava navegando apenas como parte de uma grande expedição de colonização sob o comando geral de Sieur de Roberval. Cartier partiu antes de seu comandante e explorou grande parte do mesmo território que havia visitado anteriormente, enquanto aguardava a chegada de Roberval, para que a tentativa de encontrar Saguenay pudesse ser feita de modo sério. Como seu líder ainda não tinha chegado na primavera de 1542 e os nativos amigáveis estavam se tornando cada vez mais hostis à presença francesa, Cartier decidiu ir para casa, mas finalmente encontrou com Roberval no caminho. Roberval queria que ele voltasse com a expedição, mas Cartier resolveu retornar à França, deixando para Roberval a busca em vão de Saguenay.

Além de possivelmente ter feito um breve retorno para tentar encontrar Roberval no ano seguinte, sob as ordens do rei, uma expedição sobre a qual pouco se sabe, isso marcou o final da carreira de Cartier como explorador no Canadá. Embora o trabalho estivesse longe de estar concluído, o que ele conseguiu foi abrir um trecho do território continental da América do Norte pela primeira vez, com consequências de longo alcance no futuro.

Demorou alguns anos, mas o próximo francês a navegar em uma missão oficial foi Samuel de Champlain, no início do século XVII. Nas décadas entre os dois exploradores, outros comerciantes e corsários franceses começaram a colonizar não oficialmente o território de Cartier e fazer comércio com os nativos, mas foi só com Champlain que os franceses deram seguimento às descobertas do primeiro explorador. Em 1603, Champlain viajou pela primeira vez para o Canadá, seguindo as pegadas de Cartier até Monte Real. Entre 1604 e 1607, ele mapeou algumas partes do litoral da América do Norte, mas o que aconteceu nos anos seguintes foi o que resultou em seus legados mais importantes. Indicado como vice-governador, Champlain fundou as cidades de Quebec em 1608 e Montreal em 1611. Nesse meio tempo, ele descobriu o Lago Champlain e continuou a explorar muitas outras áreas da Nova França, entre elas a região do Rio Ottawa. Na verdade, Champlain passou a ser conhecido como o "Pai da Nova França". Ele certamente contribuiu muito para o domínio da França na

CRONOLOGIA

Samuel de Champlain (1567-1635)

1603 Primeira expedição canadense de Champlain ao longo do Rio St. Lawrence.

1604-7 Passa algum tempo mapeando uma parte do litoral da América do Norte.

1608 Funda Quebec.

1609 Descobre o Lago Champlain.

1611 Funda Montreal.

1613 Lidera uma expedição ao longo do Ottawa.

1615 Com Brulé, descobre o Lago Ontário.

área e manteve uma influência pessoal significativa sobre o território até sua morte em 1635.

Nessa época, um de seus assistentes, um homem chamado Etienne Brulé, também tinha feito sua parte na expansão da influência da França, conforme a conquista do interior continuava. Brulé provavelmente foi o primeiro estrangeiro a ver o Lago Huron; ele descobriu o Lago Ontário com Champlain e, depois, é possível que tenha sido o primeiro europeu a ver o Lago Superior. Ele também foi para o sul e chegou à Baía de Chesapeake, nos EUA atuais, depois de seguir o Rio Susquehanna até sua foz.

A seguir vieram os comerciantes de peles franceses, como Pierre Esprit Radisson que, impulsionado pela riqueza a ser conquistada nesse setor recém-desenvolvido na América do Norte, foi ainda mais longe no interior. Acredita-se que ele chegou até Minnesota, no oeste. Também é possível que ele tenha encontrado o Alto Rio Mississipi antes de seu descobridor mais geralmente reconhecido, Louis Joliet.

Outro dos primeiros aventureiros foi René Robert Cavelier, Sieur de La Salle, que chegou a Montreal em 1666. Também proveniente do comércio de peles, ele era um entusiasta das explorações e se concentrou inicialmente na expansão para o oeste. Sua maior realização, porém, veio em uma expedição que seguiu o Rio Mississipi até sua

ABAIXO: *O explorador francês de la Salle toma posse da Luisiana para a França, 1682.*

CRONOLOGIA

Rene Robert Cavelier, Sieur de La Salle *(1643-1687)*

1666 Chega em Montreal.

1669-71 Descobre o Rio Ohio em sua primeira grande expedição.

1681-82 Desce o Rio Mississipi até sua foz, reivindicando a Luisiana para os franceses.

1684-87 Tenta fundar uma colônia perto da foz do Mississipi, mas por engano aporta no Texas. Depois, é morto por um dos colonos.

foz em 1682, reivindicando para a França o território que estava no coração do continente norte-americano. Ele tomou posse de um trecho de terra para a França e lhe deu o nome de Luisiana em homenagem a seu rei, Luiz XIV. Esse território, mais tarde, viria a ser colonizado pelos franceses.

Embora cada um desses desenvolvimentos não necessariamente continuasse de um modo coordenado ou mesmo contínuo, e demorasse mais de um século e meio para estabelecer a influência francesa na América do Norte, todos eles tinham suas raízes no trabalho pioneiro de Jacques Cartier. Sua investigação determinada do Rio St. Lawrence abriu uma rota para o interior norte-americano a partir da qual todos os seus sucessores deixaram sua própria marca.

Os franceses podem ter chegado um pouco tarde para a festa do Novo Mundo, mas depois de chegarem estavam determinados a ficar.

Sir Walter Raleigh *(c.1552-1618)*

Sir Walter Raleigh sem dúvida teria algo a dizer sobre a chegada dos franceses na América do Norte. Embora a maior parte de seu ódio estivesse reservada para os espanhóis, ele nunca discriminava muito quando se tratava de diminuir os rivais europeus da Inglaterra. De fato, foi a determinação de Raleigh para garantir que a Inglaterra deixasse sua marca na América do Norte antes da França ou da Espanha que, em grande parte, garantiu que seu país continuasse as expedições pioneiras de John Cabot. Por sua vez, isso fortaleceu as reivindicações inglesas no Novo Mundo, resistiu à influência francesa e espanhola e, em última instância, resultou no domínio do idioma inglês na maior parte da América do Norte.

O homem que liderou essa cruzada tinha uma vida muito mais agitada do que a de um simples explorador. Na verdade, em muitos casos, Sir Walter Raleigh nem tomava parte nas expedições cujo crédito recebeu. Em vez disso, ele era seu defensor e organizador, dando um impulso à exploração inglesa com seu ardoroso patriotismo. Seu papel foi muito semelhante ao desempenhado em Portugal por Henrique, o Navegador, mais de um século e meio antes.

O início da vida de Raleigh não sinalizava o epitáfio que ele acabaria recebendo na história da exploração. Nascido em Devon, Inglaterra, em uma família razoavelmente abastada, mas com recursos limitados, pouco havia que sugerisse o papel dominante que ele atingiria na vida da corte inglesa. Esse foi especialmente o caso em seus primeiros anos quando, como um protestante durante o reinado da devota rainha católica Maria I, todas as vias importantes para o poder lhe teriam sido negadas por causa de sua religião se a rainha tivesse vivido por tempo suficiente ou deixado um sucessor. Do modo como as coisas aconteceram, a subida ao poder da meia-irmã protestante de Maria, a Rainha Elizabeth I, em 1558, viria a ser um acontecimento crucial na carreira posterior de Raleigh. Não só a inclinação religiosa similar a dela abriu as portas para o aventureiro, mas foi seu relacionamento pessoal favorável com a rainha que lhe permitiu uma ascensão tão rápida.

Depois de uma carreira inicial com os militares e um breve período estudando em Oxford, antes de contemplar uma carreira profissional no Direito, Raleight conseguiu sua experiência marítima no final da década de 1570. Ele era meio-irmão de Sir Humphrey Gilbert que, na época, tinha obtido uma patente de Elizabeth I para reivindicar mais terras para a Inglaterra e começou a estabelecer colônias na América do Norte. Raleigh acompanhou-os nas primeiras viagens à região, e é bem provável que a busca apaixonada de seu meio-irmão na América do Norte tivesse um papel importante no

ACIMA: *Sir Walter Raleigh e seu cachimbo de tabaco. Diz a história que o criado de Raleigh, sem conhecer o fumo e vendo fumaça ao redor de Raleigh, jogou água sobre ele, acreditando que ele estivesse em chamas.*

desenvolvimento do fervor de Raleigh em relação a esse assunto. Gilbert faleceu durante outra tentativa de colonização em 1583, e quase certamente não foi uma coincidência que Raleigh tenha se tornado um defensor do Novo Mundo na Inglaterra a partir dessa data.

Nessa época, Raleigh já tinha se estabelecido firmemente na corte real. Depois de seu período no mar com Gilbert, Raleigh tinha liderado campanhas bem-sucedidas na Irlanda que, associadas com uma habilidade para fazer aliados políticos e obter as apresentações necessárias, gradualmente o levaram a chamar a atenção da rainha. Os prêmios financeiros e territoriais substanciais que ele recebeu da Rainha Elizabeth por seu serviço na Irlanda davam uma indicação de sua crescente popularidade com ela. Em 1583 e 1584, época em que Raleigh estava firmemente situado entre os favoritos da rainha, os prêmios reais incluíam uma propriedade em Londres, uma concessão de monopólio na exportação de roupas de lã e o título de cavalheiro. Agora Raleigh tinha o ouvido e a bolsa da rainha à disposição e foi também nessa época que ele recebeu permissão para enviar sua primeira expedição ao Novo Mundo, em uma tentativa de ser bem-sucedido onde Gilbert fracassou.

ABAIXO: *Homens e mulheres sem cabeça, ilustração do relato de Sir Walter Raleigh sobre a Guiana, publicado em Nuremberg, 1599.*

Armado com sua própria patente para explorar os territórios do Novo Mundo recebida em 1584, dentro de um mês Raleigh tinha enviado Arthur Barlowe e Philip Amadas em uma expedição investigativa na região. Eles aportaram primeiro na Flórida e depois seguiram o litoral até a Carolina do Norte.

O sucesso relativo dessa exploração fez com que Raleigh não perdesse tempo para organizar uma tentativa de colonização em parte do território que Barlowe e Amadas tinham explorado. Em 1585, Sir Richard Grenville recebeu a ordem de Raleigh para levar um grupo de colonos para a Ilha Roanoke, Carolina do Norte e estabelecer ali uma presença inglesa permanente. Embora a expedição chegasse a seu destino e também continuasse a explorar o litoral norte-americano até mais ao norte, a colônia teve dificuldades e a maioria dos habitantes escolheu retornar quando Sir Francis Drake (ver Capítulo 10) visitou a colônia um ano depois, ao voltar de uma outra expedição ao Novo Mundo.

Em 1587, Raleigh tentou de novo na mesma área, com um novo grupo de colonos, sob o governo de um homem chamado John White que também estivera na primeira tentativa de colonização. Isso resultou em uma das maiores e não resolvidas intrigas no início da história norte-americana. Depois de chegar e estabelecer uma base, os colonos foram deixados sozinhos por White até que, em 1590, ele retornou à Ilha Roanoke em um navio com suprimentos. Porém, tudo que ele encontrou foi uma colônia deserta sem nenhum sinal dos colonos. Ainda não se sabe ao certo o que aconteceu a eles.

A atenção de Raleigh, porém, se voltava para a América do Sul e para uma oportunidade do tipo que ele nunca deixava passar; uma oportunidade para sabotar os espanhóis e aumentar sua riqueza ao mesmo tempo. Nessa ocasião, ele cruzou o Atlântico pessoalmente, chegando à América do Sul em 1595. Seu objetivo era o Rio Orinoco, na Venezuela, em busca do "El Dorado" e dos vastos depósitos de ouro prometidos na lenda. Entre os legados mais notáveis da expedição estava sua narrativa publicada da jornada, *The Discovery of Guiana*, mas infelizmente não o ouro que ele buscava. Depois de um intervalo de mais de 20 anos, ele tentou novamente em 1617, prometendo a seu monarca com problemas financeiros que ele retornaria do Orinoco com a descoberta de uma mina de ouro que, ao mesmo tempo, não interferisse nas reivindicações territoriais espanholas. Foi uma promessa que lhe custaria a cabeça, pois nas duas décadas de intervalo Raleigh tinha passado a maior parte do tempo aprisionado na Torre de Londres, na esperança de uma nova chance que anulasse uma condenação por traição que levava à sentença de morte. Em 1603, Elizabeth I tinha morrido e, com a subida ao trono de Jaime I, Raleigh imediatamente caiu em desgraça na corte real. Ainda pior, Raleigh foi implicado mais tarde no mesmo ano em uma tentativa de derrubar o novo rei, e isso levou a sua detenção.

O mistério dos colonos da colônia de Raleigh na Ilha Roanoke continua sem explicação até hoje.

CRONOLOGIA

Sir Walter Raleigh
(c.1552-1618)

1578-79 Raleigh acompanha seu meio-irmão Sir Humphrey Gilbert em suas primeiras expedições ao Novo Mundo.

1584 Depois de conseguir sua própria patente, Raleigh envia sua primeira expedição exploratória à América do Norte. Ela examina o litoral do continente, da Flórida à Carolina do Norte.

1585-86 Raleigh envia sua primeira tentativa de colonização sob comando de Sir Richard Grenville para a Ilha Roanoke, na Carolina do Norte.

1587-90 Um segundo grupo de colonos sob comando de John White é enviado à Ilha Roanoke por Raleigh. Depois de chegar em segurança à Carolina do Norte, eles desaparecem sem deixar rastros.

1595 Viaja ao Rio Orinoco, na Venezuela, em busca do "El Dorado". Fracassa.

1617-18 Viaja mais uma vez ao Rio Orinoco em busca do "El Dorado". Fracassa novamente, perde seu filho e, por fim, perde a própria cabeça.

Porém, depois de anos tentando criar um plano que lhe permitisse abrir o caminho para sua libertação, Raleigh finalmente conseguiu isso com a promessa do Orinoco. Jaime I precisava do dinheiro e estava preparado a dar a liberdade a Raleigh para que ele pudesse tentar trazer o ouro para a Inglaterra. Se, porém, ele entrasse em conflito com os espanhóis que, para tristeza de Raleigh, o monarca não queria antagonizar, o Rei Jaime lhe garantiu que aplicaria a ordem de execução pendente.

A promessa era ousada e até mesmo o próprio Raleigh sabia que não conseguiria cumpri-la. Mesmo que conseguisse encontrar ouro, teria sido quase impossível não ir contra os bem-estabelecidos interesses coloniais espanhóis na área, e os espanhóis até chamaram atenção para isso bem antes de sua partida. No entanto, ela deu a Raleigh a liberdade para uma última aventura, e ele estava determinado a prosseguir, independentemente do que acontecesse.

Foi o desastre que prometia ser. Raleigh ficou doente na viagem e não se envolveu posteriormente na busca que subiu o Rio Orinoco, permanecendo em vez disso em Trinidad para se recuperar. A expedição porém invadiu diretamente o domínio dos espanhóis, iniciou uma luta com eles e perdeu o filho de Sir Raleigh na luta, entre outros. Não foi encontrada nenhuma mina e, ao retornar a Raleigh com as notícias do fracasso, da perda e do conflito, o capitão que tinha liderado a frota em sua ausência, Lawrence Keymis, tirou a própria vida. Por fim, Raleigh retornou à Inglaterra em 1618. Como era de se esperar, os espanhóis e o rei James I levantaram contra Raleigh as acusações de pirataria que ele tinha jurado evitar, e o rei pôs em prática sua promessa de executar o explorador pela conduta de sua frota. É dito que, antes de sua execução, Raleigh disse "Este é um remédio afiado" ao ver o machado fatal que logo separaria sua cabeça do corpo, "mas é um médico para todas as doenças".

A morte de Raleigh representou um triste fim para o homem que, impelido pelo patriotismo e pela xenofobia sem igual entre seus contemporâneos, tentou tão intensamente estabelecer os direitos territoriais de seu país no Novo Mundo. Embora ele muitas vezes tenha ficado longe do sucesso na aplicação prática de suas expedições, a própria realização delas, suas tentativas de colonização da América do Norte e sua promoção apaixonada da necessidade de que a Inglaterra ficasse entre as potências no Novo Mundo seriam ações importantes no estabelecimento dos interesses de seu país no longo prazo.

"Este é um remédio afiado", observou Raleigh ao ver o machado do carrasco, *"mas é um médico para todas as doenças"*.

E, por mera coincidência e boa fortuna, o próprio Raleigh teria sem dúvida concedido com um sorriso irônico, que essas foram ações que aconteceram de modo a antagonizar franceses e espanhóis, os rivais da Inglaterra no Novo Mundo.

ACIMA: *Vista aérea do Delta do Rio Mackenzie, no Mar de Beaufort, nos Territórios Noroeste do Canadá.*

Meriwether Lewis *(1774-1809)* e William Clark *(1770-1838)*

Na virada do século XIX, os recentemente formados e independentes Estados Unidos estavam começando a florescer. Nesse ponto, porém, seu alcance estava limitado ao terço leste de seu território atual, e não é de admirar que uma missão exploratória por terra desde o Atlântico até o Pacífico no que agora são os EUA ainda estivesse por acontecer. Entretanto, dentro de poucos anos, a "expedição Lewis e Clark" tinha conseguido exatamente isso, talvez na expedição exploratória mais famosa na história da América do Norte.

Meriwether Lewis, William Clark e o pequeno grupo de homens que formavam o "Corpo de Descoberta" dos EUA não foram, porém, os primeiros a completar a travessia por terra do continente norte-americano. Essa honra pertenceu ao escocês, Alexander MacKenzie, que se tornou o primeiro explorador conhecido a atravessar o continente em território canadense em 1793. Ele tinha sido enviado por seu empregador, a North West Company, para procurar uma rota possível através da América do Norte para propósitos comerciais. Uma passagem comercial viável cruzando o continente e ligando os mercados da Ásia, América e Europa seria muito valiosa. Além disso, ela reforçaria a reivindicação da Inglaterra, o país de origem da empresa, ao território no noroeste do Pacífico, um território que também era cobiçado por muitas das principais figuras nos Estados Unidos. Embora MacKenzie tivesse sucesso em cruzar o continente, ele percebeu que sua rota não era uma passagem comercial viável.

Mesmo assim, o feito de MacKenzie e a posterior publicação de seu diário em 1801 estimularam os Estados Unidos, especificamente o presidente Thomas Jefferson, a entrar em ação. Se os britânicos podiam cruzar o continente, então os Estados Unidos tinham o dever de fazer o mesmo. Isso não só tiraria de mãos europeias uma valiosa rota comercial, mas também ajudaria a fortalecer as reivindicações territoriais que poderiam concretizar a visão de Jefferson dos Estados Unidos como um país que um dia se estenderia de costa a costa. Assim começaram os planos para a expedição de Lewis e Clark.

Em 1803, um segundo acontecimento importante ocorreu e deu mais uma justificativa para sua realização. Naquele ano, os EUA concluíram a compra da "Luisiana" da França de Napoleão (que tinha acabado de tirá-la das mãos dos espanhóis), uma parte do território norte-americano que naquela época era definida como se es-

CRONOLOGIA

Sir Alexander MacKenzie *(1764-1820)*

1789 Mackenzie lidera uma expedição ao Grande Lago do Escravo, que é acessível ao descer o que se torna o Rio Mackenzie até o Oceano Ártico.

1793 Torna-se o primeiro explorador a cruzar do Canadá continental para atingir o Oceano Pacífico.

1801 Publica seu diário, cujos achados levam diretamente à decisão dos EUA de lançar a expedição de Lewis e Clark.

tendendo do Rio Mississipi até a Cordilheira das Montanhas Rochosas. Grande parte da Luisiana era inexplorada, e Jefferson queria saber o que tinha conseguido com sua compra de milhões de dólares. Isso também deu aos EUA mais autoridade do que nunca para explorar o centro e o oeste do continente e divulgar na Luisiana que os EUA eram os novos governantes da região.

Nesse estágio, Jefferson já tinha escolhido o Capitão Meriwether Lewis para liderar uma expedição norte-americana de investigação e exploração pelo continente. Lewis era um jovem fazendeiro da Virgínia que tinha entrado para o exército e, depois, passado algum tempo servindo como secretário particular do presidente Jefferson. Como parte de seus preparativos para a missão, Lewis foi instruído a começar a montar um pequeno grupo — provavelmente apenas 12 homens — entre eles um tenente como segundo no comando.

Nesse estágio, porém, Lewis fez algo admirável. Ele desistiu voluntariamente da autoridade geral sobre a expedição para oferecer um comando conjunto em iguais termos a seu antigo colega militar William Clark. Essa foi uma das parcerias mais bem-sucedidas na história da exploração. Na verdade, devido a complicações administrativas e políticas, transpirou mais tarde que Clark oficialmente continuou a ser um tenente e segundo em comando aos olhos do governo, mas para todos no Corpo de Descoberta, e mais ainda para o próprio Meriwether Lewis, ele era o "Capitão" Clark e colíder da grande aventura.

No entanto, como o homem inicialmente indicado para liderar a missão, Lewis realizou a maior parte dos primeiros preparativos durante 1803. Perto do fim do ano, ele viajou ao longo do Rio Ohio desde Pittsburgh com boa parte do equipamento que tinha preparado e encontrou o Capitão Clark perto das quedas do Ohio. Antes do final do ano, o grupo tinha subido o Mississipi logo depois de St. Louis, onde acamparam durante o inverno.

Embora oficialmente a missão já tivesse sido iniciada, ela não começaria de verdade até a primavera seguinte quando eles saíram de St. Louis, tendo o último contato com uma cidade importante já estabelecida.

A missão do Corpo de Descoberta, que então contava com 30 e poucos carregadores e outros companheiros para a primeira parte da jornada, era seguir o Rio Missouri através do continente até sua origem. A partir daí, eles procurariam uma passagem o mais curta possível pelas Montanhas Rochosas, com o objetivo de encontrar rapidamente o Rio Colúmbia, parte do qual já havia sido mapeada por exploradores anteriores ao longo da costa do Pacífico, e descer por ele até o Oceano. Além de encontrar uma travessia idealmente curta pelas Montanhas Rochosas, a esperança era que a rota fosse uma travessia fluvial prática do continente norte-americano que abriria o comércio de costa a costa. Isso deixaria os Estados Unidos em uma posição comercial benéfica com a qual poderia expulsar seus concorrentes na região.

> *Conforme se afastavam de St. Louis, eles estavam abrindo caminho em território não mapeado, sob medo constante de ataque indígena.*

> *Algumas tribos indígenas, em especial os índios Mandan, foram mais cordiais com a expedição do que outras.*

Era uma tarefa imensa por qualquer padrão, ainda mais em 1804. Em uma época antes de a energia a vapor estar disponível para Lewis e Clark, o Corpo de Descoberta teve de remar ou arrastar seu equipamento e barcos milhares de quilômetros rio acima durante a maior parte da viagem de ida. Tipicamente, eles tinham de caçar todos os dias para garantir provisões suficientes para se alimentar. Além disso, conforme se afastavam de St. Louis, eles estavam abrindo caminho em território não mapeado, sob medo constante de ataque indígena. De fato, além dos objetivos primários exploratórios e comerciais da expedição, Lewis e Clark tinham sido especificamente instruídos a observar e fazer contato com as nações nativas rivais para incentivá-las a estabelecer a paz umas com as outras, informá-las do governo norte-americano e estabelecer relações amigáveis entre o leste e o oeste. Compreen-

ABAIXO: *Quadro de Alfred Russell Lewis e Clark atacados por ursos.*

sivelmente, essa mensagem não era bem recebida pelos nativos, muitos dos quais já tinham estabelecido algum tipo de relação comercial com os ingleses, os franceses ou os espanhóis e não queriam desfazê-las. Eles também temiam que os norte-americanos invadissem seus territórios.

No entanto, algumas tribos indígenas foram mais cordiais do que outras com o grupo de exploradores. Em especial, Lewis e Clark estabeleceram boas relações com os Mandans que residiam no local em que hoje fica a Dakota do Norte. Esse foi o local ao longo do Missouri que o Corpo tinha atingido perto do final de 1804, então eles aproveitaram para acampar ali para o inverno, construindo uma habitação a que deram o nome de Forte Mandan. Eles tinham tido sorte e azar com outros nativos em pontos anteriores ao longo do rio, com dificuldades especiais de contato com alguns índios Sioux, mas pelo menos evitaram hostilidades abertas e continuaram a fazer progresso. Na verdade, até esse ponto eles só tinham perdido um homem — o único que perderiam em toda a expedição — e isso aconteceu por doença, não por ataque.

Depois de um inverno rigoroso no Forte Mandan, o grupo foi dividido em dois, como planejado desde o início pelos capitães. Alguns homens e carregadores foram mandados de volta a St. Louis para dar notícias do progresso da expedição até o momento, bem como levar um mapa valioso do território que tinham mapeado, além de outros relatórios. De fato, além de todas as outras responsabilidades da expedição, Lewis e Clark também tinham sido instruídos a realizar algumas tarefas científicas e aproveitaram a oportunidade para levar os detalhes de suas descobertas nessa área também. Um de seus alvos científicos mais importantes era buscar e descrever plantas e animais anteriormente desconhecidos. Lewis em

CRONOLOGIA

Meriwether Lewis *(1774-1809)* **e William Clark** *(1770-1838)*

1795 Lewis e Clark se encontram pela primeira vez enquanto ambos servem no Exército dos EUA.

1802 Lewis é indicado líder de uma missão proposta para cruzar o continente pelos rios Missouri e Colúmbia. Mais tarde, ele propõe que Clark se reúna a ele em uma estrutura de comando conjunta.

1803-5 O Corpo de Descoberta sobe o Missouri desde St. Louis até os territórios dos índios Mandan no que hoje é Dakota do Norte e continua cruzando a Cordilheira das Montanhas Rochosas e descendo o Rio Colúmbia até a costa do Pacífico.

1806 Uma passagem de volta é concluída até St. Louis. O Corpo de Descoberta é recebido em triunfo por ter realizado sua missão pioneira.

1807 Lewis e Clark são recompensados com indicações para os cargos de Governador da Luisiana e Superintendente de Assuntos Indígenas na Luisiana, respectivamente.

1809 Clark se adapta facilmente ao novo papel, mas Lewis tem dificuldade. Depois de entrar em uma depressão que o deixa à beira da insanidade, Lewis provavelmente comete suicídio em outubro de 1809.

especial se destacou nessa área e enviou uma grande quantidade de amostras, espécimes e relatos com o grupo que retornou.

Os membros remanescentes — 31 pessoas, que incluíam tradutores: York, o escravo negro de Clark, e uma guia indígena chamada Sacagawea — formaram o "grupo permanente" que seguiria até o Oceano Pacífico. Enquanto partiam na direção oposta a seus colegas que iam para casa, em abril de 1805, eles tinham consciência de que provavelmente a parte mais difícil da expedição ainda estivesse por vir. No entanto, provavelmente eles não percebiam como ela seria difícil.

Além do cansativo percurso rio acima para a origem do Missouri, eles teriam de carregar, lenta e arduamente, barcos e equipamentos ao redor das grandes quedas do

ACIMA: *Lewis e Clark com a guia indígena Shoshone, Sacagawea. Embora ela tenha recebido pouco reconhecimento, sem a ajuda de Sacagawea é improvável que a expedição tivesse chegado tão longe.*

rio. Se não bastasse, a seguir eles tiveram de cruzar as Montanhas Rochosas, uma tarefa que quase todos os indígenas que encontraram na região disseram ser impossível. No entanto, eles conseguiram encontrar um velho nativo que afirmou ter feito essa travessia e que estava disposto a guiá-los em parte dessa jornada. Eles conseguiram realizar a traiçoeira travessia com a ajuda dele, mas não sem enfrentar graves dificuldades e escassez de alimentos.

O grupo, por fim, encontrou um caminho pelos rios Clearwater e Snake até o Colúmbia que pelo menos tinha a vantagem de fluir na direção em que estavam indo. Em novembro de 1805, eles chegaram finalmente ao alvo de seus esforços, a embocadura do Colúmbia. Tinham cruzado o que agora são os Estados Unidos e chegado ao Oceano Pacífico.

Embora tivessem conseguido alcançar seu objetivo com grande liderança, trabalho em equipe, ajuda de nativos e muita sorte, o trabalho da expedição ainda estava pela metade. Agora, eles tinham de retornar em segurança para casa. Inicialmente, haviam pensado em se unir a um navio de passagem que os levasse pelo Cabo Horn para a costa leste, mas não havia nenhum por perto. Além disso, Lewis e Clark queriam fazer mais explorações a caminho de casa. Porém, isso envolvia dividir o grupo em várias equipes menores durante algum tempo, com todo o risco adicional de ataque que essa decisão implicava.

Depois de acampar no inverno no Forte Clatsop, na costa do Pacífico, o Corpo de Descoberta dirigiu-se de novo para o leste em março de 1806. Infelizmente, um inverno especialmente rigoroso e o consequente atraso no degelo da neve fez com que eles ficassem retidos perto do sopé da seção Bitterroot das Montanhas Rochosas por várias semanas antes de poder tentar uma travessia. Felizmente, eles ficaram esperando no território dos índios Nez Perce com quem tinham estabelecido excelentes relações de tal modo que, depois de tentarem sozinhos inicialmente, eles conseguiram convencer alguns índios a guiá-los pela Bitterroot.

Foi nesse ponto que o Corpo de Descoberta se separou em subgrupos a fim de investigar a rota mais direta através do restante das Montanhas Rochosas e também o curso de alguns rios que desaguavam no Missouri. Quando se encontraram de novo, depois de um mês, todos tinham encontrado dificuldades e incidentes, mas nenhum tão dramático como a experiência da equipe de apenas quatro homens de Lewis. Enquanto esse grupo investigava o Rio Marias na esperança de que ele fosse até o território canadense e assim desse aos Estados Unidos um motivo para empurrar o limite territorial mais para o norte, eles encontraram oito índios Blackfoot. Inicialmente o relacionamento foi civilizado, mas depois de os dois grupos acamparem juntos, os índios tentaram roubar as armas dos homens de Lewis assim que surgiu a primeira luz na manhã seguinte. Começou uma briga, tiros foram disparados, um índio foi esfaqueado até a morte e outro ficou gravemente ferido. Os índios se retiraram, provavelmente para buscar reforços, e o grupo de Lewis apressou-se dia e noite montado a cavalo, quase sem parar, para ter certeza de escapar sem vingança.

Felizmente, quando todos os subgrupos se encontraram de novo em agosto no Rio Missouri, antes de voltar para casa, outras ocorrências de natureza explicitamente hostil foram evitadas. Com a correnteza a seu favor, eles se apressaram a chegar a St. Louis antes que o inverno caísse de novo. Embora fizessem progresso rápido, a viagem não transcorreu inteiramente sem incidentes. Em um deles, Lewis foi baleado pelas costas. Ele foi atingido, provavelmente por engano, por um de seus próprios homens em uma expedição de caça, bem quando os grupos estavam se reunindo.

Começou uma briga, tiros foram disparados, um índio foi esfaqueado até a morte e outro ficou gravemente ferido.

O grande colíder da expedição passou a maior parte da jornada de volta deitado de bruços em um barco, esperando que os ferimentos de bala se curassem.

Quase no final de setembro de 1806, porém, o Corpo de Descoberta retornou triunfante a St. Louis. Muitos os tinham dado por mortos, e isso tornou as comemorações ainda mais exultantes. Eles tinham concluído uma das grandes missões exploratórias de todos os tempos e tinham ajudado a estabelecer firmemente a base da futura expansão dos Estados Unidos através do continente. Outros nomes famosos na história do oeste norte-americano, como Zebulon Pike, Jim Bridger e Jedediah Strong Smith logo expandiriam suas conquistas e descobririam mais sobre as terras desconhecidas. Lewis, Clark e todo o Corpo de Descoberta foram recompensados com gratidão com pagamento extra e concessões de terras pelo governo por sua bravura, contribuição ao conhecimento e serviço exemplar em nome do país. Lewis foi nomeado Governador da Luisiana, e Clark, Superintendente de Assuntos Indígenas no mesmo território.

Enquanto Clark se tornou muito respeitado em seu novo papel, casou-se e logo teve filhos, Lewis tinha dificuldade com suas responsabilidades. Ele começou a beber cada vez mais, tomava remédios demais para suas doenças e para dormir e deixou que suas finanças saíssem do controle. Além disso, ele não conseguiu escrever e publicar os esperados diários que tinha prometido a Jefferson e a Clark que produziria pessoalmente em nome dos dois capitães. Depois, Lewis caiu em depressão e acredita-se que atirou em si mesmo (embora alguns achem que ele foi assassinado) e morreu em outubro de 1809.

Devido à expedição pioneira de Lewis e Clark, o impulso para o oeste se tornou ainda mais forte.

Os Estados Unidos perderam um de seus heróis, com apenas 35 anos, e com ele muito do conhecimento em primeira mão sobre os novos territórios a oeste. No entanto, em grande parte por causa das aventuras pioneiras de Lewis e Clark com o Corpo de Descoberta, a marcha para o oeste se tornou uma força mais potente do que nunca. Ela não pararia até que o resto dos Estados Unidos fosse conquistado, e as linhas de demarcação da América do Norte assumissem a forma em que são reconhecidas atualmente.

Capítulo 6

UMA ROTA DE COMÉRCIO PARA O LESTE:
Em Busca da Passagem Noroeste

A Passagem Noroeste é a expressão que se tornou associada às repetidas tentativas dos exploradores para encontrar uma rota marítima ao redor do norte do continente americano para comercializar riquezas da Ásia "conhecida".

De certa forma, a busca pela Passagem Noroeste começou assim que Colombo partiu para o oeste em busca de uma rota mais direta para as Índias em 1492. Esse foi ainda mais o caso quando John Cabot deliberadamente mapeou um curso para o norte através do Atlântico na esperança de encontrar a Ásia em 1497. No entanto, embora esses homens estivessem buscando o que a Passagem Noroeste veio a representar — um atalho para o leste —, eles estavam simplesmente procurando uma rota, qualquer rota, em qualquer latitude, para o Oriente. Nesse estágio, a Passagem Noroeste não tinha sido especificamente identificada como a única esperança de encontrar uma rota aquática natural através do Novo Mundo para as Índias, eliminando o longo desvio ao redor da América do Sul.

Em 1534, o francês Jacques Cartier foi um dos primeiros a zarpar com o objetivo específico de encontrar algum tipo de Passagem Noroeste ao redor do norte do continente americano que já se sabia existir. No entanto, ele e os compatriotas que o seguiram logo se distraíram com a perspectiva mais intrigante e, no fim das contas, mais frutífera de explorar a "Nova França" e colonizá-la. Com essa distração, o interesse francês em encontrar a passagem desapareceu gradualmente.

Então, coube aos britânicos assumirem essa liderança, renovando seu interesse no Novo Mundo e, mais especificamente, em uma rota norte para o Oriente, durante a era elisabetana. Eles ainda liderariam mais tentativas no século XVII, com uma expedição ainda no século XVIII, quando acabaram por perceber que, se essa Passagem Noroeste existisse, ela ficaria congelada durante a maior parte do tempo e, consequentemente seria de uso comercial limitado. Essa percep-

EM BUSCA DA PASSAGEM NOROESTE 125

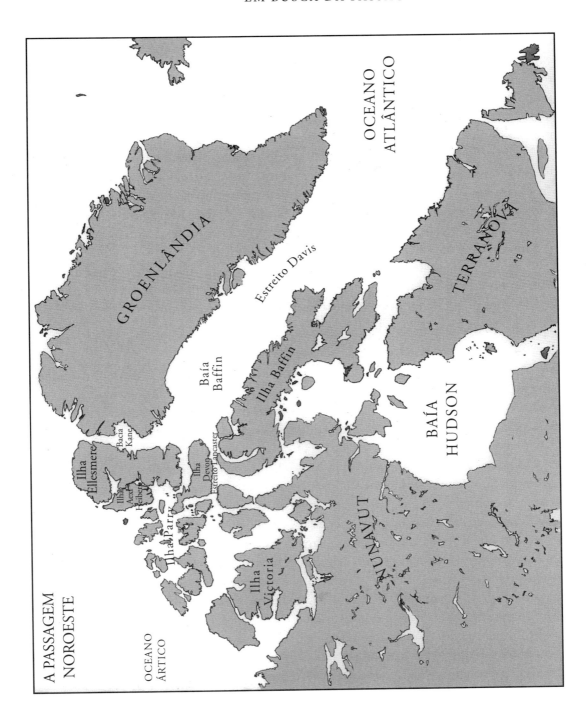

ção pouco interessava, porém, para a otimista e logo igualmente desapontada onda de exploradores britânicos do século XIX que transformaram a busca pela passagem em uma saga épica. As explorações deles são o motivo principal de este canal ter um lugar único na conquista do desconhecido — e um capítulo próprio neste livro —, embora logicamente essa busca direta de uma rota ao redor da América do Norte só devesse ter merecido uma nota de rodapé na história da exploração.

No fim, mesmo com todos os séculos de esforço britânico, foi um norueguês, Roald Amundsen (ver Capítulo 8) que completou a primeira navegação completa da Passagem Noroeste em 1905. Ironicamente, Amundsen era um explorador tão competente e experiente das regiões polares que a realização pela qual muitos antes dele morreram geralmente é listada como uma mera pequena conquista em qualquer resumo da carreira dele.

A Passagem Noroeste é, de fato, só um canal através de uma pequena parte da superfície do mundo, que tinha de ser descoberto e explorado em algum momento. Mas ela está lá, e foi difícil. E foi por isso que tantos grandes exploradores arriscaram a vida ali.

Sir Martin Frobisher *(c. 1535-1594)*

Sir Martin Frobisher não foi o primeiro, e certamente não foi o último, a tentar a navegação de uma Passagem Noroeste ao redor do continente norte-americano para a Ásia. Porém, ele representa o novo envolvimento da Inglaterra na busca dessa esquiva passagem e, posteriormente, animou uma renovação do interesse de seu país tanto na América do Norte quanto em encontrar um atalho ao redor dela.

Nascido em Altofts, Yorkshire, na Inglaterra, Frobisher chegou a seu posto subindo na hierarquia. Ele começou sua carreira marítima como um camareiro em 1544, passando boa parte de sua juventude a bordo de navios em expedições à África e se envolvendo em ataques a navios mercantes franceses. De fato, ele foi tão dedicado a esse curso que foi acusado de pirataria em diversas ocasiões, durante a década de 1560, embora sempre tenha conseguido evitar julgamento por sua conduta. Em 1565, ele tinha atingido o posto de capitão. Seu interesse nessa época já tinha começado a se voltar para o oeste, do outro lado do Atlântico, mas se passaria mais de uma década antes de ele conseguir juntar a frota que o levaria para lá.

Frobisher não foi o único que impulsionou a renovação do interesse inglês na Passagem Noroeste durante a década de 1560. Sir Humphrey Gilbert, meio-irmão de Walter Raleigh, escreveu um texto curto em 1566, intitulado *A Discourse of a Discovery for a New Passage to Cataia*. Com esse panfleto, ele esperava persuadir a Rainha Elizabeth I a recolocar a Inglaterra na busca de uma Passagem Noroeste (ou mesmo Nordeste) para a Ásia. A rainha não estava com pressa, no entanto, e embora Gilbert acabasse finalmente tendo sua chance, ela não se materializou até 1578. Por outro lado, o tratado acrescentou impulso e inspiração aos planos de Frobisher para realizar uma tarefa similar. Seu progresso porém também não foi rápido. Embora com o patrocínio do Conde de Warwick e até alguns fundos próprios de Gilbert, ele acabou tendo uma oportunidade apenas em 1576.

Assim, ele zarpou com três navios de Londres para o Novo Mundo em 7 de junho de 1576. Foi uma difícil viagem de ida. O menor dos navios foi perdido nos primeiros estágios da travessia. Depois, ao ver o tamanho de alguns dos icebergs e outros horrores do norte que eles encontraram, a tripulação do *Michael*, um dos dois navios maiores restantes, desertou. Isso, no entanto, não impediu Frobisher, e ele continuou em busca da Passagem com seu navio solitário, o *Gabriel*.

No final de julho, ele chegou ao que hoje conhecemos como a Baía Frobisher, uma enseada de cerca de 240 quilômetros de comprimento, na Ilha Baffin, Canadá, que leva apenas a um beco sem saída.

Porém, convencido de que tinha finalmente encontrado a passagem para a Ásia, ele lhe deu o nome de "Estreito Frobisher" e começou a navegar por ele, mas não até a sua conclusão.

Na verdade, a tentativa de passagem terminaria mais cedo do que Frobisher teria gostado, depois de um difícil encontro com nativos Inuit enquanto ele explorava a baía. No início, enquanto remavam na direção do navio em seus caiaques, eles pareciam estar acolhendo os estrangeiros. Depois, porém, eles sequestraram cinco membros da tripulação de Frobisher que, apesar de tentativas de resgate, não foram mais vistos.

Decidindo ir embora enquanto estava um pouco à frente, Frobisher voltou para casa para relatar suas descobertas antes de o inverno chegar. Além da valiosa passagem que ele acreditava ter identificado, um outro bônus também teria sido encontrado sob a forma de um mineral preto que ele acreditava conter minério de ouro. Era potencialmente uma dupla vitória: tesouros encontrados no Novo Mundo e tesouros a serem conseguidos na Ásia através do "Estreito Frobisher".

Mais uma vez, como tantos antes e depois dele, Frobisher ficaria decepcionado. Inicialmente, quando chegou à Inglaterra em outubro, suas notícias foram recebidas com grande empolgação. Tal foi o entusiasmo, mais pela perspectiva de fácil obtenção de

CRONOLOGIA

Sir Martin Frobisher *(c.1535-1594)*

1576 Lidera a primeira expedição em busca da Passagem Noroeste. Descobre a Baía Frobisher que equivocadamente acredita ser um estreito para a Ásia.

1577 Lidera outra expedição para reivindicar as terras ao redor da Baía Frobisher para a Inglaterra e minera o que erradamente acredita ser minério de ouro.

1578 Uma terceira expedição é enviada à região. Frobisher navega parcialmente o que agora conhecemos como o Estreito de Hudson antes de retornar à Baía Frobisher para extrair mais minério e tentar estabelecer uma colônia. Ao retornar à Inglaterra, ele descobre que o mineral é, na verdade, "ouro de tolo" sem nenhum valor.

ACIMA: *Martin Forbisher Sailing Down Northern Bay*, uma xilogravura original do relato de Martin Frobisher, em 1580, sobre suas aventuras, Navigatio in regiones occidents (*Viagens nas regiões ocidentais*).

ouro do que por completar imediatamente a navegação da passagem, que até a rainha decidiu contribuir para que uma nova e mais substancial expedição fosse realizada no ano seguinte.

Partindo no final de maio de 1577 e chegando mais uma vez à Baía Frobisher em julho, o principal objetivo dessa segunda viagem foi comercial. Embora ele tenha tomado posse formalmente para a Inglaterra dos territórios que encontrou, terras que a própria rainha mais tarde denominou "Meta Incognita", pouco progresso foi feito em relação à passagem. Em vez disso, o grupo ficou contente em parar de novo na Baía Frobisher, extrair duzentas toneladas do mineral preto que tinham encontrado anteriormente e voltar carregados em setembro para a Inglaterra, cheios de riqueza, como esperavam.

A bolha ainda não tinha estourado. Frobisher foi enviado novamente no ano seguinte, dessa vez com 15 navios e homens e mineiros suficientes para estabelecer uma colônia no novo território. Se houvesse tempo, talvez eles investigassem a Passagem

Noroeste um pouco mais, embora isso estivesse bem baixo na lista de prioridades imediatas. No final, Frobisher navegou mais das águas ao redor do norte do Canadá do que pretendia porque ao chegar à região ele navegou por engano por 96 quilômetros ao longo do canal de água ao sul da Ilha Baffin, agora conhecido como o Estreito Hudson. Relutantemente, pois Frobisher ainda era parcialmente motivado pelo desejo de completar a passagem para a Ásia, ele acabou voltando as costas ao promissor canal, chamando-o de "Mistaken Strait" (Estreito Errado), antes de retornar a seus deveres nas praias da Baía Frobisher. Mais minério foi extraído, e mais navios carregados partiram para a Inglaterra no outono.

Seria um retorno decepcionante. De volta à Inglaterra, surgiram as notícias de que os minerais que tinham desviado a segunda e a terceira expedições de Frobisher e o impedido de completar a passagem na verdade não continham ouro, mas eram meramente piritas de ferro, ou "ouro de tolo". Os minérios não tinham valor. O jogo estava terminado para Frobisher e suas aventuras da Passagem Noroeste. Ele nunca mais voltaria à região. Em vez disso, ele passou a maior parte do resto de sua carreira combatendo os navios franceses e espanhóis no Atlântico e em outros locais, como todos os proeminentes marinheiros ingleses elisabetanos tinham quase obrigação de fazer. Seu serviço contra os espanhóis durante a tentativa da invasão da Armada, em 1588, também lhe valeu um título de cavalheiro. No final das contas, isso acabaria lhe valendo sua morte precoce em 1594 quando foi gravemente ferido perto dos Açores em um ataque a um navio espanhol que carregava ouro. Ele morreu dos ferimentos logo depois.

Apesar do anticlímax no resultado das expedições norte-americanas de Frosbisher, a revelação do ouro de tolo não parou os ingleses. Pelo contrário, uma nova onda de interesse na região foi estimulada. Gilbert pegou o bastão de Frobisher, e Raleigh por sua vez pegou-o de seu meio-irmão. Embora eles tenham se concentrado mais no norte do continente americano, outros estavam ansiosos para explorar os canais potenciais para a Ásia que Frobisher tinha revelado. John Da-

CRONOLOGIA

Henry Hudson
(c.1565-1611)

1607 Atinge 80 graus norte em uma jornada ao longo da costa da Groenlândia e, depois, até Spitsbergen.

1608 Faz uma tentativa fracassada de encontrar a Passagem Noroeste.

1609 A serviço dos holandeses, navega 240 quilômetros no que hoje conhecemos como Rio Hudson, atualmente nos Estados Unidos.

1610-11 De volta ao serviço da Inglaterra, tenta encontrar a Passagem Noroeste através do Estreito Hudson e da Baía Hudson. Morre quando é abandonado em um pequeno barco na Baía por sua tripulação amotinada.

Apesar do anticlímax no resultado das aventuras de Frobisher, o interesse inglês no Ártico não desapareceu.

ACIMA: *Henry Hudson vai à praia durante a navegação do que viria a ser conhecido como o Rio Hudson, 1609.*

vis foi o próximo a tentar na década de 1580, descobrindo o Estreito de Davis entre a Ilha Baffin e a Groenlândia durante suas expedições. No início do século XVII, Henry Hudson examinou o promissor estreito até a enorme Baía de Hudson que Frobisher tinha descoberto e que agora leva seu nome. Thomas Button, William Gibbons, Robert Bylot e William Baffin, todos tentaram também. Depois de perceber que a rota pelo Estreito de Hudson não resultaria na passagem, os dois últimos continuaram pelo Estreito de Davis até a Baía Baffin e para o norte até o Estreito Smith, antes de serem impedidos pelo gelo. Não muito tempo depois, Luke Foxe teria sua vez na passagem, mas novamente ficaria decepcionado no beco sem saída que agora é conhecido como Bacia Foxe.

Sir William Edward Parry *(1790-1855)*

William Edward Parry era um homem admirável. Em uma era antes do vapor, da iluminação elétrica e de equipamentos especializados para neve, ele penetrou o gelo da Passagem Noroeste mais longo do que qualquer outra pessoa, passou vários invernos no Ártico sem sol e fez uma tentativa ao Polo Norte que não seria superada durante cinquenta anos. E, no entanto, ele sem dúvida seria o primeiro a dizer que estava apenas cumprindo seu dever.

Parry foi um dos primeiros de uma nova onda de exploradores britânicos que, entre outras tarefas, foram enviados para finalmente conquistar a Passagem Noroeste na primeira metade do século XIX. Apesar das repetidas tentativas para encontrar o valioso canal por vários séculos, acima de tudo pelos britânicos, ele continuava teimosamente fora de alcance. Na verdade, embora aparentemente muito tempo, dinheiro e vidas já tivessem sido gastos na busca, os exploradores mal tinham penetrado a passagem. Havia, é claro, uma razão para isso. A Passagem Noroeste existe em meio ao labirinto de ilhas e estreitos ao redor da América do Norte, mas está perpetuamente congelada e, assim, é inútil para qualquer objetivo prático. Representantes posteriores da primeira onda de exploradores, como William Baffin, já haviam chegado a essa conclusão e, por algum tempo, o interesse em conquistar a passagem desapareceu novamente. Porém, no século XIX, as análises de Baffin e de seus contemporâneos estavam sendo questionadas, e a marinha britânica decidiu que era hora de começar tudo de novo. William Parry, em essência, foi escolhido para ser o homem na vanguarda dessa nova onda de otimismo.

Em sua primeira expedição para a Passagem Noroeste, porém, Parry era apenas o segundo em comando. O ano era 1818 e, com quase 30 anos, ele ainda era jovem. Muito melhor, a marinha concluíra, seria dar a liderança para um homem de grande experiência marítima e mais velho. Então eles escolheram Sir John Ross, tio de Sir James Clark Ross. Com o tempo, John Ross também seria visto como um dos maiores e, certamente, mais persistentes, desses exploradores que se lançaram para a Passagem Noroeste na primeira metade do século XIX. Mas ele precisaria de muito tempo para restabelecer sua reputação depois de sua tentativa inicial fracassada em 1818, pela qual o Almirantado, a imprensa e o público britânico o criticaram duramente.

Os britânicos não se importavam com o fracasso. Na verdade, no que dizia respeito à Passagem Noroeste, eles certamente o esperavam. Mas uma tentativa fracassada tinha de representar um fracasso glorioso. Quanto mais dificuldades fossem suportadas sem obter sucesso, me-

> *A Passagem Noroeste permaneceu obstinadamente evasiva, apesar do gasto de tempo, dinheiro e vidas humanas.*

CRONOLOGIA

William Baffin
(1584-1622)

1615 Tenta encontrar uma Passagem Noroeste pela Baía Hudson com Robert Bylot, mas conclui que essa rota não existe.

1616 Navega com Bylot pelo Estreito Davis em vez de buscar uma rota alternativa. Chega até o Estreito Smith antes de seu progresso ser interrompido. Outras descobertas incluem o Estreito Jones e o Estreito Lancaster, o último foco principal de esperança para os exploradores da Passagem Noroeste.

1622 Morre durante o cerco inglês às colônias portuguesas de Qeshm e Ormuz no Golfo Pérsico.

CRONOLOGIA

Sir John Ross
(1777-1856)

1818 Lidera uma tentativa controversa na Passagem Noroeste que faz pouco progresso, Ross conclui erroneamente que o Estreito de Lancaster é uma baía. Ele é criticado pela falta de sucesso ao voltar à Inglaterra, ainda mais quando suas conclusões se provaram incorretas.

1829-33 Depois de anos tentando limpar seu nome, Ross tem uma chance de liderar uma expedição com patrocínio privado para conquistar a Passagem. Ele passa quatro anos preso no gelo da Enseada do Príncipe Regente antes de ser resgatado por um navio que passava no Estreito de Lancaster, depois de abandonar seu próprio navio e andar grande parte do caminho até lá.

1850-51 Com a idade de 70 anos, Ross lidera outra expedição financiada particularmente para a Passagem para tentar resgatar Franklin. Traços do primeiro acampamento do grupo perdido foram encontrados, mas a expedição voltou de mãos vazias.

lhor. Sir John Franklin construiria sua reputação sobre essa base. William Parry também entendia plenamente esse conceito. James Clark Ross, em alguns aspectos de sua carreira de explorador, esteve praticamente em perigo de ter sucesso, mas ele também se assegurou que tivesse suportado invernos desoladores suficientes no Ártico antes de ser perdoado por pequenas indiscrições.

Em 1818, no entanto, John Ross provou que ainda não tinha entendido esse conceito. Com instruções de navegar para a Baía Baffin e atravessar o Estreito Smith, o Estreito Jones ou a passagem mais promissora, o Estreito de Lancaster, ele fez exatamente isso. Mas ao chegar a esses canais potenciais, ele decidiu erroneamente e sem investigação completa, que cada um deles era uma baía. Assim, tendo seguido suas ordens e sem lugar algum para ir, ele deu meia-volta e, apenas sete meses depois de partir, retornou à Inglaterra sem passar por nenhuma dificuldade. Demorariam 15 anos na selva da sociedade antes que o público britânico o perdoasse. Só então Ross foi redimido porque ele conseguiu se prender tão bem no gelo da América do Norte que demorou quatro anos (1829-33) e perdeu seu navio antes de escapar bem a tempo de evitar a fome e o escorbuto. Nessa ocasião, é claro, ele voltou como um herói.

Embora presente na fracassada expedição de 1818, William Parry, em contraste, foi considerado como alguém que tinha se comportado de uma maneira adequada e apropriadamente subordinada, e assim ele não podia de forma alguma ser responsabilizado pelo fracasso inglório do grupo. Consequentemente, quando uma expedição de retorno foi aprovada para o ano seguinte, Ross foi deixado de lado e Parry foi instalado no comando. Essa seria a mais bem-sucedida de todas as tentativas para a Passagem Noroeste e, de fato, o esforço mais bem realizado por alguém até hoje.

Ele partiu com dois navios em maio de 1819, o Hecla e o Griper, e no início de agosto abriu caminho pelo gelo denso no centro da Baía Baffin até a entrada do Estreito de Lancaster. Ao contrário de Ross, Parry estava preparado, e

ACIMA: *Olhando do Estreito Nares para a costa da Ilha Ellesmere, parte dos Territórios Noroeste do Canadá.*

recebeu tais ordens, para navegar sem parar até encontrar terra ou gelo. No final, ele não foi parado nesse caminho por nenhum deles. O Estreito de Lancaster não era uma baía, mas um canal. Ao provar isso, Parry já tinha garantido um status icônico para si mesmo e, ao mesmo tempo, garantido que a ruína de John Ross, pelo menos pela próxima década, seria completa.

Por fim, algumas centenas de quilômetros mais a oeste do que Ross tinha conseguido chegar, o caminho de Parry foi temporariamente bloqueado pelo gelo em um lugar que ele chamou de Estreito de Barrow, homenageando um de seus principais mentores e patrocinadores no Almirantado, Sir John Barrow. Ele aproveitou a oportunidade para voltar e explorar algumas das outras enseadas que tinha descoberto no caminho para o oeste, em especial a que chamou de Enseada do Príncipe Regente. Ela parecia oferecer uma passagem alternativa no futuro caso o Estreito de Barrow permanecesse perpetuamente bloqueado. Na verdade, foi nas maiores profundezas da Enseada do Príncipe

CRONOLOGIA

Sir William Edward Parry
(1790-1855)

1818 Segundo em comando com John Ross durante sua tentativa inicial para a Passagem Noroeste.

1819-20 Parry lidera a missão mais bem-sucedida à Passagem Noroeste, provando que o Estreito de Lancaster não é uma baía e atingindo uma longitude de mais de 110 graus oeste. Ele passou o inverno em segurança na Ilha Melville antes de seu progresso para o oeste ser bloqueado pelo gelo e ele ser forçado a retornar à Inglaterra.

1821-23 Liderando sua segunda expedição à Passagem, Parry tenta uma travessia em uma latitude mais ao sul do Estreito de Hudson e da Bacia Foxe. Ele descobre o Estreito de Fury e Hecla, mas não pode penetrar nele por causa de uma barreira de gelo.

1824-25 A terceira e menos bem-sucedida expedição de Parry termina com o naufrágio de um de seus dois navios, o *Fury*, na Enseada do Príncipe Regente. Ele é obrigado a abandonar a missão e voltar para casa no navio restante.

1827 Tenta atingir o Polo Norte, saindo de Spitsbergen. Chega a uma latitude de 82 graus e 45 minutos norte, um recorde que permaneceu durante quase cinquenta anos.

Regente que Sir John Ross passou a maior parte de seu tempo preso no gelo durante seu período de redenção de 1829-1833.

Por fim, o Estreito de Barrow abriu novamente, e Parry continuou sua jornada pioneira para o oeste no final de agosto. Antes do inverno eles conseguiram percorrer mais algumas centenas de quilômetros naquela direção. Foi então que eles cruzaram o importante meridiano 110 graus oeste, conseguindo o prêmio de £5.000 que havia sido estabelecido pelo parlamento britânico para qualquer expedição que chegasse a esse marco na busca da Passagem Noroeste. Havia mais £20.000 esperando por eles se conseguissem chegar ao Pacífico.

Nesse ínterim, entretanto, o grupo teria de suportar um inverno ártico parados no gelo em uma terra recém-descoberta à qual Parry deu o nome de Ilha Melville. Ele tinha planejado para esse evento. Na verdade, ele esperava que fossem necessárias pelo menos duas estações "navegáveis" para abrir caminho pelos canais que, na maior parte do ano ficavam bloqueados pelo gelo. Assim, ele estabeleceu o acampamento de inverno o melhor que pôde: ele teria de esperar o degelo da primavera na escuridão da noite quase constante do Ártico antes de poder continuar seu caminho.

Entre a Ilha Melville e o que hoje conhecemos como a Ilha Banks, existe de fato um canal sem terra que se estende desde o mar "aberto" e ao longo do litoral norte-americano até o Estreito de Bering e o Oceano Pacífico. Infelizmente, essa rota está continuamente bloqueada pelo gelo. Assim, quando o degelo finalmente chegou, no final de julho de 1820, isso permitiu que Parry prosseguisse brevemente seu caminho, mas ele logo descobriu que o caminho para o oeste estava novamente impedido por barreiras impenetráveis de icebergs. Na verdade, ele tinha tido sorte por conseguir chegar até a Ilha Melville em condições incomumente suaves do

ACIMA: *Patos de Eider em voo sobre a neve e o gelo do Estreito de Lancaster, entre as Ilhas Devon e Baffin.*

ano anterior e agora corria o risco de ficar preso indefinidamente no gelo Ártico. Reconhecendo que era a hora de admitir a derrota e, sem dúvida percebendo, ao menos subconscientemente, que tinha suportado dificuldades suficientes durante o inverno anterior para ser saudado por seu fracasso heroico ao retornar à Inglaterra, ele começou a viagem de volta. Indo para o leste o mais rápido possível a fim de evitar ficar preso no gelo, ele escapou por um triz e estava de volta à Inglaterra no final de outubro.

Parry tinha fracassado em completar a Passagem Noroeste, mas tinha um fracasso com glória e isso era ainda melhor. Em uma única expedição, ele tinha conquistado mais da passagem do que qualquer outro explorador, tinha provado que o Estreito de Lancaster era navegável e tinha suportado um inverno mais ao norte do que qualquer europeu conhecido antes dele. O fato de ele ter ficado preso no gelo ao largo da Ilha Melville criou uma história ainda melhor e ele ainda deixou o caminho aberto para tentativas mais empolgantes e igualmente fadadas ao fracasso na busca da passagem.

De fato, o próprio Parry lideraria as duas expedições seguintes. Infelizmente, elas fracassaram com muito menos glória do que a primeira, mas como ele tinha se saído tão bem durante a expedição inicial, ele pelo menos sobreviveu com sua reputação quase intacta. A segunda tentativa com Parry no comando resultou em dois invernos passados no gelo do Ártico, de 1821 a 1823. Percebendo que a rota pelo Estreito de Barrow e Ilha Melville sempre seria impedida pelo gelo, ele decidiu traçar novamente os passos dos primeiros exploradores mais ao sul, pelo Estreito de Hudson e Bacia Foxe, na esperança de encontrar uma passagem que eles tivessem deixado passar. Ele quase teve sorte. O grupo de Parry encontrou um canal ainda inexplorado que ia para o oeste a partir da Bacia Foxe, e ele lhe deu o nome de Estreito Fury e Hecla, o nome de seus dois navios. Mas grossos bancos de gelo mais uma vez impediram a navegação da estreita passagem e, depois de mais de dois anos de tentativas, Parry foi forçado a voltar para casa sem nem ao menos chegar perto de seu recorde anterior a oeste.

Sua terceira expedição teve ainda menos sucesso. Entre 1824 e 1825, Parry decidiu fazer uma tentativa completa na Enseada do Príncipe Regente que havia descoberto anteriormente. Só abrir caminho até a enseada durante o verão de 1824 já envolveu muitas dificuldades, e ele mal conseguiu explorar 80 quilômetros antes de o gelo ficar tão denso que ele teve de parar para passar o inverno. Finalmente, em julho de 1825, os navios foram liberados novamente pelo verão ártico. No entanto, apenas 80 quilômetros haviam sido percorridos antes que uma combinação de icebergs e tempestades destruísse o *Fury*, um dos dois navios de Parry. Com duas tripulações em um único navio, e apenas metade das provisões necessárias, Parry teve de admitir a derrota e retornar à Inglaterra. Mais uma vez, pouco conhecimento se acrescentou além do que havia sido descoberto em sua primeira expedição. Parry nunca mais tentou encontrar a Passagem Noroeste.

No entanto, ele não deixou o Ártico completamente de lado. Seus mestres no Almirantado tinham mais um trabalho para seu experiente explorador. Em 1827, eles o enviaram em uma tentativa para chegar ao Polo Norte. Sem nem chegar perto de completar sua meta, a expedição ainda realizou o bastante, sob circunstâncias difíceis, para restaurar os danos à reputação de Parry causados por suas duas últimas tentativas de encontrar a Passagem Noroeste. Na verdade, considerando-se a idade em que assumiu esse desafio e o equipamento pouco sofisticado que tinha à sua disposição, ele se saiu admiravelmente bem. O testemunho definitivo disso seria que ninguém conseguiu superar o recorde mais ao norte de Parry por outros cinquenta anos. Mas é claro que ele não chegou ao Polo. Ele chegou à latitude de 82 graus e 45 minutos, ainda a 800 quilômetros do topo do mundo, antes que uma combinação de exaustão, diminuição das provisões e fluxo de gelo para o sul, o que significava que eles estavam quase indo para trás, persuadiu Parry a parar. Por mais de um mês, seu grupo teve de puxar dois barcos "anfíbios" desajeitados e seus suprimentos por todo o caminho de seu ponto de partida na ilha de Spitsbergen, pois a rena que levaram não conseguiu fazer o trabalho. Era hora de voltar para casa. E, dessa vez, Parry decidiu pendurar suas botas árticas.

ACIMA: *Cutting into Winter Island*, de Edward Finden. Gravura segundo um desenho original feito pelo capitão George Francis Lyon durante a segunda exploração de William Edward Parry em busca da Passagem Noroeste, 1821-1823.

Sir John Franklin *(1786-1847)*

Sir John Franklin sabia uma ou duas coisas sobre tentativas de chegar ao Polo Norte. De fato, seu chamado ao Ártico tinha começado com uma dessas expedições. Em um padrão reverso ao de Parry, ele foi dessa aventura para várias tentativas de busca da Passagem Noroeste. Foi um desafio que estimularia ambos e literalmente terminaria sua carreira de um modo mais dramático do que as explorações de Parry.

A tentativa de chegar ao Polo Norte aconteceu em 1818, com Franklin como segundo no comando de um homem chamado David Buchan. Ao contrário da tentativa posterior de Parry com esse mesmo objetivo, esse esforço inicial teria muito menos sucesso. De fato, Franklin conseguiu menos do que Parry em todas as expedições que realizou e, no entanto, ele terminou sua carreira mais elogiado do que seu compatriota. Isso ocorreu, talvez, porque Franklin, dentre todos da nova onda de exploradores da Passagem Noroes-

CRONOLOGIA

Sir John Franklin
(1786-1847)

1818 Como auxiliar de David Buchan, Franklin toma parte em uma tentativa malsucedida de atingir o Polo Norte.

1819-22 Lidera uma expedição subindo o Rio Coppermine até o litoral norte canadense, em uma tentativa de mapear suas águas e encontrar com Parry, e guiá-lo posteriormente, pelo restante da passagem. Foi um fracasso trágico em que muitos no grupo pereceram por causa de fome e de assassinato.

1825-27 Lidera uma segunda expedição à América do Norte, desta vez seguindo o Rio Mackenzie até o litoral. Consegue mapear boa parte da costa entre os rios Mackenzie e Coppermine e também a oeste do Rio Mackenzie.

1845-47 Quase aos 60 anos, Franklin finalmente recebe uma chance de tentar liderar uma expedição através da passagem. Porém, fica preso no gelo. Franklin morre em 1847. O resto da tripulação caminha até morrer no decorrer dos anos seguintes, sem que haja sobreviventes.

---

te, foi o homem que escreveu o livro sobre o fracasso heroico que o público britânico tanto amou.

Antes de seu malfadado esforço ao Polo que, por só chegar a 80 graus e 37 minutos, nem desafiou o recorde anterior de 80 graus e 48 minutos, Franklin tinha obtido sucesso em um clima ligeiramente mais quente. Ele estivera com Matthew Flinders (ver Capítulo 9) durante sua circunavegação e mapeamento da Austrália, um feito que deu muita fama a todos os envolvidos. Além disso, pouca responsabilidade foi dada ao inglês pela falta de sorte, mau tempo e preparação ruim que impediram sua tentativa ao Polo Norte, e assim ele continuou perto do topo da lista quando uma nova tentativa de busca da Passagem Noroeste foi considerada pelo Almirantado.

O plano era simples. Enquanto Parry liderava sua primeira expedição por mar até a Passagem Noroeste em 1819, Franklin lideraria um grupo terrestre através do norte do Canadá e começaria a mapear seu litoral. No decorrer desse processo, os dois grupos se encontrariam, com Franklin usando o novo conhecimento das costas que tinha encontrado para ajudar a guiar Parry pelo resto da passagem.

Foi um desastre desde o início. Parry já estava em sua segunda expedição à Bacia Foxe, em busca da passagem, antes de Franklin ter chegado ao litoral norte do Canadá. Embora tivesse saído da Inglaterra duas semanas depois do ataque inicial de Parry, em 1819, Franklin demorou mais de um ano só para chegar ao "ponto de partida" percebido — um acampamento de cabanas de troncos que ele estabeleceu perto do Rio Coppermine chamado Forte Enterprise — por causa de sua difícil jornada de ida. Além disso, dois anos inteiros se passaram depois da partida da Inglaterra antes que o grupo realmente partisse dali pelo litoral norte-americano.

Tudo que podia ter dado errado deu errado. O plano era que o grupo de Franklin, formado apenas por um pequeno grupo de ingleses, conseguisse ajuda e orientação dos homens das duas principais empresas comerciais no norte do Canadá na época: a Hudson Bay Company e a North West Company. Uma feroz rivalidade entre as duas empresas e a falta de interesse nos objetivos da missão de Franklin só serviram para impedir o progresso do explorador. Ainda por cima, ele logo se separou da maioria de suas provisões por causa dos comerciantes, que nunca as enviaram como prometido.

O plano era simples: Parry e Franklin se encontrariam e seguiriam para conquistar a passagem. Foi um desastre desde o início.

Franklin reuniu um grupo de carregadores canadenses por meio das duas empresas que, supostamente, deviam ajudar sua expedição. Em muitos casos, porém, eles simplesmente drenaram ainda mais seus recursos inadequados. Muitas vezes, eles eram desmotivados, desunidos e ameaçaram fazer motim em várias ocasiões. Franklin também contratou alguns homens locais para caçar e alimentar seu grupo conforme a expedição entrava em território nativo indígena, mas a comida era escassa e muitas vezes lutavam apenas para se alimentar. Os homens locais também deviam atuar como guias mais adiante na jornada, mas o conhecimento que tinham da terra era falho e apenas pouco melhor do que o dos britânicos.

ACIMA: *Sir John Franklin e sua tripulação navegam em uma precária balsa com base em um caiaque durante a primeira expedição de Franklin ao Polo Norte, em 1818.*

No entanto, em junho de 1821, Franklin pelo menos deixou o Forte Enterprise pelo Rio Coppermine, que ele pretendia seguir até a costa canadense. Em julho, eles entraram em território esquimó. Os esquimós eram inimigos dos indígenas e, assim, os indígenas locais deixaram o grupo, levando com eles suas habilidades de caçadores e suas duvidosas capacidades de guias. Alguns dias depois, o grupo de Franklin pelo menos chegou ao mar. Vinte e um homens permaneciam no grupo: seis ingleses, incluindo Franklin, e 15 carregadores canadenses. Nas semanas seguintes, eles viajaram para o leste em canoas, mapeando mais de 800 quilômetros de litoral, até que seus suprimentos se esgotaram. Sem encontrar Parry (previsivelmente, pois no momento ele estava preso na Bacia Foxe, em sua segunda missão, várias centenas de quilômetros ao leste), não havia nada a fazer a não ser voltar ao Forte Enterprise, que Franklin tinha instruído os nativos a carregar com suprimentos, caso isso acontecesse.

A rota mais curta era uma caminhada por terra não mapeada, mas eles ainda tinham de carregar as canoas a fim de cruzar qualquer água que encontrassem pelo caminho. Já em setembro, o tempo estava ficando cada vez mais frio e os sucessos de caça eram poucos e a grandes intervalos, pois a maioria dos animais selvagens tinha migrado para o sul. Gradualmente, o grupo se desintegrou por fome, fraqueza e discórdia. Eles se separaram e começaram a abandonar os equipamentos, entre eles a última canoa. A apenas 64 quilômetros de Forte Enterprise, eles chegaram novamente ao Rio Coppermine, mas não podiam cruzá-lo e perderam mais dias valiosos sentindo fome enquanto um novo barco era construído.

Depois de finalmente cruzar o rio, um grupo avançado mais forte foi enviado para conseguir com rapidez os suprimentos para o Forte Enterprise. Os homens mais fracos já haviam começado a morrer. O grupo avançado chegou ao forte no início de outubro, apenas para descobrir que ele estava vazio. Os nativos, que tinham ido para o sul para passar o inverno, acharam que os homens de Franklin nunca retornariam vivos e, assim, não deixaram suprimentos. Alguns homens do grupo avançado, portanto, seguiram em frente para tentar alcançar a tribo, que era sua única esperança de salvação.

Enquanto isso, o grupo mais lento tinha novamente se dividido em dois. Aqueles que não podiam andar acamparam para esperar aqueles que ainda podiam andar, incluindo Franklin, que tinha prometido realizar uma viagem de ida e volta do Forte Enterprise com suprimentos. Mas o grupo de Franklin foi o próximo a perceber que o forte estava vazio e acabaram desabando de decepção e fadiga.

No acampamento dos desesperados, um dos carregadores tinha começado a recorrer em segredo ao canibalismo. Três membros do grupo "desapareceram" antes que um quarto fosse alvejado abertamente e o canibal só pudesse ser parado com uma bala na cabeça. Sem a chegada dos suprimentos, os sobreviventes acabaram se arrastando até o Forte Enterprise.

Quando toda esperança parecia perdida, com a morte de mais dois homens no Forte Enterprise, alguns nativos retornaram com comida no início de novembro. Os homens do grupo avançado finalmente tinham alcançado os nativos, e uma missão de resgate tinha sido montada. Os sobreviventes gradualmente recuperaram a saúde. Só no ano seguinte é que os britânicos finalmente voltaram para seu país. Eles tinham ficado fora por três anos, mais de metade do grupo do Rio Coppermine tinha morrido e a expedição mal tinha conseguido algo de valor. No entanto, Franklin sofreu mais em seus fracassos do que qualquer outro aventureiro da Passagem Noroeste antes dele. O público britânico o amou por causa disso.

> *Franklin sofreu mais em seus fracassos do que qualquer outro aventureiro da Passagem Noroeste. O público britânico o venerou por causa disso.*

Tão popular na verdade foi o fracasso de Franklin que ele logo seria enviado em uma nova missão. Embora o público e o Almirantado não tivessem aprendido a lição, em seu clamor por vítimas heroicas, Franklin aprendera. Dessa vez, suas preparações foram meticulosas, e a expedição foi bem-sucedida. Ele garantiu que suprimentos suficientes fossem enviados previamente, e que só equipamentos apropriados e muitas vezes projetados especificamente fossem levados, com base em suas experiências anteriores. Ele também dependeu o mínimo possível de grupos externos. A outra grande diferença foi que dessa vez o grupo viajaria ao longo do Rio Mackenzie até o litoral norte-americano, mais a oeste do que o Rio Coppermine. A expedição foi realizada de 1825 a 1827 e, ao chegar ao litoral canadense, foi dividida em duas. Um grupo bem-sucedido mapeou a costa entre os rios Mackenzie e Coppermine, o outro mapeou uma parte importante a oeste, antes de retornar ao acampamento base.

A expedição tinha revelado muitos dos mistérios do litoral norte-americano para qualquer barco que no futuro tentasse abrir caminho na Passagem Noroeste.

No entanto, apesar das repetidas tentativas feitas por Parry e outros, em 1845 ninguém ainda tinha encontrado um canal por esse litoral vindo do leste. Foi então que o Almirantado se voltou para Franklin de novo que, no momento, já tinha quase 60 anos.

Seus dias de viagem por terra estavam terminados, mas ele era antes de tudo um oficial da marinha. Franklin, tanto quanto qualquer de seus contemporâneos, esteve sempre ávido por ser o homem a completar a passagem por mar e, finalmente, teve sua chance. Infelizmente, seria uma realização desastrosa para Franklin, que garantiria sua imortalidade e popularidade duradoura com o público britânico, mas que também lhe custaria a vida, junto com toda a tripulação dos dois barcos.

Em 1845, Franklin zarpou para o Ártico com o Erebus e o Terror. Nem ele, nem os barcos, foram vistos novamente.

Por longo tempo, ninguém realmente sabia o que havia acontecido. Quando Franklin zarpou com o Erebus e o Terror em maio de 1845, plenamente equipado e com provisões para diversos anos, o público esperava que ele retornasse com uma história de dificuldades, no mínimo. Mas depois de os barcos entrarem nas profundezas do Ártico, eles nunca foram vistos novamente. Na Inglaterra, todos inicialmente estavam tão despreocupados que se só pensou com seriedade em uma missão de resgate em 1848. No final, três expedições foram enviadas sem sucesso e muitas outras seguiram na década seguinte.

Já era tarde demais. Tudo o que os grupos de resgate conseguiram salvar foram anotações deixadas em pilhas de pedras, detalhando a morte da expedição e, finalmente, equipamentos abandonados e corpos. Uma mensagem confirmava a morte de Franklin em 11 de junho de 1847 e o abandono dos dois barcos no gelo da Ilha King William em abril de 1848. Lentamente, nos dois anos seguintes, o restante da tripulação pereceu enquanto tentavam caminhar para a segurança.

A Passagem Noroeste permanecia sem ser conquistada e tinha resultado ainda em mais vítimas, inclusive o grande e desafortunado Franklin. Na década que se seguiu a sua morte, sua lenda tornou-se extremamente popular. A fama pelo infortúnio encontrou um novo nível de frenesi.

Sir James Clark Ross *(1800-1862)*

Entre os primeiros grupos de resgate a sair em busca de Franklin em 1848 estava um liderado por James Clark Ross. Ele já tinha, nesse momento, se afastado da vida no Ártico — de fato, ele tinha previamente recusado a oportunidade de liderar a expedição malfadada de Franklin por esse motivo — no entanto, ele não hesitou a retornar ao serviço ao perceber que seu amigo e colega podia estar precisando de ajuda. James Ross era esse tipo de homem. Dentre todos os exploradores do Ártico no início do século XIX, ou da Antártica, ele foi aquele que simplesmente não desistiu. E geralmente teve sucesso.

Infelizmente, a tentativa de resgate de Franklin foi uma ocasião em que até mesmo Ross teve dificuldade de fazer progresso. Os grupos de resgate posteriores acabaram por confirmar o destino da expedição de seu compatriota. Ross nunca voltaria ao Ártico novamente, mas então ele já era tão estimado que pouco poderia ser feito para prejudicar sua reputação. Nem sempre ela havia sido tão bem estabelecida. Na maior parte de sua carreira, James Ross havia sido um homem de realizações mais silenciosas. Ele entrara para a Marinha com apenas 11 anos, navegando sob a administração de seu tio, John Ross. Ele também ficou muito na sombra do tio, um lugar em que permaneceria durante a maior parte de sua vida profissional. Enquanto John Ross era um comandante

ACIMA: *Relíquias deixadas em uma pilha de pedras por Sir John Franklin e os membros de sua expedição de 1845. A expedição desapareceu enquanto explorava acima do círculo Ártico. As relíquias só foram descobertas em 1859 por uma expedição liderada por Francis McClintock.*

veterano dominante e arrogante, rápido em fazer inimigos e impossível de ignorar, James era o homem que, na maior parte do tempo, simplesmente se relacionava bem com seus pares e subordinados, e era respeitado por todos com um mínimo de confusão.

Embora não fosse notado pelo público britânico, James Ross também estava silenciosamente reunindo um tal corpo de conhecimentos sobre a exploração do Ártico — em especial sobre a Passagem Noroeste — que acabaria sendo a autoridade polar mais experiente na marinha britânica. Ele navegou com o tio em sua controversa tentativa em 1818 de encontrar a Passagem Noroeste. Ao contrário de John Ross, porém, ele continuou a ser bem considerado por todos que estiveram com ele nessa viagem, e Parry ficou feliz por tê-lo na equipe de sua expedição muito mais bem-sucedida no ano seguinte. Foi o início de uma longa associação entre os dois homens: posteriormente, James Ross navegou em todas as três tentativas de Parry para encontrar a passagem e se aventurou com ele por terra em 1827 na busca do Polo Norte. Além disso, ele continuou sua carreira no Ártico e na Antártica muito depois de Parry ter se aposentado. Não é de admirar que o Almirantado se voltasse para James Ross

CRONOLOGIA

Sir James Clark Ross
(1800-1862)

1818 Navega com o tio, John Ross, durante sua primeira tentativa de encontrar a Passagem Noroeste.

1819-27 Acompanha Parry em suas três expedições para encontrar a Passagem Noroeste e em sua tentativa de 1827 para chegar ao Polo Norte.

1829-33 Navega de novo com o tio em sua próxima tentativa de encontrar a passagem. Lidera um grupo de trenó que descobre o Polo Norte Magnético em 1831.

1836 Retorna ao Ártico em um missão de resgate à tripulação de um navio baleeiro preso no gelo.

1839-43 Lidera uma missão exploratória e científica bem-sucedida à Antártica. Descobre o Monte Erebus e a Plataforma de Gelo Ross e chega perto de alcançar o Polo Sul Magnético. Alcança um novo recorde ao sul em 1842.

1848-49 Lidera uma das três missões de resgate iniciais em busca de Franklin, sem sucesso.

como o único homem que poderia ser capaz de salvar Franklin, se isso não fosse impossível.

Além disso, enquanto Ross estava aumentando seu currículo entre 1818 e 1827, ele também estava estabelecendo uma reputação de eficiência. Ele se destacava em quase qualquer tarefa que recebia. Quando uma expedição estava com problemas, Ross era geralmente o homem que descobria ou fazia algo com que era possível reconquistar algum crédito. Se os homens tinham preocupações ou problemas, era frequente que fossem primeiro falar com Ross. Se o capitão ou comandante se encontrasse em uma posição em que não pudesse realizar uma tarefa por algum motivo, ele geralmente se voltaria para Ross com o conhecimento seguro de que a ação seria bem realizada. Parry, por exemplo, geralmente confiava muitas de suas tarefas oficiais diárias a Ross em suas últimas expedições quando ele estava doente ou fraco demais para realizá-las. Silenciosamente, Ross se tornou um segundo líder nas expedições em que tomou parte. Quando completaram a quarta expedição juntos, desta vez em direção ao Polo, Parry estava maravilhado com o homem que, quando todos os outros hesitavam, os mantinha sempre no norte em direção ao objetivo. Mais tarde, ele escreveu: "Na ilhota de Little Table ... a terra mais ao norte conhecida no globo, eu coloquei o nome do Tenente Ross no mapa, pois... nenhum indivíduo pode ter se esforçado mais incansavelmente para merecer essa distinção". Não seria a última vez que o nome de Ross receberia um marco em sua honra.

A expedição em que Ross finalmente chegou ao nível da consciência do público, porém, foi a tentativa — repetida e presa no gelo na maior parte do tempo — liderada por seu tio em 1829 e 1833 com o objetivo de encontrar a Passagem Noroeste.

Como aconteceu tantas vezes, o destino do grupo inicialmente tinha parecido promissor. Ao chegar ao Ártico a bordo do *Victory* no verão de 1829, John Ross perceberia que o tempo durante a estação na-

ACIMA: *Sir James Clark Ross, uma lenda de quieta competência entre os exploradores do Ártico, é visto aqui no outro extremo do globo, descobrindo a Terra Victoria na Antártica, em 1841. O Mar de Ross na Antártica também leva seu nome.*

vegável estava realmente sendo muito moderado. Muitas das passagens geralmente fechadas pelo gelo eram, pelo menos dessa vez, água aberta. Essa era sua chance. Em agosto, ele entrou na Enseada do Príncipe Regente, logo navegando além da praia onde Parry tinha sido obrigado a abandonar o *Fury* e muitos de seus suprimentos durante sua última tentativa de encontrar a Passagem Noroeste em 1825. Em setembro, ele estava centenas de quilômetros dentro da enseada além do que Parry havia conseguido, esperando desesperadamente que houvesse um canal que lhe permitisse passar para o lado oeste da terra a que deu o nome de Boothia Felix. Infelizmente, a passagem não apareceu e, ainda pior, o gelo do inverno apareceu enquanto eles estavam nas profundezas da Enseada do Príncipe Regente. O *Victory* nunca seria liberado em estado útil enquanto os homens de Ross estivessem a bordo. Eles permaneceram presos na enseada durante os três anos seguintes, movendo-se apenas alguns quilômetros na direção da saída durante os breves verões, antes de abandonar o navio para sempre.

Nesse ínterim, porém, James Ross tinha encontrado uma saída. Ele tinha usado o tempo preso no gelo e o subsequente contato com os esquimós que passavam para dominar a difícil tarefa de andar de trenó puxado por cães. Com isso, durante 1830 e 1831, ele liderou inúmeras missões exploratórias cruzando Boothia Felix e uma nova terra do outro lado da península a que deu o nome de Terra King William (atualmente Ilha King William). Sua maior glória, contudo, foi a descoberta do Polo Norte Magnético no lado oeste de Boothia Felix ao liderar uma expedição de trenó em 1º de junho de 1831. Apenas com esse feito, James Ross tinha conseguido mais do que seu tio, que permaneceu em segurança em seu navio do outro lado da península, jamais tinha alcançado. De fato, essa seria uma das explorações que garantiria a elevação e a manutenção do perfil de James Ross quando a tripulação por fim voltou à Inglaterra.

Essa fuga também dependeu muito da energia de James Ross. Em 1832, o tio dele tinha decidido abandonar o navio e arrastar os barcos menores por terra até o local dos numerosos suprimentos do *Fury*, várias centenas de quilômetros adiante no litoral. Quando o progresso era lento e os suprimentos estavam ficando escassos por causa do tempo necessário para arrastar os barcos, foi James Ross que veio em seu auxílio. Ele completou uma viagem "rápida" de 500 km para confirmar que os pequenos barcos do *Fury* ainda estavam no lugar e que o local de armazenamento estava acessível, e assim a tripulação restante pôde deixar de arrastar os barcos e se apressar com ele de volta à Praia Fury.

No entanto, mesmo em sua nova posição, eles não conseguiram sair da Enseada do Príncipe Regente naquele verão. No ano seguinte, porém, as águas finalmente se abriram o suficiente para que eles navegassem e saíssem de sua armadilha para o Estreito de Lancaster, onde acabaram por ser resgatados por um navio britânico que passava. Durante esse período penoso, a força e a liderança de James Ross foram mais uma vez um componente essencial da salvação deles.

Mas sua história com o gelo ainda não havia terminado. Em 1836, James Ross retornou ao Ártico como líder de uma missão para resgatar a tripulação de um navio baleeiro em perigo. Três anos depois, ele partiu em uma enorme expedição ao outro lado do mundo, onde firmaria seu nome entre os grandes exploradores. Embora estivesse ligeiramente atrás de Jules d'Urville e de Charles Wilkes (ver Capítulo 8), Ross superou as realizações deles em uma expedição à região que, entre as paradas no inverno na Tasmânia e nas Ilhas Falklands, durou quatro anos. Durante esse tempo, além de liderar uma série de importantes observações científicas sobre o magnetismo no hemisfério sul, ele se aproximou do Polo Sul Magnético, sendo impedido apenas por cerca de 160 km do que teria sido um feito admirável. Ele penetrou no gelo da Antártica para revelar águas não mapeadas que se tornaram conhecidas como o Mar de Ross. Enquanto estava nessa área, ele descobriu o vulcão ativo Monte Erebus, numerosas ilhas ao largo do continente antártico que reivindicou em nome da Inglaterra e a imensa e impenetrável barreira de gelo que posteriormente veio a ser chamada de Plataforma de Gelo Ross. Em 1842, ele também estabeleceu um novo recorde ao chegar à latitude de 78 graus e 11 minutos, o mais longe que alguém já havia ido ao sul.

James Ross retornou à Inglaterra em 1843 depois de decidir finalmente pendurar suas botas cheias de gelo. Exceto a tentativa de resgate a Franklin alguns anos depois, essa foi uma promessa que ele manteve. Dentre todos os exploradores da Passagem Noroeste da marinha britânica do início do século XIX, Ross certamente viu e possivelmente realizou mais do que qualquer outro.

No entanto, nem mesmo o indomável Sir James Ross havia conseguido conquistar a teimosa Passagem Noroeste. Demoraria ainda mais de meio século antes que alguém conseguisse ser bem-sucedido, o auge de uma odisseia de 400 anos que, em última instância, não teve nenhuma consequência.

Capítulo 7

MAIS AO NORTE:
Busca pelo Polo Norte

Se a busca pela Passagem Noroeste tornou-se cada vez mais uma história de proporções quase tragicômicas, então a busca do Polo Norte logo a superou em aventuranegro e, acima de tudo, drama. A busca pelo topo do mundo capturou a imaginação dos exploradores e do público como nenhuma outra exploração e, em meados do século XIX, a corrida estava no auge.

Como era de se esperar, os homens cujos nomes estavam os mais associados com a Passagem Noroeste também iniciaram a busca pelo Polo Norte. John Franklin tinha participado da tentativa de David Buchan em 1818. William Parry tinha alcançado um novo recorde mais ao norte durante sua expedição de 1827, e esse recorde durou quase meio século. Involuntariamente, Franklin desencadeou uma nova corrida pelo Polo com o desaparecimento da expedição que deixou a Inglaterra em busca da Passagem em 1845. Inúmeros grupos de "resgate" foram lançados, alguns que tinham mesmo esse objetivo e outros que simplesmente e cada vez mais se transformaram em tentativas disfarçadas de estabelecer uma rota para o Polo Norte. A Inglaterra não foi o único país que se uniu na busca a Franklin que, pela primeira vez, incluiu grupos árticos enviados pelos Estados Unidos.

Enquanto isso, as autoridades na Inglaterra estavam ficando cada vez mais irritadas com os gastos e as perdas provenientes do Ártico. Com o tempo, a Inglaterra praticamente abandonou a região. Quando a nova corrida começou, a única expedição britânica real em busca do Polo foi a comandada pelo Capitão George Nares, entre 1875 e 1876. Essa tentativa finalmente ultrapassou o recorde de latitude norte de Parry, mas ainda não chegou perto do Polo. Frederick Jackson, o topógrafo de Franz Josef Land, também tentou brevemente para a Inglaterra, de 1896 a 1897, mas mal tinha começado quando teve de admitir a derrota.

Entre 1968 e 1969, em alguns aspectos, a Inglaterra alcançou o destino Ártico final para a corrida que havia sido iniciada mais de 150 anos antes. Foi nessa data que Wally Herbert, um explorador britânico, completou a primeira expedição a

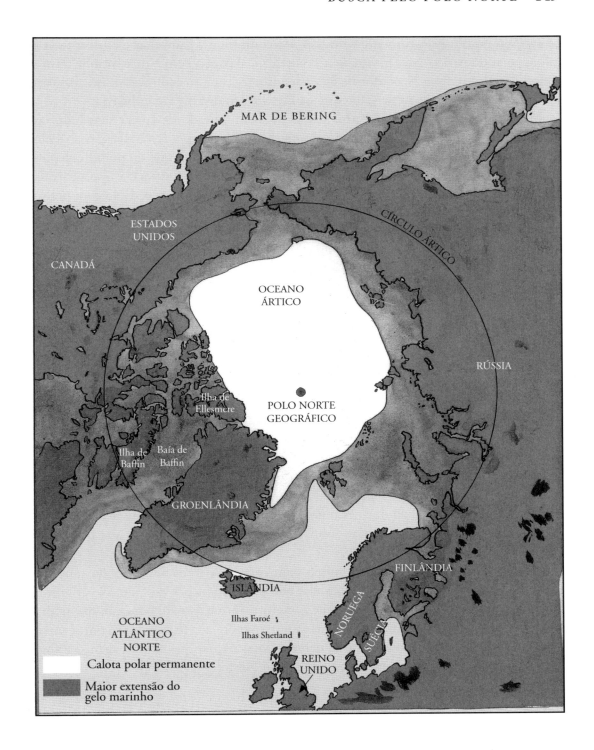

pé ao Polo Norte. Não contente com isso, ele continuou a caminhar e cruzou toda a calota polar do Ártico. Mas nessa época, a corrida real para o Polo Norte já tinha terminado há muito tempo. E, conforme essa corrida chegava à sua conclusão, ela passou a ser cada vez mais uma competição entre os Estados Unidos e a Escandinávia.

Não que representantes de outros países tivessem deixado de lançar suas próprias expedições ao longo do tempo. A Rússia mantém sua própria reivindicação ao Polo com os primeiros agentes que inquestionavelmente pisaram no topo do mundo, depois de voarem para lá em 1948. Anteriormente, quando ainda não estava claro se a corrida pelo Polo tinha ou não terminado, a Rússia também lançou uma expedição com muito menos êxito, liderada por Gregoriy Sedov entre 1913 e 1914. Antes ainda, a Alemanha havia feito uma tentativa (1869-70), depois o Império Austro-Húngaro (1872-74) e, mais notavelmente, a Itália (1899-1900), com a liderança do Duque de Abruzzi, que chegou a um novo recorde de 86 graus e 33 minutos de latitude norte.

Os meios pelos quais as pessoas tentaram se transportar até o Polo também se tornaram cada vez mais aventureiros, chegando algumas vezes quase ao cômico, se não fossem as perdas humanas que se seguiam. A Inglaterra primeiro pensou que era possível navegar até lá (com Buchan e Franklin) e, depois, usar trenó puxado por homens (Parry). Muitos outros também tentaram usar os mesmos métodos. Mais tarde, trenós puxados por cães entraram na moda, e deram certo. Ao longo do caminho, porém, houve tentativas com balões de ar quente, expedições com aeroplanos, tentativas com dirigível e até planos com submarinos, alguns com um grau maior de sucesso do que outros.

No entanto, apesar de todos esses equipamentos, gastos e perda de vidas e de membros em décadas de exploração no Ártico, ninguém realmente sabe quem venceu ou mesmo qual modo de transporte foi usado. Robert Peary e sua equipe com trenós puxados por cães geralmente recebem o crédito de terem conseguido atingir o objetivo em 1909, embora muitos ainda questionem se ele realmente o conseguiu. Richard Byrd supostamente passou com seu avião sobre o Polo em 1926, mas outros questionam as leituras dele.

Lincoln Ellsworth e Roald Amundsen com certeza voaram por cima do topo do mundo em seu dirigível em 1926, mas eles não puseram os pés no Polo. No entanto, ninguém questionou a reivindicação deles e, de certa forma, isso foi o melhor que podia acontecer. Sendo uma expedição combinada norte-americana (Ellsworth) e norueguesa (Amundsen), ela representou conjuntamente as duas nações que mais haviam se esforçado para vencer a corrida para conquistar o Polo Norte.

Elisha Kent Kane *(1820-1857)*

Se pudéssemos dizer que um único homem foi responsável por levar os Estados Unidos à corrida pelo Polo Norte, então essa pessoa quase certamente teria de ser Elisha Kent Kane. Pelos padrões dos últimos exploradores polares, e mesmo pelos padrões de alguns dos pioneiros, ele não foi necessariamente o mais bem-sucedido dos aventureiros. Ele era, porém, uma pessoa com um misterioso poder para criar uma história envolvente do Ártico e possuía um talento ainda maior para contá-la.

Até a época do desaparecimento de Franklin na busca da Passagem Noroeste em 1845, os Estados Unidos não tinham tido uma oportunidade real, nem pelo menos uma desculpa real, para ir ao Ártico. Com o misterioso desaparecimento do explorador britânico, no entanto, a oportunidade perfeita se apresentou. Afinal, os Estados Unidos se localizavam mais perto do que os outros países do provável local em que estava o grupo de Franklin. Além disso, o público norte-americano era tão fascinado pelas explorações e se importava tanto quanto o público inglês. Os Estados Unidos tinham o dever de participar da busca. Ou pelo menos essa era a opinião de alguns homens em posições-chave com bolsos bem recheados.

Henry Grinnell era um desses homens ricos. Ao contrário da Inglaterra com as expedições para a Passagem Noroeste, os Estados Unidos não tinham uma história de expedições ao norte patrocinadas pelo estado. Consequentemente, quando seus cidadãos finalmente se envolveram na região polar, isso aconteceu com uma base de alguns poucos homens motivados que acabaram por arrastar o resto do país com eles. Henry Grinnell certamente tinha a motivação para gastar seu dinheiro enviando outros para o Ártico, e Elisha Kane certamente tinha a motivação de aproveitar a oportunidade e levar todo mundo, física ou metaforicamente, junto com ele em sua jornada.

Então, em 1850, foi lançada a primeira expedição patrocinada por Grinnell para se unir ao resgate de Franklin. Os Estados Unidos, mesmo que com patrocínio particular, estava finalmente na corrida ao Ártico, e Elisha Kane era seu oficial médico. Mas isso não seria suficiente. Quando o grupo retornou um ano depois apenas com informações limitadas, como costumava ser o caso, a respeito do destino dos homens de Franklin, Kane logo foi bater à porta de Grinnell: ele não só queria ser enviado de volta ao Ártico, mas dessa vez ele queria liderar a expedição.

CRONOLOGIA

Elisha Kent Kane
(1820-1857)

1850-51 Kane toma parte em uma missão de resgate a Franklin sob o comando do Tenente Edwin J. De Haven, servindo como oficial médico.

1853-55 Liderando sua própria expedição desta vez, Kane penetra no Estreito de Smith mais do que qualquer outro navio antes, descobre o Glacial Humboldt e se engana achando ter encontrado evidências do "Mar Polar Aberto". Durante a viagem, contudo, metade da pequena tripulação se amotinou, três homens morreram, e Kane foi forçado a abandonar o navio. Finalmente, eles foram resgatados por um navio da Groenlândia que passava.

1855-57 Depois de voltar aos Estados Unidos como herói, escrever suas memórias e realizar uma turnê de palestras pelo Reino Unido, Kane adoece. Ele se muda para Cuba para convalescer, mas morre com apenas 37 anos.

152 MAIS AO NORTE

ACIMA: *Ilustração do médico norte-americano e explorador do Ártico, Elisha Kent Kane com telescópio e cão, 1862.*

Embora Kane tivesse servido na Marinha norte-americana, ele nunca foi um bom marinheiro e praticamente não tinha qualificações para liderar essa missão. Afinal de contas, ele era um médico. Ele não tinha prejudicado suas chances, porém, ao gerar muita publicidade ao redor da primeira expedição a retornar, ele tornou seu nome conhecido do público. Kane era um ótimo orador e um escritor cativante e, quase sozinho, ele fez com que o país pedisse mais expedições ao Ártico. Então, Grinnell patrocinou a expedição, Kane carregou seu navio e todo o país ficou orgulhoso.

Kane partiu no *Advance* em maio de 1853, com uma pequena tripulação de apenas 17 homens que, mais tarde, foi aumentada com dois nativos da Groenlândia que estavam indo para o norte. Desta vez, ele estava "convencido" de que Franklin devia estar preso ao norte

ACIMA: *O enterro do explorador Charles Francis Hall em 11 de novembro, durante sua malfadada expedição de 1871 em busca do Polo Norte. Em 1968, a exumação do cadáver de Hall revelou que ele morreu de envenenamento agudo por arsênico.*

do local em que as missões de resgate o tinham procurado. Seu palpite era o "Mar Polar Aberto", uma ideia popular na época que sugeria que um corpo de água rodeava o Polo e suas cercanias. Havia realmente pouca evidência desse mar e do fato de que Franklin tivesse tentado ir até lá, mas a expedição, pelo menos no nome, ainda pretendia ser uma missão de resgate. Ao se dirigir para o norte até o Estreito de Smith, no entanto, o lugar em que se acreditava que fosse possível encontrar uma entrada para o Mar Polar Aberto, uma tentativa de chegar ao Polo Norte convenientemente se tornou uma possibilidade.

A missão mostrou-se quase "ao estilo de Franklin" em seus problemas desde o início até o final. Desde o início havia escassez de provisões. O combustível para aquecimento e preparo de refeições logo acabou e os alimentos frescos, além da quantidade limitada que podiam caçar, eram quase inexistentes desde o começo, o mesmo acontecendo com outros alimentos essenciais para afastar o risco de escorbuto. Quase todos os cães que Kane comprara para puxar os trenós morreram de uma doença súbita. E a tripulação era em grande parte inexperiente nas condições polares. Alguns dos homens lutavam com frequência entre si, e muitos deles estavam questionando e sabotando a liderança de Kane. De fato, a ameaça de motim pesou sobre toda a expedição, desde a partida.

No entanto, Kane continuou a navegar pelo Estreito de Smith, feliz por estar liderando seus homens e, para todos os propósitos, representando seu país no grande tipo de aventura pela qual ele sempre ansiara. Ele havia penetrado mais no Estreito de Smith do que qualquer outra expedição anterior, o que já lhe garantiu um grau de imortalidade. Seu próximo objetivo, explícito ou não, era levar o recorde de Parry para seu país, indo mais ao norte. Porém, para conseguir isso, ele teria de usar trenós, pois em setembro ele estava firmemente preso no gelo de um ancoradouro de inverno no noroeste da costa da Groenlândia ao qual chamou de Rensselaer Harbour. Os primeiros sinais foram bons; um esforço de reconhecimento no outono revelou o imenso Glacial Humboldt, o maior no Ártico, outra importante realização pela qual a expedição de Kane será lembrada.

Durante os meses de inverno, porém, os acontecimentos começaram a piorar. A escassez de suprimentos logo ficou aparente, ainda mais porque os tripulantes já começavam a mostrar sinais de escorbuto. Kane então enviou alguns desses homens enfraquecidos em uma missão preparatória de trenó, cedo demais no ano novo, com a consequência de que um outro grupo teve de ser enviado para resgatá-los. Os dois grupos retornaram em um estado lamentável; vários dos homens sofriam com congelamento e tiveram de amputar dedos ou todo o pé. Dois deles morreram logo depois com complicações ou infecções relacionadas à amputação. Outras expedições de trenó em abril e maio também se mostraram igualmente inúteis, e Kane foi um dos mais afetados dessa vez.

O verão chegou e embora a carne fresca dos animais que migravam para o norte tenha ajudado com o escorbuto, o *Advance* não mostrava sinais de se libertar do gelo. Enquanto esperavam, porém, dois membros da equipe de Kane alcançaram o sucesso adicional de que ele precisava desesperadamente para justificar os sacrifícios por que já tinham passado. Eles descobriram, ou assim acreditaram erroneamente, o Mar Polar Aberto. Hendrik e Morton tinham penetrado além do paralelo 81 e subido o litoral da Groenlândia, mais ao norte do que qualquer outro no grupo tinha conseguido até então. Nesse local, a terra se abria em uma grande expansão de mar, "prova" da crença polar mais importante de Kane.

Dois membros da equipe de Kane descobriram o Mar Polar Aberto, ou assim acreditaram erroneamente.

Infelizmente, como exploradores posteriores descobririam, os tripulantes tinham apenas visto uma massa de água local que estava aberta nesse momento e uma miragem além.

Kane gostaria de tê-la explorado mais ou, se isso não fosse possível, voltar para dar a notícia de sua descoberta, mas ele não conseguiu: seu barco mal se moveu durante o verão. Ele tentou arrastar e depois navegar com um barco para o sul para conseguir mais suprimentos, mas o grupo estava firmemente preso no Estreito de Smith.

Conforme o outono se aproximava de novo, sem perspectivas de serem liberados nesse ano, os suprimentos quase acabaram e o escorbuto era abundante. Kane deu a seus homens a opção de ir para o sul, se preferissem. Ele pretendia ficar e suportar o pior, mas metade dos homens decidiu partir, um ato que ele considerou como sendo um motim, mesmo que ele tivesse dado a ideia. Entre eles estava Isaac Israel Hayes, que mais tarde lideraria sua própria expedição em busca do Polo. Porém não havia certeza de que ele conseguisse retornar vivo para contemplar essa possibilidade.

A sorte do grupo que decidiu partir certamente não foi melhor do que a situação daqueles que ficaram no barco. Eles fizeram algum progresso e conseguiram alguma carne fresca com os esquimós antes de terem de reconhecer a derrota diante dos elementos e dos barcos danificados e se recolherem em um abrigo temporário para passar o inverno. Lentamente, eles começaram a passar fome temendo até mesmo que os próprios esquimós, como predadores, fossem matá-los em seu estado de fraqueza ou só esperar que eles morressem para que pudessem se apoderar dos equipamentos dos exploradores. Em desespero, então, eles obrigaram os esquimós sob mira de arma a levá-los de trenós de volta ao *Advance,* onde aqueles que tinham permanecido estavam igualmente em estado deplorável. Kane permitiu que os "desertores" subissem a bordo, mas a contragosto.

CRONOLOGIA

Isaac Israel Hayes *(1832-1881)*

1853-55 Acompanha Kane em sua expedição no Estreito de Smith, tornando-se um dos principais membros do grupo que se "amotinou" sem sucesso, embora estivesse seguindo um "comando" de Kane.

1860-61 Lidera sua própria expedição ao Ártico que acreditou erradamente ter encontrado evidências de um Mar Polar Aberto.

De algum modo, eles sobreviveram ao inverno, famintos e quase todos sofrendo com escorbuto, com mais três tentativas individuais de deserção, uma delas bem-sucedida, até que a caça da primavera chegou. Finalmente havia o suficiente para comer, para recuperar as forças e curar as doenças.

Ainda assim, entretanto, não havia sinal de que seu barco seria libertado pelo gelo e, finalmente, Kane decidiu que todo o grupo devia abandonar o navio. Em maio de 1855, eles deixaram o *Advance*, arrastando seus barcos e suprimentos, e indo para o sul até, finalmente, chegarem ao mar aberto. A jornada não tinha sido sem incidentes, pois outro membro do grupo tinha morrido em um acidente durante o percurso. Famintos, os tripulantes restantes remaram e navegaram sempre para o sul até serem resgatados por um navio baleeiro em agosto. Eles foram levados a um porto na Groenlândia chamado Upernavik, onde foram pegos por um barco de resgate norte-americano que tinha sido enviado para procurar a expedição desaparecida.

Quando chegaram de volta em Nova York pouco depois, Kane foi recebido como um herói conquistador. A maior parte do grupo tinha retornado viva, eles tinham sobrevivido

CRONOLOGIA

Charles Francis Hall
(1821-1871)

1860-62 Deixa seu emprego como editor de um jornal em Cincinnati para passar um extenso período vivendo com os esquimós na Ilha de Baffin, sob o disfarce de mais uma tentativa de investigação de Franklin, mas também para aprender mais sobre técnicas de sobrevivência no Ártico. Desenterra restos das explorações de mineração de Frobisher na região e confirma que o estreito é, na verdade, uma baía.

1864-69 Mais uma vez passa algum tempo vivendo entre os esquimós em outra busca de Franklin no território que inclui a Ilha do Rei Guilherme. Registra relatos de testemunhas oculares sobre a morte da tripulação de Franklin.

1871 Lidera uma busca pelo Polo, atingindo um novo recorde ao norte para uma abordagem feita pelo Estreito de Smith, antes de provavelmente ser morto por sua tripulação. Arrasada pelas brigas, a tripulação acabou voltando para casa em dois grupos separados, um dos quais viajou centenas de quilômetros para o sul sobre uma banquisa de gelo antes de serem resgatados em 1873.

a dificuldades impensáveis, tinham penetrado mais no Estreito de Smith do que qualquer um antes deles e, ainda por cima, descobriram o Mar Polar Aberto. O diário da primeira expedição de Kane em 1854 já tinha sido um bestseller e o novo relato de suas viagens, publicado sob o título *Arctic Explorations* em 1856, saiu ainda mais depressa das prateleiras. Graças a Kane, os norte-americanos estavam agora tão interessados na exploração do Ártico quanto todos os outros países. Além disso, ele tinha acendido um novo desejo de investigar esse Mar Polar Aberto e, em última instância, o Polo Norte que permanecia não conquistado.

Mas não caberia a Kane explorá-lo. Ele sempre sofreu com problemas de saúde, mas este longo período de dificuldades, seguido pela pressão de preparar seu diário para uma rápida publicação, prejudicaram seu bem-estar além das possibilidades de melhora. Depois de um *tour* à Inglaterra, em 1856, seguido por uma viagem a Cuba no início de 1857 para convalescer, ele sucumbiu a suas doenças aos 37 anos.

Em vez disso, foi Hayes quem, em 1860, liderou uma expedição ao Estreito de Smith. Mais uma vez, foi um caso particular e Grinnell foi novamente o principal patrocinador. Hayes também retornou com avistamentos do Mar Polar Aberto, reforçando os achados anteriores de Kane. Ele também voltou com uma história de dificuldades. De novo, os cães tinham morrido. Uma missão enviada para recuperar mais alguns tinha resultado na morte de um de seus membros e em tantos danos ao navio que ele foi forçado a abandonar os planos de continuar mais para o norte. Ele se arrastou para casa, mal conseguindo continuar navegando.

Agora nomes norte-americanos famosos se enfileiraram para "dançar" com o Polo e, mais realisticamente, para morrer, enquanto tentavam superar uns aos outros com histórias tortuosas nas raras ocasiões em que realmente conseguiam retornar. Charles Francis Hall realizou três expedições ao Ártico entre

1860 e 1871. Ele passou longos períodos vivendo com os esquimós durante as duas primeiras expedições em uma tentativa de aprender as técnicas de sobrevivência que acreditava serem cruciais para o sucesso no Polo. Na terceira expedição, ele penetrou no Estreito de Smith mais ao norte do que qualquer outro explorador (e, depois, morreu, provavelmente assassinado por seus homens). George Washington De Long enfrentou o Estreito de Bering entre 1879 e 1882, e morreu de fome junto com muitos de seus homens (20 dos 37 homens no grupo morreram). O grupo de Adolphus Greeley marcou um novo recorde de latitude norte a 83 graus e 24 minutos saindo da Ilha de Ellesmere durante uma missão entre 1881 e 1884 (18 dos 24 homens do grupo pereceram de fome).

Mesmo assim, como os britânicos durante as tentativas de seus compatriotas para encontrar a Passagem Noroeste, o público norte-americano estava fascinado com os horrendos relatos da loucura polar. Ainda que os acontecimentos se desenrolassem mal, os exploradores árticos eram heróis; quanto mais coisas terminassem em desastres, mais fascinante e morbidamente sedutor seria o diário. Além disso, no final dos anos 1880, eles tinham em Robert Edwin Peary um homem que, depois de ter suportado sofrimento e dificuldades suficientes para merecer suas insígnias, poderia ser capaz de chegar ao Polo. Isso se os escandinavos não passassem na frente.

Fridtjof Nansen (*1861-1930*)

Nas décadas de 1870 e 1880, o então território unido da Suécia-Noruega tinha finalmente se mostrado como uma força na exploração do Ártico. Sua localização geográfica o tornava um candidato óbvio, e muitos de seus habitantes tinham experiência com a água e o tempo frio sob a forma de caça à baleia, caça em geral e outras atividades comerciais, mas foi apenas nessa época que os exploradores escandinavos entraram para a corrida. A primeira indicação verdadeira de que isso poderia ser conseguido veio com a travessia da Passagem Nordeste pelo sueco Nordenskiold, entre 1878 e 1879 (ver o Capítulo 2). A seguir, o norueguês, Fridtjof Nansen entrou para o grupo com uma travessia quase sem esforço da Groenlândia, do leste para o oeste, em 1888, a primeira deste tipo. Esse foi apenas um sinal da intenção de Nansen. A aventura na Groenlândia seria apenas um aquecimento para o objetivo que ele realmente valorizava: o Polo Norte.

Porém, nem sempre fora assim para Nansen. Ele tinha passado o início de sua vida na universidade, estudando para o que parecia ser uma carreira promissora em neurologia. Como muitos outros antes dele, porém, ele fora fisgado pelo "vírus polar" e não havia como se livrar. Em vez disso, ele se transformou em um explorador. "O homem quer saber", disse ele, "e quando deixa de querer, ele não é mais um homem". Depois que a expedição à Groenlândia lhe trouxe fama e ampla popularidade na

> *"O homem quer saber", disse Nansen, "e quando deixa de querer, ele não é mais um homem."*

CRONOLOGIA

Fridtjof Nansen
(1861-1930)

1888 Completa a primeira travessia por terra da Groenlândia, esquiando do leste para o oeste.

1893-96 Nansen lidera uma tentativa para "flutuar" para o Polo Norte a bordo de seu navio construído especialmente para isso, o *Fram*. Quando se tornou claro que esse método não o levaria ao Polo, ele deixa o navio e tenta esquiar para o Polo com um de seus tripulantes, Hjalmar Johanssen. Eles chegam a um novo recorde norte em 86 graus e 13 minutos antes de dar meia-volta para o arquipélago russo Terra de Francisco José. Finalmente, eles são resgatados pelo grupo sobrevivente britânico de Frederick Jackson.

1922 Recebeu o Prêmio Nobel da Paz. Grande parte da carreira posterior de Nansen ocorreu no palco político, incluindo nomeações para a Liga das Nações. Ele se concentrou cada vez mais no trabalho humanitário, incluindo a repatriação dos prisioneiros de guerra e auxílio aos refugiados depois da Primeira Guerra Mundial, bem como o trabalho de auxílio à fome na Rússia.

Noruega, uma volta a sua antiga vida tranquila estava ainda mais fora de questão. A única dúvida que restava era qual Polo ou, pelo menos, qual devia ser o primeiro, Norte ou Sul? Nansen escolheu o norte.

Um dos grandes pontos fortes de Nansen como explorador era sua capacidade de pensar criativamente: de fazer as coisas de modo diferente do usual. Foi isso que o levou a contemplar a ideia de usar as correntes que se moviam dentro do campo de gelo ártico para literalmente carregá-lo até o Polo. Para fazer isso, ele precisaria de um navio que pudesse suportar as enormes pressões envolvidas numa passagem dessas. Isso resultou na ideia do *Fram*, um navio construído para isso e que foi projetado de tal modo que não seria esmagado nem congelado pelo gelo. A outra grande vantagem competitiva de Nansen sobre a maioria de seus rivais era ser um excelente esquiador. Seu sucesso na Groenlândia tinha sido alcançado graças a essa habilidade; suas realizações polares posteriores também dependeriam muito deste método.

Tudo o que ele precisava para uma tentativa a sério de chegar ao Polo, portanto, era o dinheiro para concretizar sua visão. Usando sua fama, ele apelou ao povo norueguês e ao governo, e ao crescente senso de nacionalismo que acabaria resultando em uma Noruega independente, para obter os fundos de que precisava. Depois disso, ele trabalhou de perto com um designer e construtor de barcos escocês chamado Colin Archer para produzir o revolucionário *Fram*. Ele não desapontaria, e a experiência subsequente no gelo provaria que ele funcionava exatamente como planejado, flutuando para cima do gelo sempre que a água congelada quase prendia o navio.

Com todas as providências tomadas, Nansen partiu do que hoje é a cidade de Oslo (na época chamada Christiana) em junho de 1893. Ele tinha uma pequena tripulação de apenas 12 homens no total para o que acabaria sendo uma odisseia de três anos no gelo. Eles navegaram ao redor da ponta superior da Noruega e ao longo do litoral norte da Rússia até a Sibéria, antes de ir para o norte na direção do Polo e direto no campo de gelo do Ártico. Dali, Nansen esperava que o *Fram* fosse levado lentamente ao topo do mundo pelas correntes.

Infelizmente, elas eram mutáveis demais. Algumas vezes, ele era levado na direção do Polo, mas outras vezes ele era arrastado para o sul de novo, ou para o leste ou o oeste. Durante dois invernos, a tripulação do *Fram* simplesmente ficou parada lá, no gelo, esperando que as correntes sempre mutáveis acabassem levando-os até seu objetivo. Esse impulso não aconteceu. Ainda pior, o próprio Nansen mostrou estar longe de ser o comandante mais fácil para se conviver e, em alguns momentos, mais do que um pouco arrogante, enquanto o tempo passava e todos começavam a brigar.

Durante dois invernos, a tripulação do Fram simplesmente ficou parada lá, no gelo, esperando que as correntes os levassem ao Polo.

Depois de dois anos de insatisfação e tédio, todos já tinham aguentado mais do que podiam, inclusive o próprio Nansen. Essa era a hora de agir. Tendo feito preparativos durante os meses anteriores para o caso de isso acontecer, Nansen decidiu que era o momento de recorrer novamente aos esquis. Ele e um colega do *Fram*, chamado Hjalmar Johanssen, esquiariam até o Polo, do modo mais rápido possível, com um grupo de cães puxando trenós com suprimentos, antes de retornar à Terra de Francisco José ou Spitsbergen, onde esperavam conseguir uma carona para casa em algum navio de passagem. A liderança do *Fram* ficaria com o assistente de Nansen, Otto Sverdrup, que mais tarde completou missões importantes de exploração e de mapeamento da Ilha de Ellesmere entre 1898 e 1902. Primeiro, porém, ele tinha de levar o *Fram* para casa, assim que o gelo liberasse o navio. Isso finalmente aconteceu depois de mais um inverno que passaram no gelo, em agosto de 1896. Nessa época, as notícias do destino de Nansen ainda não haviam chegado à Noruega. Foi literalmente uma questão de dias antes de todos os detalhes serem conhecidos.

Nansen e Johanssen tinham deixado o *Fram* em março de 1895. Em abril, eles tinham chegado a um novo recorde ao norte em 86 graus e 13 minutos. Porém, esse seria apenas o início de uma jornada épica que deveria durar por mais de um ano. Com os suprimentos diminuindo e sendo levado para o sul em uma velocidade insustentável pelo campo de gelo, Nansen percebeu nesse ponto que ele não poderia atingir o Polo e teria de voltar. Então, com o recorde atingido, eles deram meia-volta para o que esperavam ser uma jornada relativamente direta de retorno à Terra de Francisco José.

Não foi assim. As mesmas correntes mutáveis que o tinham deixado tão frustrado a bordo do *Fram*, agora faziam a mesma coisa com os dois esquiadores. Eles iam em uma direção, e o campo de gelo os arrastava para o outro lado. Ainda mais grave, os relógios deles pararam por um período, o que significava que eles teriam de estimar a longitude e assim se arriscavam a perder o seu local de destino. Em julho, porém, eles avistaram

ACIMA: *Fridtjof Nansen encontra o explorador inglês Frederick Jacson no arquipélago Terra de Francisco José, um encontro fortuito que quase certamente salvou a vida de Nansen e de seu companheiro Hjalmar Johanssen.*

terra e em agosto eles chegaram à terra. Eles não podiam estar certos de que essa era uma das muitas ilhas do arquipélago Terra de Francisco José e, mesmo que fosse, não sabiam se seriam resgatados de um local tão remoto. Sem sinal de vida na vizinhança imediata, portanto, eles continuaram a ir para o sul.

Usando caiaques, eles chegaram a uma outra ilhota no final do mês, mas conforme o mar começava a congelar de novo, e as condições pioravam, perceberam que teriam de passar um outro inverno no Ártico. A única salvação era que tinham conseguido caçar muitos animais selvagens durante a viagem para sustentá-los durante esse período e assim estabeleceram um abrigo temporário e aguardaram. Em maio de 1896, os explo-

ACIMA: *Andree, Strindberg e Fraenkel vão para o Polo em seu balão, o Eagle, 1897. Os restos mortais dos três homens foram encontrados em White Island em 1930. Depois de mais de um século, a história da expedição do Eagle ainda hoje evoca compaixão.*

radores foram novamente para o sul em suas canoas até que, um mês depois, ao serem atacados por morsas, eles foram obrigados a parar em outro trecho de terra durante vários dias para fazer reparos.

Surpreendentemente, sem que Nansen soubesse, uma expedição científica britânica tinha estabelecido uma base próxima, sob o comando de um homem chamado Frederick Jackson, e tinham passado alguns anos mapeando os detalhes geográficos da Terra de Francisco José. Por uma total coincidência, os dois grupos se cruzaram, e Nansen e Johanssen foram resgatados. O grupo britânico tinha construído um abrigo de cabanas resistentes e recebiam suprimentos regulares por barco e, assim, tinham muita comida e outros luxos para compartilhar. O navio de suprimentos chegou em julho e levou os dois escandinavos quando partiu novamente em agosto, quando o *Fram* estava finalmente a caminho da Noruega. Os britânicos, porém, foram deixados para continuar sua pesquisa. De fato, Jackson ficou tão inspirado pela história de Nansen que até tentou brevemente fazer um esforço em busca do Polo a partir de seu vantajoso ponto de partida na Terra de Francisco José, mas isso rapidamente deu em nada.

Embora Nansen nunca mais tentasse a conquista do Polo, ele se tornou um mentor para os futuros exploradores.

Nansen e Johanssen, e a tripulação do *Fram*, foram recebidos como heróis e conquistadores. Eles podem não ter chegado ao Polo, mas superaram o recorde mais ao norte e, em um caso raro no Ártico, todos sobreviveram. Embora Nansen nunca mais tentasse a conquista do norte, ou do Polo Sul como tinha previsto, ele se tornaria um mentor dos futuros exploradores escandinavos e seria sempre celebrado como um dos grandes do Ártico.

Logo depois do retorno de Nansen, o único evento que parecia poder tirar o brilho de seu triunfo era a clara possibilidade de que outro escandinavo pudesse quase imediatamente superar seu recorde. Desta vez, foi um sueco, chamado Salomon Andrée, que teve a ideia de ir até o Polo em um balão de ar quente. Inicialmente ele foi ridicularizado por essa proposta, mas as pessoas perceberam que estava falando muito sério quando reuniu todo o equipamento necessário e uma tripulação em Spitsbergen no verão de 1896. As condições do tempo não foram promissoras para uma tentativa naquele ano, mas ele voltou no verão seguinte. Ele partiu com seus dois colegas, Knut Fraenkel e Nils Strindberg em julho de 1897. Se tudo corresse como planejado, ele devia chegar ao Polo e ir além dentro de alguns dias. Apesar de uma ascensão inicial difícil, as primeiras indicações — levadas ao mundo exterior sob a forma de uma nota presa a um pombo-correio — mostravam que tudo estava indo bem. A mensagem dizia que eles tinham ultrapassado o paralelo 82 e que tudo estava correndo conforme os planos. Nunca mais se soube deles novamente.

A tentativa de balão de Andrée sobre o Polo começou bem, mas, infelizmente, logo daria tragicamente errado.

Foi apenas em 1930 que a verdade do que tinha acontecido acabou surgindo, quando os restos dos três corpos e os diários de Andrée foram encontrados na White Island, perto de Spitsbergen. O tempo tinha virado e obrigado o balão a descer muito longe até do recorde de Nansen no norte. Prevendo essa possibilidade, os exploradores tinham levado equipamento para uma jornada por terra e começaram a longa e fatídica caminhada de volta a seu ponto de partida.

Provavelmente por causa de doença, eles pereceram antes de seu alvo e, com suas mortes, foram-se suas esperanças de uma outra tentativa por balão até o Polo que, se tivessem sido mais afortunados, bem poderia tê-los visto vencer a corrida em anos posteriores. Essa era a linha fina entre sucesso e fracasso, vida e morte, no mundo dos exploradores.

Ainda assim, Suécia e Noruega estavam firmemente liderando a corrida para o Polo. Nansen e Andrée tinham mostrado ao mundo que o país da Europa do Norte era um sério concorrente, e a onda de entusiasmo que eles desencadearam em seu país iria inspirar mais tentativas no futuro próximo.

No final do século XIX, apenas um estrangeiro parecia ter a possibilidade de frustrar os escandinavos. Esse homem era o norte-americano Robert Edwin Peary, e ele acreditava firmemente que o Polo Norte pertencia apenas a si mesmo.

Robert Edwin Peary (1856-1920)

Robert Edwin Peary tinha certamente se ocupado em construir uma experiência polar. Na virada do novo século, ele já era famoso como um dos principais exploradores do Ártico e uma autoridade polar. No entanto, como aconteceu com os escandinavos e os norte-americanos que o antecederam, o Polo Norte também continuava a escapar dele. Na verdade, nesse ponto ele ainda não tinha nem se aproximado do Polo. E embora, depois de muita controvérsia, ele tenha recebido mais tarde o crédito como o homem que primeiro chegou ao Polo, ainda existem dúvidas a respeito de ele ter ou não atingido seu objetivo.

De certa maneira, porém, Peary vivia para a controvérsia tanto quanto vivia para alcançar o Polo. Ele certamente desfrutava da grande cobertura de mídia que se seguia a cada expedição, levando seu perfil para um público cada vez maior. Ele desejava fama e imortalidade desde jovem e, em muitos aspectos, não se importava como as alcançaria, desde que o conseguisse.

CRONOLOGIA

Salomon Andrée (1854-1897)

1896 Prepara uma equipe e um balão em Spitsbergen para uma tentativa aérea de chegar ao Polo. As condições do tempo, contudo, não permitiram um lançamento nesse ano.

1897 Retorna a Spitsbergen para uma segunda tentativa de lançar seu balão de ar quente. Parte em julho, e depois uma mensagem levada por um pombo-correio é recebida e diz que ele cruzou o paralelo 82 e está indo bem. Não é visto mais com vida. Os restos mortais da tripulação acabam sendo encontrados em 1930 na White Island. O diário de Andrée, descoberto com os corpos, revela que o balão foi obrigado a descer por causa do mau tempo, e que eles tentaram, sem sucesso, andar até a salvação.

> *Apenas um estrangeiro parecia ter possibilidades de chegar ao Polo antes dos escandinavos: o norte-americano, Robert Peary.*

Quando era criança, Peary ficou fascinado pelos diários de Kane, mas, quando mais tarde se decidiu pela ideia da exploração como uma rota para o reconhecimento, ele inicialmente pensou em climas mais quentes. Como Kane, ele entrou para a Marinha como uma base na qual se estabelecer e, como Kane, ele ficou muito insatisfeito com a vida no serviço militar, pelo menos até que foi enviado para a Nicarágua. Ali ele pensou que poderia deixar sua marca como um explorador. Ele gostou da temporada que passou nesse país, e essa provou ser uma sólida base de treinamento físico para suas explorações posteriores, mas não foi, em última instância, uma rota para o estrelato. Então, mais uma vez, Peary começou a procurar novas ideias e, em 1855, ele se deparou com a ideia da exploração do Ártico. Nesse domínio existia uma vasta expansão de território não mapeado, isso sem mencionar o próprio Polo, no qual Peary poderia deixar sua marca. Ele tomou uma decisão: esse seria o seu mundo, uma convicção que ele manteve com obsessão crescente conforme mergulhava em suas profundezas.

> *"O destino e todo o inferno estão contra mim, mas eu ainda vou conquistar."*
> ROBERT PEARY

Em 1886, ele realizou sua primeira missão com o objetivo de cruzar a Groenlândia. Havia ainda muitas questões sobre o território no interior da Groenlândia, e Peary decidiu que seria ele a resolvê-las. Ele partiu dois anos antes da última tentativa de Nansen com o mesmo objetivo, mas, ao contrário da expedição do escandinavo, a de Peary ficou longe do sucesso. Ele logo foi forçado a retornar, centenas de quilômetros antes de atingir seu objetivo. Embora salvasse o que pôde dos feitos da expedição em um esforço para melhorar sua reputação ao retornar aos Estados Unidos, ele ainda estava longe do sucesso que desejava.

Algo maior precisava ser atingido, especialmente depois de Nansen tê-lo ultrapassado ao cruzar a Groenlândia em 1888. Dessa vez, portanto, Peary viajaria para seu ponto mais ao norte, provando de uma vez por todas que a massa de terra terminava antes do Polo Norte. Ele partiu no verão de 1891. Apesar de quebrar a perna no início da viagem, fazendo uma parada na costa leste da Groenlândia na extremidade sul do Estreito de Smith no início do inverno para se recuperar, essa expedição teve muito mais êxito. Ironicamente, sua maior realização percebida, a suposta descoberta do ponto mais ao norte da Groenlândia, em um lugar que Peary chamou de Independence Bay, foi uma falsa realização. Mais tarde percebeu-se que o ponto mais ao norte não era esse local e também que o canal e a massa de terra separada que Peary julgou ter visto à sua frente ao norte da Groenlândia nem sequer existiam. Mas Peary e um colega chamado Eivind Astrup (um norueguês) tinham, nessa primavera e verão de 1892, realizado uma viagem de ida e volta de trenó, sem precedentes e rápida, de mais de 1.600 quilômetros cruzando a Groenlândia. Finalmente, Peary retornou para a fama que havia desejado por tanto tempo, e um tour de palestras por todo o país na esteira do sucesso de sua missão deu ainda mais impulso a seu perfil.

A expedição de 1891-92 foi também especialmente notável por causa dos dois outros participantes que tinham acompanhado Peary até a base de onde ele partiu em sua jornada de trenó. O primeiro foi Frederick Cook, um homem que mais tarde conseguiria seu próprio lugar na história do Polo Norte, de um modo ainda mais controverso que o de Peary. O outro foi Matthew Henson, um empregado afro-americano de Peary que posteriormente o acompanharia em todas as suas aventuras polares, tornando-se um explorador experiente por mérito próprio.

Assim, Henson juntou-se a Peary para sua nova tentativa ao norte entre 1893 e 1895, enquanto Cook preferiu seguir sua própria carreira como um explorador independente. O objetivo de Peary dessa vez era alcançar o Polo Norte. Nessa ocasião, porém, ele não chegaria nem perto disso e não se sairia melhor do que em suas explorações de 1891 e 1892. Ele passou o primeiro ano tentando, sem sucesso, estabelecer uma cadeia de depósitos de suprimentos para a marcha para o norte, depois do que a maior parte da expedição decidiu retornar para casa em um navio de suprimentos. Apenas Peary, Henson e um outro homem ficaram na Groenlândia, junto com uma equipe de apoio de esquimós, para a jornada para o norte na primavera de 1895. Mais uma vez, eles só conseguiram chegar à Independence Bay, mas não se aventuraram além dela. O único "sucesso" percebido da viagem, além do que já se conhecia, foi a "descoberta" feita por Peary de três pedaços de um meteorito que os esquimós locais usavam

CRONOLOGIA

Robert Edwin Peary
(1856-1920)

1886 Peary lidera sua primeira expedição, em grande parte malsucedida, para a Groenlândia, em uma tentativa de cruzar seu interior.

1891-92 Apesar de quebrar uma perna, realiza uma épica jornada de trenó até a Independence Bay na Groenlândia, que Peary acredita erroneamente ser o ponto mais ao norte da massa de terra.

1893-95 Faz mais uma expedição com trenós, com Henson, até a Independence Bay em busca do Polo Norte, mas não consegue ir além ao norte do que em sua expedição de 1891-92.

1898-1902 Perde oito dedos dos pés por congelamento durante um período de quatro anos no Ártico, realizando tentativas de chegar ao Polo Norte a partir da Ilha de Ellesmere e da Groenlândia. Finalmente, chega ao ponto mais ao norte da Groenlândia e atinge seu recorde pessoal ao norte em 84 graus e 17 minutos.

1908-9 Em sua última tentativa para o topo do mundo, Peary afirma ter finalmente alcançado o Polo Norte em 6 de abril de 1909, com Henson e quatro esquimós. Porém, mais uma vez, seus relatos da quilometragem incrível coberta em períodos muito curtos são mais tarde questionados. A controvérsia a respeito de ele ter ou não alcançado o Polo ainda permanece até hoje.

ACIMA: *O navio de Peary, o Roosevelt preso no gelo enquanto é carregado na direção do Polo. O Roosevelt foi especialmente projetado para isso.*

há gerações como sua única fonte de ferro. Ele rapidamente tomou posse deles, levando duas das pedras imediatamente ao retornar e levando a outra em uma viagem posterior. Para propósitos "científicos", ele também levou seis esquimós vivos, além de vários mortos, sob a forma de cadáveres exumados.

Deixando de lado seu comportamento briguento, a experiência de Peary no Ártico fez com que ele apreciasse os métodos que os esquimós usavam para sobreviver nesse difícil ambiente. Como seu compatriota pioneiro, Charles Hall, ele percebeu que essa era a chave para o sucesso polar. Em consequência, ele se tornou amigo deles e adotou muitas de suas técnicas, além de suas roupas, para suas expedições ao norte. Henson, em particular, se destacou nessa área e em seu domínio do idioma esquimó. Peary também usou cada vez mais esquimós em suas expedições, e os quatro longos anos que ele passou em sua próxima viagem ao Ártico não foram uma exceção.

Apesar disso, porém, a missão de 1898 a 1902 tornou-se o ponto mais baixo de Peary como um explorador. Tudo começou mal. Peary perdeu oito dedos dos pés por causa de congelamento em uma imprudente missão de trenó ao Forte Conger, na Ilha de Ellesmere, no inverno de 1898. Ele tinha sido "forçado" a essa ação porque acreditava que Otto Sverdrup, que estava na região realizando pesquisas geográficas (e não tinha nenhum projeto relativo ao Polo), estava planejando secretamente fazer uma tentativa de chegar ao Polo antes de Peary.

ACIMA: *Robert Peary coloca a bandeira dos Estados Unidos no Polo Norte, em 6 de abril de 1909. Embora a ilustração mostre Peary com sete companheiros, na verdade ele tinha apenas cinco, Matthew Henson e quatro esquimós, nenhum dos quais podia fazer leituras de latitude. A imagem é um reflexo da confusão que rodeou a realização de Peary.*

O que veio a seguir não foi nada melhor. Inicialmente, a Ilha de Ellesmere provou não ser um local de partida melhor para o Polo do que a Groenlândia, ao contrário das esperanças de Peary, não só porque os pés dele ainda não estavam totalmente curados, e ele tinha dificuldade para andar. E o fim foi muito ruim. Peary acreditava que uma subida em 1902 a partir da Ilha de Ellesmere tinha atingido um novo recorde ao norte de 84 graus e 17 minutos para uma expedição que tinha partido de uma base terrestre em vez de um navio. Porém, foi revelado que esse recorde tinha sido totalmente ultrapassado em 1900 por uma expedição italiana liderada

Dessa vez, não haveria distrações. Peary usaria seu "navio de gelo", o Roosevelt, e depois faria a jornada para o Polo.

CRONOLOGIA

Frederick A. Cook *(1865-1940)*

1891-92 Cook, um médico recém-formado, acompanha Peary em sua expedição à Groenlândia.

1898-99 Participa de uma expedição belga à Antártica.

1906 Relata ser o primeiro a chegar ao cume do Monte McKinley, no Alasca, a montanha mais alta no continente. Essa realização também foi questionada durante a controvérsia posterior em relação à alegada conquista do Polo Norte.

1907-8 Afirma ter atingido o Polo Norte quase um ano antes de Peary durante uma expedição separada. Depois, é rejeitado como um trapaceiro, mas mantém o relato declarado de sua realização até sua morte.

Convenientemente, ninguém da equipe de Peary, além dele, sabia como fazer uma leitura de latitude que indicaria o Polo.

pelo duque de Abruzzi. O único consolo para Peary foi que em 1900, em outra expedição para o norte, ele tinha finalmente atingido o ponto mais ao norte da Groenlândia; mas isso só destacou o erro que ele cometera na expedição anterior.

No entanto, mesmo assim ele se recusou a desistir. Ele voltou para casa e, apesar da diminuição do interesse público e de um declínio em sua credibilidade, não conseguiu ficar parado muito tempo. Em 1905, quase aos 50 anos, ele estava de volta. Dessa vez não haveria distrações: ele usaria seu novo "navio de gelo", o *Roosevelt* para obter uma longitude inicial o mais alta possível no Estreito de Smith e de lá partiria para o Polo. Ele começou bem, antes de ter de parar para passar o inverno, penetrando em uma latitude mais para o norte da Ilha de Ellesmere. Quando o tempo começou a melhorar de novo, no início de 1906, o pequeno grupo de norte-americanos comandado por Peary, complementado por mais de 50 esquimós, começou a realizar missões com trenós para estabelecer depósitos de alimentos mais ao norte, para serem usados na corrida para o Polo.

Em março, ele e Henson e vários esquimós partiram para o topo do mundo. Eles não conseguiram. O progresso foi mais lento do que o esperado, e logo ficou claro que não conseguiriam chegar ao Polo no tempo que tinham disponível. Em vez disso, Peary teve de se contentar com um novo recorde no norte a 87 graus e 6 minutos. Foi uma realização, mas não era o Polo e, ainda pior, as pessoas começaram a questionar abertamente suas leituras de latitude e suas afirmações das distâncias que tinham coberto no cronograma que ele anotou, de tal forma que mesmo o novo recorde ficou em dúvida. Infelizmente para a reputação de Peary, essa não seria a última vez em que ele teve de enfrentar acusações como essas.

Entre 1908 e 1909, ele tentou de novo pela última vez. Mais uma vez, o *Roosevelt* chegou à mesma latitude no Estreito de Smith. Durante o inverno foi estabelecido um novo depósito de suprimentos carregados por trenó a quase 160 quilômetros mais ao norte, de onde Peary lançaria a nova tentativa na primavera. No final de fevereiro, o primeiro dos grupos de suporte avançado partiu e, no início de março, Peary os seguiu. Embora as condições não fossem boas no início da jornada, elas melhoraram, e assim a expedição progrediu. No início de abril, eles estavam aproximadamente a cerca de 210 quilômetros do Polo e, finalmente, ele parecia estar ao alcance.

Nesse ponto, porém, a controvérsia recomeçou. Peary disse ao capitão do *Roosevelt,* Robert Bartlett, que só tinha concordado em se juntar a esta missão sob a condição de que também poderia acompanhar o grupo final de trenó para o Polo, que na verdade ele não teria permissão de se juntar ao grupo para a última subida. Só Henson e quatro esquimós acompanhariam Peary ao Polo. Convenientemente, nenhum deles, ao contrário de Bartlett, sabia como usar os instrumentos que verificariam o ponto em que o grupo teria atingido o topo do mundo. Peary, portanto, se colocou em uma posição em que ele seria o único que poderia verificar o sucesso deles.

E de fato, ele teve sucesso, afirmando ter coberto os últimos 210 quilômetros no surpreendente tempo de apenas quatro dias. A jornada de retorno no mesmo terreno foi ainda mais rápida: um pouco mais de dois dias! Peary e Henson chegaram ao Polo finalmente em 6 de abril de 1909, mas esse foi meramente o início de um debate que ainda existe quanto a eles terem ou não atingido seu alvo no tempo afirmado. A experiência dos exploradores posteriores, como Wally Herbert, e as análises baseadas em evidências científicas e cálculos sugerem que eles provavelmente não o atingiram.

No entanto, a controvérsia sobre a verdade desses últimos quilômetros não seria nada em comparação ao que aguardava Peary em seu retorno aos Estados Unidos.

Matthew Henson
(1866-1955)

1891-1909 Acompanha Peary em todas as expedições ao Ártico nesse período, inclusive sua afirmação questionada de ter alcançado o Polo Norte em 6 de abril de 1909. Ao contrário de Peary, Henson tinha também dominado o idioma esquimó, tornando-se uma ligação muito importante para estabelecer boas relações com os nativos que foram cruciais para o sucesso dos norte-americanos no Ártico.

1937 Finalmente é reconhecido por seu papel na corrida ao Polo quando se torna membro honorário do Clube dos Exploradores de Nova York. Depois, foi também reconhecido com um prêmio da Marinha dos Estados Unidos em 1946 e com a medalha de ouro da Sociedade Geográfica de Chicago.

ACIMA: *O explorador afro-americano Matthew Henson. Um membro importante de todas as expedições de Peary, Henson era um explorador experiente por mérito próprio, mas recebeu muito menos reconhecimento do que Peary.*

Pois, enquanto isso, seu antigo companheiro polar, Frederick Cook, tinha voltado de uma outra expedição ao norte sugerindo que ele também tinha alcançado o Polo Norte. Ainda mais, ele tinha chegado quase um ano antes de Peary! O outono de 1909 viu um frenesi sem igual na imprensa enquanto os dois homens trocavam golpes e contra-afirmações na batalha para ter suas realizações validadas. Ambos foram saudados por diferentes setores da imprensa e da sociedade como sendo tanto

ACIMA: *Frederick Cook, o amargo rival de Peary. Uma figura controversa, que afirmou ter sido o primeiro no Polo, Cook também tinha seus partidários, em particular a moderna Sociedade Frederick Cook.*

o verdadeiro vitorioso quanto uma fraude. Inicialmente, Cook, que tinha também se beneficiado por ter sido o primeiro a contar sua história, estava em uma melhor posição. Mas conforme o tempo passava, a ofensiva de Peary entrou em plena ação, e Cook, por sua vez, teve dificuldade de fornecer a documentação crível que destacaria sua realização e que ele tinha afirmado ser "iminente". O pêndulo foi para o outro lado e, no devido tempo, ficou "provado" que Cook era um trapaceiro e que Peary, ao contrário, era o verdadeiro primeiro explorador a atingir o Polo. Certamente, o relato de Cook e sua falta de evidências tornou a história dele a menos provável das duas, mas a triste verdade é que é bastante possível que nenhum deles tenha chegado ao Polo Norte. Igualmente verdade é o fato de que o mundo provavelmente nunca saberá com certeza.

CRONOLOGIA

Richard Evelyn Byrd
(1888-1957)

1926 Com Floyd Bennett, aparentemente voa para o Polo Norte, possivelmente sendo o primeiro a vê-lo. Dúvidas foram levantadas, porém, quanto a Byrd ter ou não realmente atingido seu objetivo.

1928 Envolve-se no estabelecimento da base de pesquisa dos Estados Unidos, "Little América", na Antártica, despertando novamente o interesse norte-americano na região.

1929 Torna-se a primeira pessoa a voar sobre o Polo Sul.

1933-35 Lidera outra missão científica para a Antártica.

1946-47 Realiza mais uma expedição à Antártica.

Tudo o que se sabe com certeza é que Peary e seu grupo chegaram muito, muito perto. Como um exemplo de perseverança e dedicação a sua causa, poucos na história da exploração rivalizaram com Peary. Como um pioneiro da exploração do Ártico, ele está sem dúvida entre os grandes.

Richard Evelyn Byrd *(1888-1957)*

Se nem Peary nem Cook viram o Polo, então quem foi o primeiro? Um dos próximos pretendentes críveis foi Richard Evelyn Byrd. Quase previsivelmente, porém, as realizações dele foram questionadas também.

O ano de 1926 viu o desenrolar de outra minicorrida pelo Polo. Com alguma incerteza cercando os feitos de Peary, ainda permanecia a possibilidade de que uma nova aventura ao topo de mundo pudesse, com o tempo, ser reconhecida como a primeira. Mesmo que isso acabasse não acontecendo, havia ainda muitas perguntas científicas e geográficas importantes em relação ao Ártico, não só se ainda existiam massas de terra não descobertas na região polar. Um dos modos mais rápidos e mais fáceis de responder todas essas questões parecia ser pelo ar. Milhares de quilômetros quadrados podiam ser pesquisados sem esforço a partir de uma posição superior, certamente em comparação com a difícil e incômoda tarefa de exploração por terra. Além disso, a exploração aérea podia ser realizada em dias, ou até mesmo horas, e revelar o que de outro modo poderia levar anos para ser descoberto.

Assim, foi no ar que a nova corrida polar começou, com o duelo do avião contra o dirigível. O avião sem dúvida era mais rápido, mas quase certamente menos confiável, e era particularmente propenso a ter uma falha mecânica no duro clima do Ártico. O dirigível era mais lento e também envolvia algum risco de explosão, mas em geral era mais estável e consumia combustível em uma velocidade mais lenta. Em 1926, Richard Evelyn Bird e seu compatriota Floyd Bennett escolheram o avião. Seus concorrentes eram os infatigáveis Roald Amundsen, norueguês (ver Capítulo 8), e seu patrocinador e colega norte-americano, Lincoln Ellsworth.

Amundsen e Ellsworth tinham optado pelo dirigível depois de uma difícil experiência ter lhes mostrado um ano antes os perigos da alternativa. Eles tinham tentado

ACIMA: *Richard Byrd guia uma equipe de cães pela região polar, 1929. O uso de equipes de cães seria uma contribuição vital para a história da exploração polar.*

voar para o Polo em dois hidroaviões, mas um deles teve problemas no motor, e eles foram obrigados a pousar justo ao norte do paralelo 87. Depois de mais de três semanas escavando uma pista no gelo, e com os suprimentos escasseando, eles finalmente conseguiram sair do Ártico no avião remanescente. Da próxima vez, eles decidiram usar um dirigível.

Richard Byrd, porém, não acreditava nisso. Nascido na Virgínia, em 1888, ele era um homem da era moderna, um piloto confiante e um pioneiro que estava determinado a estender os limites da viagem por avião. Ele tinha estado na vanguarda da experimentação aeronáutica dos Estados Unidos durante a Primeira Guerra Mundial e tinha fé implícita em seus aviões. Muito de sua reputação posterior seria construída com a exploração aérea na Antártica, onde ele teve um papel importante ao estabelecer o interesse renovado dos Estados Unidos na região desde 1928, mas o primeiro interesse dele estava no Polo Norte.

Quando Byrd chegou em Spitsbergen no final de abril 1926, planejando iniciar sua tentativa ali, Amundsen e Ellsworth já estavam lá. O norueguês e seu patrocinador, junto com o piloto italiano Umberto Nobile, estavam ocupados com os preparativos para a partida de seu dirigível, o *Norge*. No entanto, eles ainda não estavam prontos e não estariam prontos na hora em que Byrd e Bennett descarregaram seu Fokker, testa-

CRONOLOGIA

Lincoln Ellsworth
(1880-1951)

1925 Com Amundsen, tenta voar para o Polo Norte em dois hidroaviões, mas é forçado a aterrissar logo depois do paralelo 87 quando um dos aviões tem problemas no motor. Eles acabam escapando, mais de três semanas depois, no outro avião.

1926 Consegue chegar ao Polo e cruzar o Ártico com Amundsen, desta vez em um dirigível pilotado pelo italiano Umberto Nobile. Essa realização tornou-se a primeira passagem não questionada sobre o Polo.

1933-34 Participa em uma tentativa de voo abortada para cruzar a Antártica.

1934-35 Tenta e falha de novo na Antártica.

1935-36 Realiza um voo transantártico que voa sobre território anteriormente não visto, e que Ellsworth reivindica para os Estados Unidos.

1938-39 Reivindica mais território antártico para os Estados Unidos em outra expedição aérea na região.

ram e depois decolaram para o Polo em 8 de maio. Tudo que a equipe do dirigível rival podia fazer era olhar o avião de Byrd desaparecer no horizonte e esperar.

Excetuando a exposição ao gelo e o vazamento de óleo em um motor, o voo até o Polo ocorreu de uma maneira relativamente direta em comparação com as épicas e árduas décadas de expedições por terra e mar que tinham acontecido antes. Segundo o relato de Byrd, eles chegaram ao que acreditavam ser o Polo, deram meia-volta e retornaram a Spitsbergen em uma viagem de ida e volta de menos de 16 horas, apesar de uma bússola que apresentou defeito.

Byrd foi recebido por seus rivais em Spitsbergen e acolhido de maneira arrebatada em seu retorno posterior aos Estados Unidos. O debate polar tinha finalmente terminado com esse voo, ou assim todos acreditavam na época. Mas logo, como quase era de se esperar, começaram a surgir dúvidas a respeito de se o avião em que Byrd e Bennett tinham voado teria a possibilidade de percorrer a quilometragem que supostamente completara no tempo em que estavam no ar. Outros que depois voaram no avião não acreditavam que ele pudesse chegar à velocidade média que tinha sido descrita: cálculos acadêmicos anos depois geralmente apoiavam essa análise. Quase certamente, Byrd tinha chegado perto, mas mais uma vez parecia ser impossível ter certeza de que ele realmente chegara ao Polo com o seu Fokker, ou se apenas o avistara.

Enquanto isso, Byrd sem saber as dúvidas futuras que seriam levantadas à luz de sua realização ao norte, continuou a acrescentar mais distinções a seu currículo, no sul. Esses feitos incluiriam o estabelecimento permanente de uma base de pesquisa norte-americana na Antártica, a "Little America" em 1928, e o primeiro voo sobre o Polo Sul, um ano depois. Tenha ou não chegado ao Polo Norte, ele sem dúvida provou que era um ótimo explorador e aviador.

No entanto, embora ninguém soubesse com certeza, a corrida para o Polo possivelmente permaneceu inacabada. Se realmente fosse assim, seria um desafio que precisava ser resolvido. No fim das contas, porém, não demoraria

ACIMA: *O dirigível Norge com o qual Roald Amundsen, Lincoln Ellsworth e Umberto Nobile tiveram a primeira visão não questionada do Polo Norte, em 12 de maio de 1926.*

muito após o voo de Byrd antes que as dúvidas fossem deixadas de lado. Pois, na esteira da fumaça dos motores de Byrd, Amundsen, Ellsworth e Nobile finalmente partiram de Spitsbergen em seu dirigível em 11 de maio de 1926. Um pouco mais de setenta horas depois, eles aterrissaram do outro lado do mundo, no Alasca, tendo completado uma passagem não questionada sobre o Polo Norte. Ao chegar ao topo do mundo em 12 de maio, eles até pararam, pairando sobre o prêmio tão buscado, para deixar cair as bandeiras de seus respectivos países. A jornada não foi concluída completamente sem incidentes. O gelo abriu buraco no balão e se acumulou na concha, tornando a navegação mais difícil conforme a viagem continuava, mas mesmo assim os aventureiros concluíram a jornada em segurança e, dessa vez, sem controvérsias. O Polo, finalmente, tinha sido visto e conquistado.

Capítulo 8

"UM LUGAR HORRÍVEL":
Atravessar a Antártica até o Polo Sul

James Cook foi o primeiro explorador a desencadear um interesse pela Antártica na era moderna. A existência ou não de um continente ao sul havia sido debatida durante séculos e, assim, o capitão, destemido como sempre, decidiu tentar encontrá-lo de uma vez por todas durante sua expedição de 1772 a 1775.

Cook era cético e acreditava que provavelmente não existia uma grande massa de terra ao sul. Depois de ter terminado a circunavegação, tornando-se o primeiro a entrar no Círculo Antártico, não viu motivo para mudar de ideia. Ele tinha provado que não havia *Terra Australis* no nível do Círculo Antártico ou acima dele. Se houvesse algo mais ao sul, então, no que lhe dizia respeito, o mundo podia ir até lá, pois seria uma terra inútil, presa no gelo e estéril.

Nos cinquenta anos seguintes, essa avaliação foi suficiente para a maioria. Em 1820, porém, o mundo estava ficando curioso de novo: vários países queriam saber com certeza se havia alguma terra no fundo do mundo. Depois de décadas de inatividade, Rússia, Estados Unidos e Grã-Bretanha agora decidiram reivindicar a descoberta, afinal de contas, de algum tipo de massa de terra antártica. Fabian Gottlieb von Bellingshausen, um russo, tinha certamente chegado perto em janeiro de 1820 e, de fato, provavelmente viu o continente sem se dar conta na hora de que estava vendo algo mais do que um campo de gelo. O caçador de focas norte-americano Nathaniel Palmer esteve na região no mesmo ano e também voltou afirmando ter visto a Antártica. O capitão britânico Edward Bransfield também viu a extremidade norte da Antártica na Península Trinity. Ele também pode ter sido a primeira pessoa a pisar no continente. Se ele não o fez, é quase certo que outro caçador de focas norte-americano, John Davis, tenha feito isso no ano seguinte.

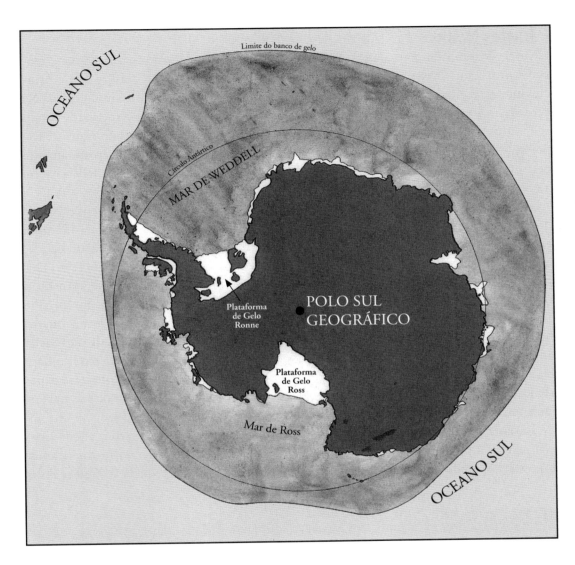

Em 1823, o britânico James Weddell navegou no mar antártico que agora leva seu nome, afirmando ter estabelecido um novo recorde para a jornada mais ao sul em 74 graus e 34 minutos. Ele tinha ultrapassado o recorde anterior de Cook de 71 graus e 10 minutos em mais de 320 quilômetros, embora não tenha avistado o continente antártico mesmo nessa latitude. Então, algumas dúvidas permaneciam a respeito da existência de um continente ao sul.

Mais uma vez houve uma calmaria antes que algo de importância real acontecesse na região. Em 1840, porém, uma nova corrida pelo conhecimento estava acontecendo mais uma vez entre os Estados Unidos, França e Grã-Bretanha. A história do homem no continente antártico estava começando de verdade. A busca pelo Polo Sul também seria apenas uma questão de tempo.

Charles Wilkes *(1798-1871)*

Charles Wilkes nunca se afastou muito de controvérsias durante sua carreira na marinha norte-americana. A expedição que ele liderou entre 1838 e 1842, e que é principalmente lembrada pelas descobertas na Antártica, foi um ótimo exemplo disso. Na verdade, foi tal a agitação que se seguiu à missão que os resultados imediatos foram eclipsados pela confusão ao redor do próprio Wilkes. Isso foi uma pena porque a "Expedição Wilkes", junto com as duas missões rivais que foram realizadas separadamente pela França e pela Grã-Bretanha mais ou menos ao mesmo tempo, realmente começou a revelar a Antártica pela primeira vez.

A carreira inicial de Wilkes, pelo menos, tinha sido um pouco menos tensa. Nascido em Nova York, ele entrou para a marinha norte-americana como guarda-marinha em 1818, depois de três anos em navios mercantes. Ele progrediu com regularidade, chegando ao posto de tenente em 1826 e, alguns anos depois, tornou-se chefe do Departamento de Instrumentos e Mapas. Foi depois de um projeto de lei que aprovou o financiamento de uma expedição para mapear as águas ao sul e do Pacífico, porém, que Wilkes teve sua grande oportunidade. Ela não estava reservada para ele. Outros quatro homens foram convidados para o comando da missão, e recusaram ou desistiram dele, antes de Wilkes receber uma proposta. No entanto, vendo o potencial para fama e realização, Wilkes ficou feliz por aproveitar a oportunidade. Assim, foi com uma experiência limitada de liderar homens no mar que ele partiu com uma frota de seis navios, com um total de 400 tripulantes, artistas e cientistas em agosto de 1838.

Embora um objetivo crucial fosse aprender mais sobre a região antártica e, em especial, ajudar a prospecção comercial de baleeiros e caçadores de focas norte-americanos, que estavam tendo de ir mais para o sul em busca de suas presas, a Expedição Wilkes tinha

ACIMA: *A Expedição Wilkes descobre a Antártica, 30 de junho de 1840.*

muito mais a pesquisar do que os mares do sul. Consequentemente, ela só entrou realmente na Antártica por um período mais contínuo em duas ocasiões durante os quatro anos de duração. O resto do tempo foi gasto pesquisando vastas áreas de outros territórios e coletando espécimes científicos de locais tão distantes quanto a América do Sul, costa oeste dos Estados Unidos, Austrália, Nova Zelândia e, em especial, as Ilhas do Pacífico. Em sua jornada de retorno, a expedição completou uma circunavegação passando pelas Filipinas, Ásia, rodeando o Cabo da Boa Esperança e, finalmente, em junho de 1842, voltando a Nova York. Depois dela, foram publicados volumes de mapas e estudos científicos e geográficos, e suas coleções auxiliaram muito no estabelecimento da Smithsonian Institution. No entanto, apesar disso, a missão ainda é lembrada principalmente pelos poucos meses passados nas águas da Antártica.

A primeira incursão ao extremo sul foi realizada entre fevereiro e março de 1839. Ela praticamente não teve sucesso. Quatro dos seis navios na frota, divididos em dois grupos de dois, partiram da Terra do Fogo, no extremo sul da América do Sul, em uma tentativa de ir o máximo possível para o sul. O *Peacock* e o *Flying Fish* tomaram um curso sudoeste; o *Porpoise* e o *Sea Gull* foram direto para o sul. Deles, o *Flying Fish* acabou penetrando mais, separando-se do *Peacock*, mas ainda assim não conseguiu atingir a latitude de Cook, muito menos a do recorde de James Weddell. Mais importante: nenhum dos navios encontrou evidências que confirmassem a existência de um continente antártico. Derrotados pelo gelo e pelo mau tempo, os navios se arrastaram de volta à América do Sul depois de alguns meses, onde a falta de progresso seria ainda piorada pela perda do *Sea Gull* durante o inverno.

CRONOLOGIA

Charles Wilkes
(1798-1877)

1818 Entra para a Marinha norte-americana como guarda-marinha.

1826 Promovido a tenente e depois indicado como chefe do Departamento de Instrumentos e Mapas.

1838-42 Lidera o que se torna conhecido como a "Expedição Wilkes" em uma missão de exploração global, realizando trabalho de mapeamento em vários continentes e no Oceano Pacífico e investiga ativamente a Antártica.

Wilkes avista o continente da Antártica exatamente ao mesmo tempo em que a expedição do francês D'Urville, embora depois tente datar sua visão da terra de vários dias antes. Vários avistamentos de terra ao longo de um percurso de 2.400 quilômetros ao longo do banco de gelo antártico confirmam a existência de um continente ao sul.

1842 Rodeado por controvérsia em relação a suas pesquisas na Antártica e as datas de seus avistamentos, a falta de sorte de Wilkes é ainda piorada por uma corte marcial devido a punições ilegais de membros da tripulação.

1861 Para o navio-correio britânico *Trent* e prende dois comissários confederados, criando um incidente diplomático que quase leva a Grã-Bretanha a entrar na Guerra Civil Americana. Enfrenta novamente a corte marcial em 1864.

> **CRONOLOGIA**
>
> **Jules Sebastien Cesar Dumont d'Urville (1790-1842)**
>
> **1820** Descobre a valiosa estátua antiga da Vênus de Milo durante uma expedição na Grécia e a adquire para o governo francês.
>
> **1822-25** Participa de uma expedição francesa de circunavegação liderada pelo Capitão Duperrey.
>
> **1826-29** Confirma a localização da morte de Perouse, realiza um novo mapeamento da Nova Zelândia e descobre e mapeia várias ilhas do Pacífico enquanto lidera uma expedição francesa.
>
> **1837-40** Lidera uma expedição francesa global concentrada em pesquisar mais as regiões do Pacífico e, especificamente, da Antártica. Aporta na Antártica e reivindica uma parte da terra para os franceses, denominando-a Terra de Adélie.
>
> **1842** Morre na França, junto com sua esposa e seu filho, em um acidente ferroviário.

Tranquilo, porém, Wilkes estava de volta no verão seguinte do Hemisfério Sul. Dessa vez, ele foi para a Austrália e teve muito mais sucesso. Quatro navios foram novamente para o sul, e Wilkes levou o *Vincennes*, seu navio principal, no lugar do *Sea Gull*, e mais uma vez eles começaram a se afastar. No entanto, Wilkes continuou e, em meados de janeiro, chegou a uma parede de gelo. Dois dos três navios o alcançaram nos dias seguintes (o *Flying Fish* teve de retornar para a Nova Zelândia) e foram juntos para o oeste, ao longo do banco de gelo na esperança de encontrar uma entrada que os levasse mais para o sul. Foi aí que eles realmente começaram a desbravar novos territórios. Em um dia, que Wilkes primeiro afirmou ser 19 de janeiro de 1840, mas depois tentou alterar de um modo tipicamente controverso para 16 de janeiro, eles avistaram a "Terra de Wilkes", uma confirmação de um continente antártico. Uma cadeia de montanhas distante foi observada e mapeada, mas ironicamente James Ross (ver Capítulo 6), liderando a expedição britânica um pouco atrás de Wilkes, mais tarde revelaria que ela não existia e era meramente um engano causado pela refração da luz. Mesmo assim, e apesar de danos ao *Peacock* que o obrigaram a retornar à Austrália, Wilkes continuou ao longo da barreira de gelo, observando mais terra e plataformas de gelo. O *Porpoise* depois retornou também para a Nova Zelândia, deixando o *Vincennes* sozinho para avistar novas terras. Na época em que Wilkes terminou, ele havia mapeado mais de 2.400 quilômetros da Antártica, embora parte erroneamente, e estava satisfeito por ter sido o primeiro a confirmar a existência de uma massa de terra do tamanho de um continente no fundo do mundo.

Existe alguma verdade nisso, mas como sempre acontece com Wilkes, ela está longe de ser clara. Exatamente no mesmo dia em que Wilker afirmou a princípio ter avistado o continente Antártico, 19 de janeiro de 1840, a expedição francesa rival liderada por Jules Sebastien Cesar Dumont d'Urville fez uma afirmação idêntica. Foi por isso que houve tanta discussão ao redor da tentativa posterior de Wilkes para mudar a data de seu primeiro avistamento para 16 de janeiro. De qualquer forma, o grupo francês certamente superou Wilkes em um aspecto importante. Eles na verdade desceram à terra alguns dias depois de terem visto a Antártica, fincando a bandeira francesa e reivindicando uma parte do continente para a França. D'Urville denominou esse trecho em honra a sua esposa: Terra de Adélie. Mesmo hoje, essa área da Antártica ainda é usada pelos cientistas franceses como uma base de pesquisa.

Na época em que Wilkes terminou, ele havia mapeado 2.400 quilômetros do litoral da Antártica e confirmado a existência do continente sul.

Foi um sucesso improvável para d'Urville, então um homem de quase 50 anos que sofria tanto com gota que mal podia caminhar. Antes dessa expedição, ele achava que sua carreira já havia chegado ao auge com a descoberta (e subsequente compra para a França) da antiga e lendária estátua da Vênus de Milo, durante uma expedição na Grécia. Ele tinha completado uma circunavegação em uma expedição científica francesa entre 1822 e 1825, e entre 1826 e 1829 confirmou a localização provável da morte de seu famoso compatriota, o explorador Jean-François de Galaup, conde de la Perouse. Na mesma missão, ele também descobriu

ACIMA: *Iceberg tabular no Estreito Bransfield, entre o ponto mais ao norte da Antártica na Terra de Graham e as Ilhas Shetland do Sul.*

ACIMA: *O Endurance de Ernest Shackleton preso no gelo da Antártica, 1915. Embora o Endurance tenha sido construído exatamente para esse tipo de situação, no fim das contas, o gelo venceu a batalha.*

diversas ilhas do Pacífico e realizou uma nova pesquisa do litoral da Nova Zelândia. No entanto, tudo isso seria ultrapassado na grande expedição, similar à de Wilkes tanto em seu escopo global e em sua ambição na Antártica, que ele foi chamado a liderar entre 1837 e 1840. Mesmo com todos os outros trabalhos da missão no Pacífico e em outros lugares e, apesar de perder um número significativo de homens para o escorbuto e outras doenças, a viagem de d'Urville seria lembrada principalmente por ele ter fincado a bandeira na Antártica.

Wilkes sabia da atividade de um concorrente antes mesmo de retornar aos Estados Unidos. Na verdade, no final de janeiro de 1840, D'Urville tinha encontrado o *Porpoise* da expedição de Wilkes na própria Antártica. Os dois grupos não pararam para fazer contato. Wilkes também deixou uma carta em Hobart para James Ross apresentando sua descoberta da Terra de Wilkes, que Ross usou como base para contestar parte das observações do norte-americano em sua própria expedição à Antártica. Assim, com disputas sobre quem tinha visto primeiro o continente ao sul e dúvidas em relação à exatidão das descobertas de Wilke, ele já estava rodeado por controvérsia quando voltou aos Estados Unidos.

Para piorar ainda mais as coisas, ele foi recompensado por seus quatro anos de esforço com uma corte marcial. Aparentemente, Wilkes era um chefe difícil — duro demais para alguns —, e ele foi condenado por punir ilegalmente alguns tripulantes com punições severas demais por furto às provisões da expedição. Outras acusações também foram feitas contra o norte-americano por seus companheiros oficiais, mas pelo menos essas não foram confirmadas.

Infelizmente, a controvérsia não terminaria ali para Wilkes. Ele conseguiu salvar o suficiente de sua carreira para receber outro navio para usar contra os confederados no início da Guerra Civil Americana em 1861. Infelizmente, ele decidiu interceptar um navio-correio britânico, o *Trent*, em novembro de 1861 e sequestrou dois comissários confederados da Grã-Bretanha, ao contrário do ditado pelo protocolo diplomático. No início, essa ação foi aprovada por seus superiores, mas quando ficou claro que o incidente poderia provocar a entrada da Grã-Bretanha na guerra ao lado dos confederados, o presidente Lincoln se distanciou do episódio e liberou os prisioneiros. Essa e outras brigas posteriores fizeram com que Wilkes fosse aposentado e, depois, enfrentasse novamente a corte marcial em 1864, terminando uma carreira marcada por controvérsia nos 25 anos anteriores.

Sir Ernest Henry Shackleton *(1874-1922)*

Confirmada a existência da Antártica, o próximo passo lógico para qualquer explorador digno do nome, então, seria investigar mais de perto e tentar chegar ao Polo Sul. Seria uma série de eventos quase inevitável. No entanto, depois da corrida inicial dos Estados Unidos, França e Grã-Bretanha, praticamente nada de importante aconteceu novamente na região nos próximos cinquenta anos. Isso sem dúvida foi algo bom para Ernest Shackleton, que nem tinha nascido antes de 1874, e assim não poderia fazer seu nome na região até a virada do século.

Enquanto isso, porém, um pequeno grupo de frustrados entusiastas da Antártica pegou o bastão. Os baleeiros e caçadores de focas, impelidos por preocupações comerciais, continuaram a fazer o máximo para promover o interesse nas águas ao redor do continente sul. Entre 1894 e 1895, o norueguês Leonard Kristensen navegou num desses navios

CRONOLOGIA

Adrien Victor Joseph de Gerlache de Gommery *(1866-1934)*

1897-99 Lidera uma expedição belga para a Terra de Graham, depois navega pelo que é hoje o Estreito Gerlache, descobrindo e nomeando novas ilhas. Roald Amundsen e o Dr. Frederick A. Cook estavam em sua tripulação. Foi o primeiro a passar o inverno no Círculo Antártico a bordo de seu navio, o *Belgica*.

CRONOLOGIA

Carsten Egeberg Borchgrevink *(1864-1934)*

1894-95 Parte com Leonard Kristensen para o continente antártico em uma expedição baleeira e de caça a focas.

1898-1900 Sob o patrocínio britânico, ele se torna o primeiro a passar o inverno no continente antártico. Alcança um novo recorde sul a 78 graus e 50 minutos e calcula a localização do Polo Sul Magnético.

comerciais até a região, descendo em várias ilhas da Antártica e também no continente. Um dos membros de sua equipe era Carsten Borchgrevink, que mais tarde se tornaria importante por seus esforços para promover a Antártica.

Enquanto Borchgrevink estava tentando despertar o interesse no circuito de palestras australiano (ele nasceu na Noruega, mas migrou para a Austrália), coube à Bélgica, dentre todas as nações marítimas, adiantar a causa. Em agosto de 1897, um jovem e determinado tenente chamado Adrien Victor Joseph de Gerlache de Gommery partiu de Antuérpia em uma expedição científica para a Antártica. Entre seus tripulantes estavam Roald Amundsen (ver a seguir) e o Dr. Frederick A. Cook (ver Capítulo 7). Involuntariamente, a expedição de Gerlache tornou-se a primeira a passar o inverno na região antártica depois de ficarem presos no gelo. Tendo chegado perto da Terra de Graham e navegado ao longo de um canal de água que mais tarde ficou conhecido como Estreito de Gerlache, nomeando novas ilhas enquanto passavam, eles tinham ido mais para o sul no campo de gelo até ficarem firmemente presos nele em março de 1898. Quase um ano se passaria em condições difíceis e limitadas antes de finalmente serem liberados.

Enquanto isso, Borchgrevink estava de volta. Sem conseguir levantar fundos na Austrália, ele se voltou pra a Grã-Bretanha. Finalmente, conseguiu o patrocínio de Sir George Newnes, um editor rico, para uma missão científica e exploratória na Antártica. Além de tentar localizar e, idealmente, atingir o Polo Sul Magnético, a intenção de Borchgrevink era ser o primeiro a passar o inverno no continente. Partindo do Reino Unido em agosto de 1898, ele chegou à Antártica em fevereiro de 1899 e se aprontou para passar o inverno no sul em um lugar chamado Cabo Adare. Apesar de algumas dificuldades, problemas e da morte súbita de um dos tripulantes, a tripulação superou as dificuldades e foi resgatada no início de 1900 para retornar para casa. Além disso, eles tinham trabalhado na localização do Polo Sul Magnético e, embora não conseguissem alcançá-lo, tinham chegado a um novo recorde sul de 78 graus e 50 minutos.

ACIMA: *Tirando suprimentos do Endurance, na preparação para o que seria uma jornada de dois anos pelo gelo e pelo oceano polar em segurança.*

Além disso, Borchgrevink tinha conseguido adiar os planos de Sir Clements Markham, o presidente da British Royal Geographic Society (RGS), de enviar sua própria expedição nacional formal à região. Ao desviar o dinheiro de Newnes da RGS para si mesmo, Borchgrevink tinha impedido que a sociedade conseguisse os fundos de que precisava para enviar uma expedição rival. Apenas na época do retorno dele é que a RGS finalmente estava em posição de começar a considerar seriamente uma expedição e mesmo então se passaria um ano inteiro, até o verão de 1901, antes da partida da missão Discovery, liderada por Robert Falcon Scott (ver a seguir). Ernest Shackleton estava a bordo.

O homem que Scott tinha indicado como um terceiro auxiliar tinha precisado se esforçar muito apenas para ser incluído no grupo da Antártica. De descendência anglo-irlandesa, Shackleton nasceu na Irlanda, mas se mudou para Londres em 1884 com sua família. Aos 16 anos, ele entrou para a marinha mercante e trabalhou para subir na hierarquia na próxima década. Na virada do século, ele era o terceiro oficial no serviço mercante da Union Castle Line, que estava então envolvida em transportar tropas

CRONOLOGIA

Sir Ernest Henry Shackleton *(1874-1922)*

1901-3 Participa da expedição de Scott Discovery à Antártica quando alcança seu novo recorde ao sul, mas é obrigado a deixar a expedição cedo devido à doença.

1907-9 Lidera sua própria tentativa ao Polo Sul. Chega a 160 quilômetros de seu objetivo, alcançando um novo recorde ao sul em 88 graus e 23 minutos. Uma das outras equipes de seu grupo, que incluía Douglas Mawson, se torna a primeira a chegar ao Polo Sul Magnético.

1914-17 Lidera uma expedição com a meta de cruzar o continente antártico do Mar de Weddell ao Mar de Ross. Porém, fica preso no gelo no Mar de Weddell antes de poder atingir o continente. No fim, seu navio afunda e a tripulação consegue chegar de bote à Ilha Elefante. De lá, Shackleton lidera um grupo de bote por 1.300 quilômetros por mar até a Georgia do Sul. Depois tendo atravessado os picos de montanhas anteriormente não conquistadas, eles chegaram à salvação na estação baleeira da ilha.

1921-22 Shackleton vai para o sul para outra missão muito mal planejada à Antártica. Porém, ele morre de ataque cardíaco ao chegar à Georgia do Sul.

para a África do Sul para a Guerra dos Boers. Nessa viagem, ele conheceu o filho de Llewellyn Longstaff, que foi o principal patrocinador da expedição proposta por Scott. Shackleton persuadiu seu novo conhecido a apresentá-lo ao pai para que ele pudesse argumentar em favor de ser incluído na Expedição Nacional Antártica. Llewellyn Longstaff ficou impressionado com Shackleton e o recomendou para a RGS. Scott, que sabia da importância do patrocínio de Longstaff, não estava em posição de dizer não. No entanto, anos depois, ele desejaria ter feito isso, pois Shackleton se tornou um de seus mais ferozes rivais na Antártica.

Porém, inicialmente, Scott e Shackleton trabalharam bem juntos. Sem dúvida, Shackleton era um dos únicos dois homens com Scott na cena da grande realização da expedição de 1901 a 1904, um novo recorde ao sul de 82 graus e 17 minutos (mais detalhes no tópico sobre Scott a seguir). Infelizmente, porém, Schackleton ficou doente durante a viagem, com suspeita de escorbuto, e acabou tendo de ser carregado de volta ao acampamento base em um trenó. Apesar dos protestos, ele foi enviado para casa a bordo de um navio de suprimentos que veio no verão seguinte, sob o pretexto de sua saúde. Shackleton provavelmente sentiu um certo ressentimento nessa decisão, o que talvez tenha lhe dado parte da motivação para o que faria a seguir.

Tendo desistido de tomar parte no grupo de "resgate" de Scott, em 1903, ele quase imediatamente propôs sua própria expedição à Antártica a Sir Clements Markham, ainda enquanto Scott estava ausente. Embora inicialmente tenha recebido uma negativa, Shackleton não podia deixar a ideia se perder e nos anos seguintes começou a conseguir o patrocínio para colocar seu sonho em ação. Em fevereiro de 1907, ele anunciou formalmente seu plano de uma missão de retorno para chegar ao Polo Sul e ao Polo Sul Magnético, onde a expedição *Discovery* tinha fracassado. Scott foi deixado de lado, não só porque um de "seus" homens estava agora se colocando em competição aberta sem antes tê-lo consultado, mas pior porque Shackleton também planejava usar a base antártica de Scott no Estreito de McMurdo como seu ponto de partida.

Isso não aconteceria. Apesar da tensão que a cadeia de eventos colocou no relacionamento entre os dois homens, eles depois chegaram a um acordo público. Por insistência de Scott, Shackleton não desceria no Estreito de McMurdo, afinal de contas. Em vez disso, ele concentraria seus planos mais adiante ao longo do litoral na Terra do Rei Eduardo VII ou em Barrier Inlet. Essa seria uma concessão de que Shackleton teria motivos para se arrepender.

Quando a expedição *Nimrod* de Shackleton finalmente partiu em agosto de 1907 e chegou à Antártica no início de 1908, ele descobriu que não podia fisicamente descer em nenhum dos destinos combinados. O gelo estava impedindo seu caminho, e ele logo percebeu que só havia uma solução. Ele teria de voltar atrás até o Estreito de McMurdo e, ao agir assim, quebraria a palavra dada a Scott, perdendo qualquer senso remanescente de honra entre os grupos mais amplos interessados. Quando Scott mais tarde soube o que tinha acontecido, isso certamente levou o relacionamento deles ao ponto de ruptura. No entanto, a determinação de Shackleton de alcançar o Polo era tanta que ele estava preparado para viver com as consequências. Agindo assim, ele chegou muito perto de seu objetivo.

Depois de a equipe do *Nimrod* ter atravessado o inverno de 1908 na Antártica, os grupos de trenó se dividiram em dois. Shackleton e três outros foram para o Polo Sul. Outra equipe, que incluía o australiano Douglas Mawson, tinha como alvo o Polo Sul Magnético.

Mawson, já um cientista respeitado, viria a ser um importante explorador por mérito próprio. Entre 1911 e 1914, ele lideraria a Expedição Antártica Australásia, com o objetivo de mapear milhares de quilômetros de território antártico que ficava mais perto da Austrália. Em uma das incursões de trenó durante essa missão, os dois homens que estavam com Mawson morreram de acidente e de doença, deixando o australiano sozinho na Antártica. Apesar de estar doente e fraco, ele conseguiu sozinho retornar com esforço para o acampamento-base e se salvar. Entre 1929 e 1931, com o aquecimento da disputa por terras na Antártica, Mawson liderou mais duas expedições na região, o que também ajudou a fortalecer a reivindicação da Austrália a grandes trechos do território do continente.

Os dois homens que estavam com Mawson morreram de acidente e doença, deixando o australiano sozinho na Antártica.

De modo semelhante entre 1908 e 1909, com Mawson como o membro mais jovem, a equipe do Polo Sul Magnético se saiu muito bem. Apesar da escassez de

Em janeiro de 1909, o grupo de Shackleton atingiu um novo recorde ao sul em 88 graus e 23 minutos.

CRONOLOGIA

Sir Douglas Mawson
(1882-1958)

1907-9 Como parte da primeira expedição liderada por Shackleton, Mawson participa do grupo que chega ao Polo Sul Magnético.

1911-14 Lidera uma expedição australiana até a Antártica para mapear grandes extensões de territórios ainda não mapeados.

1929-31 Lidera duas outras expedições à região, ajudando a fortalecer a posse dos territórios antárticos australianos.

rações e dos ferimentos, eles chegaram ao objetivo em 16 de janeiro de 1909. Em 5 de fevereiro, eles conseguiram se encontrar com o *Nimrod* e contar detalhes de sua impressionante realização para os empolgados tripulantes.

Nesse momento, porém, o grupo de Shackleton ainda estava no gelo. Eles não tinham tido o mesmo sucesso, mas apesar de ter de matar a maioria dos pôneis que arrastavam os suprimentos, eles tinham se saído bem. Em 9 de janeiro, eles atingiram um novo recorde ao sul em 88 graus e 23 minutos, superando seu recorde anterior. Porém, a menos de 160 quilômetros do Polo, uma combinação de escassez de comida e de tempo ruim os obrigou a dar meia-volta. Depois de uma jornada de retorno melhor, eles fizeram contato com o *Nimrod* no início de março. Quando todos estavam a bordo em segurança, eles se apressaram a sair da região antes de o gelo do inverno se estabilizar, para levar de volta um grupo de heróis liderados por Shackleton, que logo seria sagrado cavaleiro.

No entanto, apesar de suas realizações Shackleton sabia que a corrida do Polo Sul estaria acabada antes que ele tivesse a oportunidade de montar outra expedição. Scott e Roald Amundsen (ver a seguir) logo estariam envolvidos em missões rivais pelo prêmio que Shackleton tinha perdido por tão pouco.

Consequentemente, ele foi forçado a voltar suas visões exploratórias para um projeto ainda maior: a travessia do continente antártico do Mar de Weddell até o Mar de Ross passando pelo Polo Sul. Essa seria uma enorme realização de cerca de 2.900 quilômetros, sem oportunidade de retornar no mesmo caminho e usar depósitos conhecidos de suprimentos como tinha sido o caso em sua primeira missão ao Polo Sul.

Essa tarefa exigiria dois grupos principais. Um precisaria ir para o Mar de Ross e estabelecer depósitos avançados de suprimentos para auxiliar o grupo da travessia continental na segunda metade de sua jornada por terra. O outro grupo precisaria entrar pelo Mar de Weddell, descendo a terra naquele lado da Antártica e estabelecendo uma base antes de os que fariam a travessia por terra começarem sua extensa jornada de trenó.

A missão começou na véspera da Primeira Guerra Mundial em 1914. Na verdade, Shackleton até se ofereceu para adiá-la em favor de ceder os navios e homens ao serviço militar, mas recebeu ordens para continuar. Enquanto Shackleton abria caminho ao sul em direção do Mar de Weddell a bordo do navio que foi chamado adequadamente de *Endurance*, o grupo de apoio no Mar de Ross viajava ao sul da Austrália no *Aurora*. Para o caso de Shackleton chegar ao sul a tempo de começar sua jornada durante o verão antártico de 1914 a 1915, o grupo do Mar de Ross devia começar a estabelecer quantos depósitos pudessem assim que chegassem ao continente em janeiro de 1915. Se Shackleton não aparecesse naquele ano, então eles deviam penetrar ainda mais no continente na estação seguinte e criar ainda mais depósitos de suprimentos. Eles fizeram exatamente conforme instruído, até mesmo perdendo três de seus dez homens durante os dois anos que passaram no gelo. No entanto, Shackleton nunca completou a travessia do continente Antártico.

> *Durante dez meses o* Endurance *vagou, preso no gelo da Antártica, até que a pressão finalmente foi demais.*

Na verdade, ele nunca conseguiu chegar ao continente. Em vez disso, ele ficou envolvido em uma das maiores aventuras das histórias de sobrevivência de todos os tempos. Enquanto abria caminho pelo Mar de Weddell, o *Endurance* acabou ficando preso no gelo, do qual nunca escaparia flutuando. Durante dez meses, o navio vagou com o gelo da Antártica até que, em novembro de 1915, o *Endurance* finalmente cedeu à incessante pressão do gelo e afundou. Shackleton teve tempo de remover os barcos e os suprimentos do navio para uma banquisa, mas agora eles estavam presos em um pedaço de gelo a centenas de quilômetros dos sinais de civilização mais próximos. Finalmente em abril, eles vagaram para o mar aberto e, apenas um pouco mais reconfortados, avistaram terra, embora remota e estéril, sob a forma de um lugar chamado Ilha Elefante. Eles conseguiram descer à ilha e a partir dali Shackleton planejou o escape deles.

A única esperança de salvação era chegar ao posto baleeiro na Georgia do Sul a cerca de 1.300 quilômetros de distância. Shackleton dividiu seu grupo em dois, levando cinco homens com ele em um dos barcos e deixando a maioria dos homens esperando seu resgate na ilha. Em apenas duas semanas, apesar das condições congelantes, do tempo horrível e dos mares terríveis, eles avistaram seu destino. Infelizmente, aportar o barco mostrou ser uma tarefa igualmente difícil e demoraram dois dias para escapar às rochas e aos mares agitados e finalmente ancoraram o barco.

Mesmo então, eles ainda não estavam salvos. Na verdade, eles ainda tinham literalmente de escalar uma montanha. O grupo tinha descido do lado oposto da Georgia do Sul, onde ficava a estação baleeira e a salvação, e a única maneira de atingi-la era cruzar os picos montanhosos não conquistados da ilha. Então, com a mesma determinação que Shackleton tinha demonstrado no ano anterior, ele e dois de seus homens simplesmente foram adiante. Nos dois dias e meio seguintes, com poucos

Seriam necessários mais 40 anos antes de alguém finalmente realizar o objetivo de Shackleton e cruzar o continente antártico a pé.

minutos de sono no meio, eles atravessaram as rochas antes de, por fim, fazerem contato com a salvação.

Quando o gerente da estação baleeira percebeu quem eram os homens (inicialmente ele não os reconheceu em seu estado deplorável) e acreditou em sua história surpreendente, a operação de resgate começou. No dia seguinte, os três homens do outro lado da ilha foram resgatados por um navio. Depois foi a vez de encontrar o grupo deixado na Ilha Elefante. É claro que Shackleton participou do resgate. Essa não foi uma tarefa fácil, pois o gelo e outros problemas técnicos dificultaram a operação, mas ao fim de várias tentativas, eles resgataram os homens no final de agosto de 1916. Todos sobreviveram.

Ainda assim, porém, a expedição não estava terminada para Shackleton. Ele tinha de resgatar os sobreviventes do grupo do Mar de Ross. Em dezembro, ele estava na Nova Zelândia, pronto para ir para o sul a bordo do *Aurora*, que nesse intervalo também tinha passado um período preso no gelo. No fim, ele acabou escapando e, em janeiro de 1917, o navio resgatou os sete homens perdidos na Antártica, antes de retornar à Nova Zelândia. Pelo menos a difícil missão estava terminada.

As ideias para uma aventura na Antártica ainda não estavam descartadas por Shackleton. Embora ele tenha feito parte de uma admirável história de sobrevivência, sua última missão tinha essencialmente sido um fracasso. Ele ansiava por mais uma viagem para o sul para tentar realizar algo mais notável, e a oportunidade veio em 1921. Em janeiro de 1922, ele estava novamente na Georgia do Sul. A ilha de sua salvação anterior desta vez se tornaria o local de seu descanso final. Assim que chegou, ele sofreu um ataque cardíaco grave e morreu.

Passaram-se quatro décadas antes de alguém conseguir realizar o objetivo de Shackleton e cruzar o continente antártico por terra. O inglês Sir Vivian Ernest Fuchs, apoiado na extremidade do Mar de Ross por um grupo liderado por Sir Edmund Hillary, mais tarde um dos primeiros homens a escalar o Everest (ver Capítulo 11), liderou um grupo que cruzou a Antártica entre 1957 e 1958. A rota deles era praticamente idêntica à que Shackleton quis tentar, mas não teve chance.

Robert Falcon Scott *(1868-1912)*

Em fevereiro de 1907, porém, Robert Falcon Scott estava muito infeliz. Não só ele tinha fracassado em chegar perto do Polo Sul durante sua expedição de 1901 a 1904 à Antártica, mas um de seus subordinados nessa missão, Ernest Shackleton, estava planejando superá-lo. Ele ficaria ainda mais perturbado quando soube mais tarde que Shackleton tinha voltado atrás na palavra dada de não usar a base de Scott no Estreito de McMurdo como seu ponto de partida para o Polo.

ACIMA: *O grupo da expedição de Scott (da esquerda para a direita) Laurence Oates, H.R. Bowers, Robert Scott, Edward Wilson e Edgar Evans. Bem-sucedidos em sua tentativa de chegar ao Polo Sul, o grupo acharia a jornada de retorno longa demais.*

Esse era o código de honra percebido que cercava a exploração naquela época. Como o homem que tinha liderado a primeira expedição, Scott acreditava, segundo o protocolo da época, que era seu direito implícito liderar outra missão antes que qualquer outro de seus compatriotas tentasse independentemente. E, com certeza, ele tinha o "direito" exclusivo a usar o Estreito de McMurdo. A ambição pessoal de Shackleton, porém, deixou de lado essas suposições confortáveis. E o norueguês Roald Amundsen, um pouco depois, arrasou qualquer pressuposição que Shackleton tinha deixado intocada, com sua própria tentativa de chegar ao Polo Sul. Para piorar ainda mais as coisas, em janeiro de 1907, Scott tinha esboçado seus próprios planos para uma expedição de retorno à Antártica, mas não conseguiu os fundos para realizá-la.

Então, seria perdoável se Robert Scott desse um sorriso amargo e um suspiro de alívio quando soube do fracasso de Shackleton ao tentar alcançar o Polo Sul, embora tenha chegado perto. Isso deixou o caminho ainda aberto para Scott fazer uma nova

CRONOLOGIA

Robert Falcon Scott
(1868-1912)

1901-4 Lidera a expedição *Discovery* à Antártica. Descobre a Terra do Rei Eduardo VII, faz muito trabalho científico valioso e atinge um novo recorde ao sul em 82 graus e 17 minutos com Shackleton e Wilson.

1910-12 Lidera uma expedição de retorno à região, com o objetivo explícito de chegar ao Polo Sul. Em 18 de janeiro de 1912, Scott e quatro membros de seu grupo completam essa tarefa, apenas para descobrir que tinham sido superados na corrida até o fundo do mundo por Amundsen e seus homens. Os cinco britânicos pereceram na jornada de retorno a seu acampamento-base.

tentativa e, no final de 1909, o dinheiro estava começando finalmente a pingar. No entanto, como um homem honrado, ele certamente não admitiria isso, pelo menos publicamente. De fato, mesmo depois de ser confrontado pela declaração dos planos de Shackleton de lançar sua própria expedição, ele ainda insistiu que era seu dever apoiá-lo porque "o principal é derrotar os estrangeiros".

Por mais deslocado que esse sentimento cavalheiresco possa parecer agora, e talvez mesmo na época no mundo cruel da exploração, não há dúvida das credenciais de Scott como líder. De fato, foi provavelmente esse seu lado de princípios firmes que, tanto quanto outras qualidades, o tornou benquisto pela grande maioria de seus homens. Ele tinha sido bem educado e instruído perfeitamente para enfrentar as tarefas antárticas que, em última instância, seriam seu destino. Já em 1887, Sir Clements Markham, presidente da Royal Geographic Society, havia destacado Scott como um candidato potencial para liderar seus compatriotas em alguma missão ao continente sul. Doze anos depois, a realidade de tal expedição estava muito mais próxima e foi com o incentivo de Markham que Scott se candidatou para ser seu líder. Depois de muita discussão entre a Royal Society e a Royal Geographic Society em relação a seus homens preferidos e também quanto ao objeto real da expedição, Scott foi aprovado para sua liderança. Esses inícios se desenvolveriam na expedição "*Discovery*" de 1901 a 1904.

Nesse ponto de sua carreira, Scott estava pronto para assumir essa responsabilidade. Nascido e criado em Devon, Inglaterra, ele tinha começado sua carreira nos mares como guarda-marinha no início da adolescência. Ele trabalhou duro e aprendeu depressa, progredindo por toda a hierarquia da Marinha durante turnos de trabalho em vários navios nos primeiros anos. Um período posterior no colégio em Greenwich completou seus estudos marítimos, depois do que Scott continuou subindo na hierarquia. Em junho de 1900, notícias de sua indicação para liderar a expedição à Antártica se espalharam e no verão seguinte ele estava pronto para partir da Inglaterra para a nova fase do trabalho de sua vida.

Mesmo quando o Rei e a Rainha, na Ilha de Wight, acenavam para Scott e sua tripulação a bordo do *Discovery* ainda permanecia alguma confusão quanto ao exato propósito da expedição. Ela era uma expedição científica, exploratória ou uma tentativa de chegar ao Polo? No final, era tudo isso. A equipe de Scott teria muito mais tempo nas mãos do que tinham previsto originalmente, pois foram obrigados a ficar presos no gelo antártico. Outra dimensão da expedição também se desenvolveria, embora Scott não tivesse como saber disso até retornar à Antártica alguns anos depois. Seus dois invernos no gelo do sul seriam o perfeito campo de treinamento para alguns dos agora famosos nomes que o acompanhariam em sua "corrida" de 1910 a 1911 ao Polo. Edward Wilson e Edgar "Taff" Evans, bem como vários outros que fariam parte da equipe de apoio dessa missão, estiveram com Scott em 1901. E, é claro, Ernest Shackleton também.

Os dois invernos passados por Scott e seu grupo no gelo da Antártica seriam um treinamento perfeito para as expedições posteriores ao Polo.

Então o que a expedição inicial de Scott conseguiu? Bom, mesmo antes de ancorar, antes do primeiro inverno no fundo do mundo, no início de 1902, Scott tinha descoberto uma nova extensão do território da Antártica que chamou de Terra do Rei Eduardo VII. Depois, eles estabeleceram a base de inverno no Estreito de McMurdo, a base de Scott, e fizeram trabalhos preparatórios de trenó e científicos nos próximos meses. Porém, nem tudo foi positivo. Durante as primeiras missões de trenó, George Vince caiu de um penhasco e morreu, e vários outros sofreram ulcerações por congelamento.

Ainda assim, em novembro de 1902, Scott e vários de seus homens partiram em uma missão de trenó com o objetivo de chegar o mais ao sul possível, talvez até mesmo ao Polo. O grupo "principal", composto por Scott, Shackleton e Wilson, que tinham sido apoiados na primeira parte da jornada pelos outros membros da tripulação, acabaram atingindo um novo recorde ao sul em 82 graus e 17 minutos. Nesse ponto, eles foram obrigados a retornar devido a problemas de saúde e outras dificuldades. Não era o Polo, mas ainda assim foi uma bela conquista para exploradores novatos na Antártica.

A expedição terminou de um modo polêmico, pois permaneceu mais um ano na região, desobedecendo ordens. Não que Scott pudesse fazer muita coisa: o *Discovery* permaneceu preso em seu porto de gelo durante o verão no hemisfério sul. Não havia escassez de provisões e combustível. A chegada de um navio de suprimentos cuidou disso, e Scott não via necessidade de abandonar o navio. O governo inglês não concordou com isso, porém, e enviou dois navios para resgatar os homens no ano seguinte, com instruções para deixarem o *Discovery* para trás se ele não se libertasse. Felizmente o navio se libertou do gelo, embora Scott ainda sentisse que tinha ficado com uma leve marca de fracasso em sua reputação, o que diminuiu seu senso de líder. Porém, ele não precisava se preocupar. O ano extra tinha possibilitado que a equipe aumentasse suas realizações científicas, coletasse mais espécimes e realizasse outras jornadas exploratórias de trenó. Eles foram recebidos como heróis, Scott foi promovido, e a missão foi considerada um sucesso.

O grupo foi recebido de volta como heróis, Scott foi promovido, e a missão foi considerada um sucesso.

194 UM LUGAR HORRÍVEL

ACIMA: *Memorial de Robert Scott na Observation Hill no Estreito de McMurdo, Antártica.*

Mas ele ainda não tinha chegado ao Polo e nem Shackleton entre 1907 e 1909, então Scott queria a oportunidade para uma nova tentativa. Apesar da dificuldade inicial para levantar o dinheiro, a maior parte dos fundos necessários já estava certa no início de 1910, e Scott conseguiu comprar o *Terra Nova*, o navio de sua expedição. No meio do ano, Scott e sua tripulação estavam a caminho, junto com os trenós a motor e os pôneis que seriam uma ajuda para atingirem o objetivo. No início de janeiro de 1911, eles estavam de volta ao Estreito de McMurdo, tendo estabelecido sua base de inverno. As jornadas de trenó para criação de depósitos deviam começar antes do ataque ao Polo que estava planejado para o verão antártico seguinte. Eles tinham de conseguir o máximo possível antes do inverno porque agora sabiam que estavam em uma corrida de tudo ou nada para o Polo. Roald Amundsen tinha avisado de sua intenção de fazer um ataque similar no verão seguinte. Seus piores medos foram confirmados mais tarde quando membros da equipe de apoio de Scott na verdade encontraram os noruegueses na Baía das Baleias fazendo suas próprias preparações. Os corredores rivais estavam em posição.

No entanto, o desejo de ganho científico com a expedição não foi abandonado por Scott, e o inverno oferecia a oportunidade de fazer mais progressos. Ainda assim, o Polo era o objetivo principal, e a expedição começou no início de novembro quando Scott e seus grupos de apoio finalmente começaram a se movimentar na direção dele. Nesse momento, sem que os ingleses soubessem, Amundsen já estava a caminho e fazia progressos rápidos. Scott, porém, preocupado com a sobrevivência dos pôneis no frio, tinha optado por adiar seu início até novembro, mesmo sabendo que essa decisão provavelmente o faria perder tempo para os noruegueses e suas equipes de cães.

Ele nem precisava ter se incomodado. Os pôneis foram ineficientes — alguns morreram enquanto caminhavam e outros mais tarde tiveram de ser mortos; os trenós a motor se mostraram igualmente não confiáveis. Scott e seus homens tiveram de voltar a puxar os trenós, um modo de transporte não inteiramente abandonado, mas mais lento do que trenós puxados por cães. Além disso, embora Scott não tivesse como saber disso, o atraso no início seria provavelmente o que lhe custaria a vida.

Porém, antes da tragédia, houve primeiro um certo tipo de triunfo. Apesar de todas as dificuldades que suportaram e de sua condição muito enfraquecida, o grupo polar final de Scott, com Wilson, Evans, Capitão Oates e Henry Bowers, tornou-se em 18 de janeiro de 1912 o primeiro grupo britânico a chegar ao Polo Sul. Mas eles não foram os primeiros a chegar ao local, pois Amundsen e seus homens tinham chegado ali mais de um mês antes. Apesar de um inevitável desalento ao encontrar os restos do acampamento norueguês, eles ainda tinham conseguido realizar seu objetivo de um modo que, ao contrário do resultado da corrida para o Polo Norte, não podia ser questionado. Embora não tivessem sido os primeiros, eles ainda podiam se orgulhar de sua realização, e ela lhes garantiria algum tipo de imortalidade.

Infelizmente, porém, o destino final dos membros da expedição provavelmente tenha contribuído para esse resultado tanto quanto seu sucesso em alcançar o Polo. Dentro de um pouco mais de dois meses, Scott e os outros quatro do grupo polar estavam mortos. Eles tinham começado a jornada de retorno do Polo já fracos e com poucos suprimentos, mas sabendo que pelo menos tinham alguns depósitos ao longo do caminho de volta, onde poderiam se reabastecer com alimentos e combustível. Embora houvesse às vezes dificuldades para encontrar os depósitos, e Evans, em particular, estivesse ficando mais fraco a cada dia, a jornada ainda progrediu segundo os planos até meados de fevereiro. Então, Evans caiu e morreu. Para piorar as coisas, o fim da estação já estava próximo, e o tempo estava começando a virar. O congelamento estava ameaçando, e havia escassez de óleo para aquecimento porque grande parte do combustível armazenado nos depósitos tinha vazado durante o verão.

Todos esses fatores contribuíram para as mortes, mas foi o tempo, acima de tudo, que selou seu destino. Nevascas e um vento forte continuaram a dificultar o progresso deles. Oates, fraco demais para continuar e certo de que estava atrasando o resto do grupo, caiu sobre sua espada, saindo da tenda uma manhã dizendo as palavras agora imortais: "Eu só vou sair e posso demorar algum tempo". Seu corpo nunca foi encontrado.

A apenas 17 quilômetros do próximo depósito, onde um grupo de apoio com cães os esperava, os homens da missão que restavam foram finalmente bloqueados. Nevascas incessantes os mantiveram dentro da tenda onde, sem alimento e combustível, e cada vez mais fracos e afetados pelo congelamento, não havia outro destino possível. A última anotação no diário de Scott foi feita em 29 de março de 1912.

Apenas em novembro foi que um grupo de buscas finalmente encontrou a tenda. Então, tudo o que restava fazer era recuperar as últimas cartas e o diário de Scott, onde a história da morte da expedição estava registrada, e depois cobrir os corpos com neve, junto com a tenda em que estavam.

Scott tinha conquistado o Polo, mas as condições climáticas tinham levado a melhor sobre ele.

Roald Amundsen *(1872-1928)*

Enquanto Robert Scott morria lentamente em seu acampamento final bloqueado pela neve, Roald Amundsen já tinha chegado à Tasmânia e divulgado ao mundo a conquista norueguesa do Polo Sul. Era uma imagem cruelmente contrastante, destacando como a sorte dos dois times rivais tinha sido diferente. No entanto, esse era o modo típico de Amundsen. Enquanto os outros lutavam com dificuldades, como no caso da expedição britânica, e frequentemente perdiam a vida em busca dos obje-

ACIMA: *O navio norueguês Fram (em primeiro plano), que levou Nansen em sua viagem ao Ártico, encontra o britânico Terra Nova perto do campo de gelo da Antártica em 1911. O Fram levava Roald Amundsen, que chegaria ao Polo Sul em 1911, um mês antes de Robert Scott, que estava no Terra Nova.*

tivos polares que estavam sendo buscados há séculos, o escandinavo quase sem esforço aparente os marcava um a um. De fato, o Polo Sul teria sido considerado sem dúvida uma grande realização para Scott ou qualquer outro aventureiro, mas foi meramente um dos muitos sucessos em territórios extremos para Amundsen. Dentre todos os exploradores polares, ele foi certamente o maior.

Embora ser o primeiro a chegar ao Polo Sul não fosse o único grande feito do norueguês, ele foi quase certamente o maior. No entanto, ironicamente, foi o único prêmio que ele nunca quis especialmente. O Polo Norte sempre tinha sido a meta de Amundsen e continuou a ser quase até o minuto em que ele subiu a bordo do *Fram* para ir para o sul. De fato, ele ficara desesperado para se juntar a Nansen (ver Capítulo 7) a bordo do mesmo navio para sua tentativa no Ártico em 1893, mas as circunstâncias não conspiraram em favor de Amundsen. No entanto, ele persistiu e estava preparando sua própria tentativa ao Polo Norte quando as notícias do aparente sucesso de Peary (ver Capítulo 7) foram divulgadas em 1909. Superado em seu objetivo principal (como ele pensava na época), o norueguês simplesmente passou a um objetivo secundário. Se ele não podia ser o primeiro no Polo Norte, então ele seria o primeiro no sul.

Ao contrário de Scott, Amundsen não se preocupava com uma conduta "cavalheiresca" nem com o código de "honra dos exploradores". Embora não tivesse de modo algum uma natureza desrespeitosa, o fator mais importante para Amundsen era, ao máximo possível, superar a concorrência nas "grandes" realizações. Com o Polo Norte "tomado", o Polo Sul era o próximo grande objetivo. Scott e todos os outros simplesmente teriam de lidar com isso.

Na verdade, o escandinavo era tão determinado que ele não se perturbou com sua mudança de planos, e nem contou para a maioria da tripulação ou para os patrocinadores a respeito do novo objetivo quando a expedição deixou a Noruega a bordo do *Fram* em agosto de 1910. Nesse ponto, todos, inclusive Scott, pensavam que eles continuariam em sua expedição ao Ártico. Supostamente, os objetivos principais da missão eram científicos, não competitivos, e assim a lógica dizia que ela não deveria ter sido nem um

CRONOLOGIA

Roald Amundsen
(1872-1928)

1897-99 Participa da expedição de Gerlache à Antártica a bordo do *Belgica*. Assume o comando do grupo quando o capitão adoece.

1903-6 Primeiro a atravessar a Passagem Noroeste. Sua equipe científica confirma que o Polo Magnético Norte é um fenômeno em movimento.

1910-12 Lidera a primeira equipe a atingir o Polo Sul.

1918-20 Completa a Passagem Nordeste.

1925 Com Lincoln Ellsworth não consegue atingir o Polo Norte em uma tentativa de avião.

1926 Com Lincoln Ellsworth e Umberto Nobile chega ao Polo Norte em um dirigível. Atravessa o Ártico da Europa até o Alasca.

1928 Morre quando seu avião desaparece durante uma missão de resgate para encontrar Nobile no Ártico depois do dirigível deste ser dado como desaparecido.

ACIMA: *Roald Amundsen com o grupo de cães que o levaria até o Polo Sul.*

pouco afetada pelo fato de que a corrida ao Polo Norte já tinha um vencedor. Um dos poucos que não concordava era Amundsen. Mas determinado como era, o norueguês era astuto o suficiente para perceber que, se anunciasse a mudança de planos cedo demais, ele poderia ser impedido de partir.

Então, ele não contou para quase ninguém até o *Fram* parar em Madeira no início de setembro de 1910. Nesse ponto, ele deu a notícia a sua surpresa tripulação que concordou em acompanhá-lo de qualquer forma. A revelação da mudança foi deixada ao irmão de Amundsen na ilha. Mesmo então, porém, ele não começou a enviar telegramas anunciando os novos planos até outubro, um dos quais Scott estava destinado a receber a caminho do sul, quando Amundsen já estava irremediavelmente a caminho. Foi essa "mentira" de um ano, talvez ainda mais do que a afronta anterior de Shackleton, que perturbou Scott e seus patrocinadores "honrados". No entanto, para Amundsen, essa era uma preocupação secundária: a única coisa importante era vencer a corrida para o Polo Sul.

E ele venceu com uma facilidade quase sem esforço. Embora tenha partido da Europa cerca de dois meses depois de Scott, ele ainda o venceu em cerca de um mês, chegando ao Polo Sul em 14 de dezembro de 1911. A diferença de várias semanas não só tornou possível a Amundsen reivindicar o prêmio polar, mas também escapar com vida, evitando o tempo inclemente de março que tirou a vida de Scott. Como no caso do conjunto de fatores que contribuíram para a morte do inglês, houve várias razões para o sucesso de Amundsen, apesar da mudança tardia de seus planos.

Por um lado, ele já havia estado na Antártica antes. Tinha participado da expedição de Gerlache à região entre 1897 e 1899 e até ficou no controle do *Belgica* durante um período em que o líder adoeceu. Portanto, já tendo passado um inverno na Antártica, Amundsen sabia bem o que esperar. Em segundo lugar, ele havia optado por ancorar na Baía das Baleias. Esse local lhe deu uma vantagem de 96 quilômetros em relação a Scott. O fato de a vida de Scott ser perdida por uma margem de 17 quilômetros serve para destacar como essa diferença pode ter sido crucial. Os noruegueses partiram antes do verão no sul do que Scott, o que significou que evitaram as piores condições climáticas encontradas por Scott depois. Talvez, o mais crucial tenha sido que eles conseguiram fazer isso porque estavam usando cães para puxar seus trenós, animais que conseguiam suportar as temperaturas mais frias e se mover mais rápido na neve do que os pôneis de Scott. Além disso, a equipe de Amundsen viajava com menos peso e todos eram esquiadores experientes.

Não que o sucesso de Amundsen tenha sido alcançado sem enfrentar problemas. Ele inicialmente partiu em setembro, cedo demais, e foi obrigado a retornar alguns dias depois. Esse incidente provocou atrito, a tal ponto que ele foi obrigado a dividir seu grupo e só levar quatro homens ao Polo: Oscar Wisting, Helmer Hanssen, Sverre Hassel e Olav Bjaaland. No caminho, eles tiveram de conquistar o formidável Glaciar Axel Heiberg, além de outros terrenos perigosos, e frequentemente enfrentaram tempo hostil. No entanto, em comparação com os problemas do grupo de Scott, a jornada deles até o fundo do mundo foi impressionantemente livre de traumas. Um mês depois de terem chegado ao Polo, eles estavam de volta ao *Fram* e logo se dirigiam para a Tasmânia.

Seria típico acrescentar que, neste estágio, Amundsen se tornou famoso mundialmente por seu sucesso, mas ele já tinha renome internacional. Se Amundsen havia atingido um objetivo, sob a forma do Polo Sul, que os exploradores estavam buscando seriamente há algumas décadas, ele já havia realizado outro objetivo buscado há séculos. Entre 1903 e 1906, ele liderou uma equipe que, finalmente, se tornou a primeira a conquistar a Passagem Noroeste que havia frustrado Frobisher, Parry, os Ross e Franklin (ver Capítulo 6). De fato, Franklin fora um dos heróis de Amundsen quando criança. No entanto, ao contrário do antigo explorador britânico, o norueguês não pereceu na Passagem, mas a conquistou com relativa facilidade.

Grande parte do tempo que Amundsen passou no gelo depois de começar sua jornada pela Baía de Baffin e seguir para o Estreito de Lancaster foi passada perto do local da morte do grupo de Franklin na Ilha do Rei Guilherme. Para Amundsen, porém, essa não era uma cena de desespero, mas um trabalho científico eficiente. Mais uma vez, ele tinha sido obrigado a disfarçar suas ambições exploratórias sob o véu da ciência a fim de conseguir patrocínio e passar a maior parte de dois anos no canal fazendo observações magnéticas. Ele confirmou que o Polo Magnético Norte de fato se movia com o tempo, garantindo que

Ao contrário de Franklin, seu herói da junventude, Amundsen não pereceu na Passagem Noroeste, mas a conquistou.

CRONOLOGIA
Louise Arner Boyd *(1887-1972)*
1928 Patrocina e voa em uma missão sobre o Ártico para tentar resgatar Amundsen.
1931-38 Lidera expedições científicas para a Groenlândia e o Oceano Ártico partindo da Noruega.
1941 Trabalha para o governo norte-americano estudando a maneira como os sinais de rádio são afetados pelas regiões magnéticas polares.
1955 Torna-se a primeira mulher a voar sobre o Polo Norte.

Ironicamente, Amundsen perderia a vida em uma expedição que não tinha nenhum objetivo de exploração.

sua expedição fosse saudada como um sucesso, antes de se apressar pelas águas geladas para completar o resto da Passagem. Na saída do canal norte, o navio ficou preso no gelo por mais um inverno e, em vez de esperar que o inverno acabasse para divulgar as notícias, Amundsen simplesmente percorreu de trenó os 800 quilômetros até o ponto de telégrafo mais próximo no Alasca para anunciar seu feito! No entanto, com o Polo Sul e a Passagem Noroeste sob seu cinturão, Amundsen ainda não conseguiu deixar de lado o sonho de sua principal paixão: o Polo Norte. Mesmo que não pudesse mais ser o primeiro, ele ainda estava determinado a chegar lá. Consequentemente, assim que a Primeira Guerra Mundial terminou, ele liderou uma nova expedição para tentar chegar ao Polo Norte preso no gelo, ao "estilo de Nansen", a bordo do seu navio projetado para esse propósito, o *Maud*. Nessa ocasião seu objetivo principal continuou teimosamente fora de alcance, mas, mesmo assim, Amundsen completou a travessia da Passagem Nordeste ao redor da Rússia entre 1918 e 1920, outra marca na lista de verificação de todos os aventureiros polares.

Ainda desesperado para chegar ao Polo Norte e, apesar de tudo que tinha realizado, provavelmente em seu ponto mais baixo, Amundsen depois encontrou o parceiro que o ajudaria a concretizar seu objetivo. Lincoln Ellsworth patrocinou uma tentativa de chegar ao Polo por avião, em 1925, e voou com Amundsen. A tentativa fracassou, mas no ano seguinte, os dois homens retornaram e tiveram sucesso em um dirigível pilotado pelo italiano Umberto Nobile. Embora Amundsen não percebesse na época, sua expedição tinha sido a primeira de chegar ao Polo Norte com certeza (ver Capítulo 7). Durante essa jornada, eles também tinham cruzado todo o campo de gelo ártico, da Europa ao Alasca. Ironicamente, tendo conquistado a Passagem Noroeste, a Passagem Nordeste, o Polo Norte e o Polo Sul sem se ferir, Amundsen perderia sua vida no gelo em uma missão que não tinha nenhum objetivo de exploração. Umberto Nobile tinha voltado ao Ártico em seu dirigível em 1928 e havia caído. Mesmo que Nobile tivesse sido o membro da equipe da expedição de 1926 com Amundsen e Ellsworth ao Polo Norte que causara mais atrito e com quem Amundsen pessoalmente não se dera bem, o norueguês insistiu em participar do grupo de resgate que tentou ir em seu auxílio. O avião em que Amundsen estava, em junho de 1928, desapareceu algumas horas depois de iniciar a busca, levando um dos maiores exploradores de todos os tempos. Para aumentar a ironia, Nobile reapareceu no fim do mês, depois de ter sido resgatado por um navio russo.

A busca por Amundsen começou em vão. Entre os resgatadores estava uma norte-americana chamada Louise Arner Boyd. Ela voou em uma missão patrocinada por sim mesma, cobrindo milhares de quilômetros de território ártico, na desesperada esperança de encontrar o norueguês. Com o tempo, Louise viria a se tornar uma famosa aventureira no Ártico. Ela liderou expedições científicas à Groenlândia na década de 1930 e, depois, ao Oceano Ártico partindo da Noruega. Realizou estudos magnéticos polares durante a Segunda Guerra Mundial para o governo norte-americano e, em 1955, tornou-se a primeira mulher a voar sobre o Polo Norte. Na época, ela tinha 68 anos.

Amundsen, que estava com 50 e poucos anos quando morreu, teria entendido o desejo que levou Boyd a continuar a ir para as regiões polares mesmo com idade avançada, pois o norueguês era mais ambicioso do que a maioria. Na verdade, foi essa mesma ambição que o levou a realizar tantos feitos e, acima de tudo, a primeira conquista do Polo Sul.

ACIMA: *Louise Arner Boyd, aviadora norte-americana que liderou a busca infrutífera por Amundsen no Ártico. Boyd se tornaria uma exploradora polar bem-sucedida por mérito próprio.*

Capítulo 9

UMA PRAIA MAIS DISTANTE:
Cruzar a Australásia

A descoberta da Oceania, em especial da Austrália e da Nova Zelândia, está comumente associada com as grandes viagens do Capitão Cook (ver Capítulo 10) nas décadas de 1760 e 1770. Na verdade, os comerciantes e exploradores holandeses tinham visitado muitas áreas na Australásia 150 anos antes, mas começaram a perder o interesse pela região no século XVII.

Mesmo assim, outros exploradores navegaram nas águas da Australásia muito antes de Cook. Um exemplo é o inglês William Cecil Dampier. Ele passou grande parte de sua carreira inicial no mar como um pirata. Durante os anos de 1686 e 1691, ele passou muito tempo na Ásia e no Pacífico, finalmente indo para a enorme massa de terra que se tornou conhecida como Austrália. A marinha inglesa estava tão interessada em suas experiências na região que mais tarde desculparam suas ações como pirata e lhe pediram que liderasse uma expedição oficial até lá. Entre 1698 e 1699, ele realizou essa missão em um navio de má qualidade, inadequado para uma viagem tão longa. Mesmo assim, ele conseguiu explorar um trecho do litoral oeste da Austrália e também descobrir a "New Britain" perto da Nova Guiné, antes de seu navio naufragar perto da Ilha de Ascensão.

Mesmo em 1760, Cook não estava sozinho na Oceania. Na verdade, os franceses, na pessoa do circunavegador Louis Antonie de Bougainville também estiveram lá antes do capitão inglês. Entre 1766 e 1769, ele visitou muitas ilhas no Pacífico Sul e, depois, encontrou a Grande Barreira de Coral, na costa leste da Austrália. Porém, o risco que essa grande característica geográfica oferecia de naufrágio persuadiu o francês a se afastar antes de atingir a Austrália.

No entanto, foram as viagens de Cook e o posterior estabelecimento de uma colônia britânica em Nova Gales do Sul que provocaram mais uma onda de atividade exploratória na região, que continuou a partir de onde os holandeses tinham parado mais de um século antes. Inicialmente, a maioria das investi-

CRUZAR A AUSTRALÁSIA 203

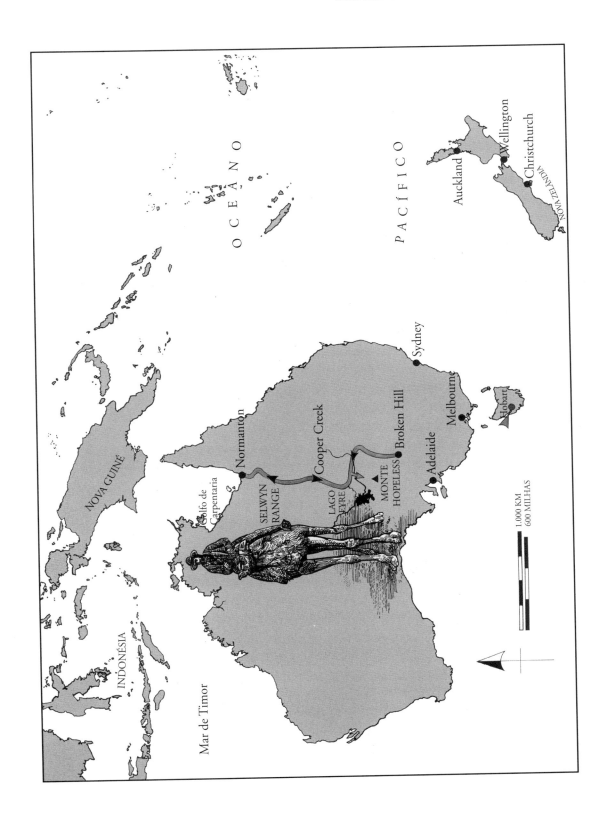

gações continuou a ser baseada na água, mas logo a escala da terra a ser aberta, em especial na Austrália, foi tentadora demais para que os exploradores ansiosos por fazer um nome a ignorassem.

A corrida tinha o objetivo de revelar o continente. Como sempre, vidas seriam perdidas e heróis seriam criados antes de os segredos da região finalmente serem submetidos ao mundo.

Abel Janszoon Tasman *(c.1603-1659)*

O primeiro europeu a pisar na Austrália e, assim, levar a consciência de sua existência ao mundo mais amplo, foi Willem Janszoon. Em 1606, enquanto comerciava e explorava as ilhas da Ásia, o holandês chegou à extremidade norte do continente na área do Golfo de Carpentaria. Nas décadas seguintes, outros comerciantes holandeses tocaram periodicamente partes das costas norte, oeste e possivelmente sul da Austrália, mas grande parte dessa nova terra continuou inexplorada. Foi apenas em 1642 que um dos primeiros grandes exploradores da Australásia, Abel Tasman, chegou à região. Ironicamente, ele não desceu ao continente australiano durante sua primeira e mais famosa viagem de descoberta, mas provou o limite da extensão sul da nova terra e fez diversas descobertas importantes nos mares circundantes.

Como no caso de muitos de seus compatriotas que tinham estado nas redondezas nas décadas anteriores, o principal papel de Tasman era comercial. Ele trabalhava para a poderosa Companhia Holandesa das Índias Orientais, que tinha estabelecido uma base importante na Batávia (atual Jacarta), na Indonésia. Seu governador-geral visionário, Antony Van Diemen, estava ansioso para expandir a influência comercial da companhia na região, buscando e descobrindo novas terras e mercados. Tasman era uma importante parte do plano do governador para atingir essa meta.

Antes de sua famosa expedição de 1642, Van Diemen já tinha enviado Tasman em uma missão rumo ao desconhecido. O explorador havia sido capitão de um dos dois navios enviados para a região do Japão em junho de 1639, sob o comando geral de um homem chamado Matthijs Quast. O objetivo deles era encontrar novas fontes de ouro e prata que se supunham ser facilmente disponíveis em algumas ilhas que se pensavam estar localizadas a leste do Japão. Apesar de extensas investigações, cobrindo uma área significativa em sua região alvo, eles ficariam desapontados, embora aumentassem o conhecimento holandês e o mapeamento de algumas ilhas das Filipinas no caminho.

CRONOLOGIA

Willem Janszoon
*(c. final do século XVI-
-início do século XVII)*

1605-6 Enquanto explora a área da Nova Guiné, chega à Península do Cabo York, no norte da Austrália.

1618 Provavelmente chega de novo à Austrália, dessa vez na costa oeste.

ACIMA: *Os Doze Apóstolos, pilares de calcário ao longo da costa sul de Victoria, Austrália, cruzando o Estreito de Bass que separa o continente da Tasmânia.*

O interesse de Van Diemen agora se voltou para o sul. Dessa vez, Tasman seria o líder da expedição que daria fama ao holandês. Van Diemen estava ansioso para saber se um grande continente não descoberto ao sul, que há tempos era alvo de rumores e poderia talvez se tornar base para uma nova rota comercial pela América do Sul e de volta à Europa, existia em latitudes baixas raramente visitadas pelos marinheiros.

Ou então, se o continente de Nova Hollandia, mais tarde, renomeado de Austrália, conforme encontrado por comerciantes holandeses, poderia se estender continuamente para o sul ou, se não fosse assim, oferecer uma nova passagem circundando seu litoral sul até o Chile. Consequentemente, Tasman foi instruído a navegar a uma latitude abaixo de 50 graus sul e encontrar o continente sul ou provar que ele não existia e, então, continuar até a América Latina.

Tasman deixou a Batávia em agosto de 1642 com dois navios, o *Zeehaen* e o *Heemskerck*, a caminho de sua primeira parada nas Ilhas Maurício. Dali, ele viajaria para o sul até a linha de latitude combinada e, depois, navegaria para o leste. Depois de mais de um mês nas Ilhas Maurício, fazendo reparos e completando os suprimen-

CRONOLOGIA

Abel Janszoon Tasman
(c.1603-1659)

1639 É capitão de um navio em uma missão infrutífera sob o comando geral de Matthijs Quast tentando buscar ilhas ricas em metais preciosos a leste do Japão.

1642-43 Realiza uma viagem importante de descoberta pela Oceania. Descobre a Tasmânia, Nova Zelândia, algumas ilhas de Tonga e as Ilhas Fiji.

1644 Navega ao longo do lado sul da Nova Guiné, mapeia o Golfo de Carpentaria, e depois viaja pelo litoral norte e grande parte do oeste da Austrália, provando que eles fazem parte de uma massa de terra contínua.

tos, Tasman foi para o sul em outubro, como instruído. Ele logo descobriu, porém, que era extremamente difícil navegar em latitudes tão baixas como as que lhe tinham sido indicadas, então navegou para o leste ao longo de um linha próxima aos 40 graus. Foi essa decisão, em novembro de 1642, que resultou no que talvez tenha sido sua mais famosa descoberta. Ele encontrou uma massa de terra a que deu o nome de Terra de Van Diemen, em honra a seu governador, na costa do que hoje se sabe ser a ponta sul da Austrália. Com o tempo, a ilha (embora Tasman não soubesse disso) acabaria sendo renomeada como Tasmânia, em homenagem a seu descobridor. Inicialmente, com dificuldades de encontrar um ponto seguro de ancoragem, Tasman acabou ancorando na Tasmânia no início de dezembro e a reivindicou em nome dos holandeses.

O explorador então continuou para o leste na mesma latitude e, em 13 de dezembro de 1642, descobriu a Nova Zelândia. Embora fosse outra importante descoberta para Tasman, ela não seria feliz. Tendo ido para a Ilha Sul e além do Cabo Farewell até o Estreito de Cook, que separa as duas ilhas principais da Nova Zelândia, ele finalmente ancorou em águas mais abrigadas. Alguns de seus homens logo se envolveram em um encontro hostil com nativos Maoris, e três deles morreram. Tristemente, Tasman deu o nome de "Baía dos Assassinos" ao lugar. Além disso, ele confundiu o Estreito de Cook com uma baía, concluindo portanto que ele não seria um atalho entre as duas ilhas para o Pacífico e para a América do Sul. Ele deu meia-volta e deixou rapidamente a cena de seu infortúnio, indo para o norte e, depois de se afastar da Nova Zelândia, para o nordeste.

Em janeiro de 1643, Tasman chegou a diversas ilhas de Tonga. Dali, ele decidiu ir para o noroeste e, logo depois, descobriu as Ilhas Fiji. Um pouco confuso quanto a sua posição exata, o explorador continuou a ir para o noroeste na esperança de encontrar águas mais familiares. Finalmente, ele chegou à conhecida costa norte da Nova Guiné e, dali, retornou à Batávia, chegando em junho de 1643.

Infelizmente, a viagem não foi considerada especialmente bem-sucedida pela Companhia Holandesa das Índias Orientais. Tasman havia concluído uma jornada pioneira de descobertas sem rival na Oceania, provou que havia uma passagem por mar embaixo da Nova Hollandia e esboçou o início de uma rota para a América do Sul por esse curso. No entanto, ele não tinha feito a travessia por mar até o Chile para provar essa passagem e, em todas as outras chegadas a terra, ele havia encontrado pouca evidência de metais preciosos e não destacou a possibilidade de parcerias comerciais úteis com algumas das novas ilhas. Afinal de contas, a Companhia Holandesa das Índias Orientais era um negócio e, embora descobertas fossem algo muito bom, elas não eram um fim em si mesmas.

No entanto, Tasman continuou a ser considerado o suficiente para ser enviado em outra missão exploratória em 1644. Isso o colocaria em contato com o continente australiano, mas o resultado da viagem não seria tão revolucionário como o de sua incursão entre 1642 e 1643. Partindo da Batávia em fevereiro de 1644, ele confirmou que a massa de terra da "Nova Hollandia" continuava desde o Cabo York, a ponta norte da Austrália, até uma grande porção do litoral oeste da Austrália. Antes disso, ele havia navegado perto das costas do sul da Nova Guiné, achando que o Estreito de Torres, a extensão de água entre essa terra e a Austrália, fosse uma baía. Portanto, ele não revelou o lado leste da Austrália, mas em vez disso voltou-se para o sul e, depois, para o oeste, para mapear o Golfo de Carpentaria. Dali ele continuou sua jornada para o oeste ao longo do litoral da "Nova Hollandia" antes de retornar à Batávia.

> *Quando o interesse holandês na Australásia desapareceu, suas terras foram deixadas para serem reivindicadas pelas outras potências europeias.*

Mais uma vez, as descobertas de Tasman não foram muito bem recebidas, pois os três navios, o *Zeemeuw*, o *Bracq* e o *Limmen*, não alcançaram os objetivos da rota de comércio para o leste de sua companhia nem descobrira ouro e prata. O interesse holandês na Australásia desapareceu, e suas terras foram deixadas para serem reivindicadas pelas outras potências europeias.

Mesmo com toda a falta de interesse da Companhia Holandesa das Índias Orientais nessas descobertas geográficas, a Oceania estava finalmente começando a ocupar seu lugar no mapa global. E isso é algo que o mundo tem a agradecer a Abel Tasman.

Matthew Flinders *(1774-1814)*

Com a exceção de incursões ocasionais como as de William Dampier, pouca exploração foi ativamente realizada para revelar os mistérios remanescentes da Australásia por mais de um século. Só depois da chegada de homens como de Bougainville e Cook nas décadas de 1760 e 1770 muitas das lacunas da região começaram a ser preenchidas. No entanto, mesmo perto da virada do século XIX, ainda havia incertezas a respeito de algumas regiões do litoral australiano, e muito dele permanecia inexplorado em detalhes. Surgiu então Matthew Flinders, primeiro circunavegador do continente da Austrália.

ACIMA: *Vista aérea do grande e curvilíneo Rio Nohman do Golfo de Carpentaria, Austrália.*

Matthew Flinders foi o primeiro a circunavegar a Austrália tendo isso como seu objetivo.

É verdade que Tasman tinha indiretamente rodeado o continente australiano em uma ampla passada durante sua expedição de 1642 e 1643 da Indonésia para as Ilhas Maurício; para Tasmânia; para Nova Zelândia; para Tonga; para Fiji e de volta para a Indonésia. Porém, ele tinha perdido o continente australiano de vista durante toda a jornada e, provavelmente, ele nem percebeu a extensão do que estava fazendo, e foram os exploradores do século XVIII que começaram a apreciar a magnitude do continente. Flinders, portanto, foi o primeiro a circunavegar a Austrália tendo isso como seu objetivo específico, mapeando o litoral e revelando trechos inexplorados.

A cena da fama de Flinders não podia estar mais distante de seu ponto de partida na vida. Ele nasceu a meio mundo de distância, perto de Boston, Lincolnshire, na Inglaterra, e era filho de um médico. Esperava-se que Matthew seguisse a linhagem familiar em uma carreira médica, mas desde o início de sua adolescência, inspirado pela história de Robinson Crusoé, seu coração queria aventuras. Assim, em 1789, ele subiu a seu primeiro navio

ACIMA: *Um dos muitos perigos naturais da Austrália encontrados pelos exploradores, o enorme crocodilo de água salgada.*

em Kent e começou a aprender o ofício. Dentro de dois anos, ele estava trabalhando para o famoso Capitão William Bligh em uma viagem enorme e bem-sucedida ao Taiti, coletando fruta-pão para ser transportada e vendida nas Índias Ocidentais. Bligh tinha tentado uma realização similar de 1787 a 1789 quando sua tripulação no *Bounty* se amotinara, deixando-o a vagar em um pequeno bote salva-vidas no Oceano Pacífico. Surpreendentemente, o capitão tinha conseguido navegar nesse bote por mais de 4.800 quilômetros de mar aberto até sua salvação. Ao retornar à Inglaterra em 1790, ele desejava pouco mais do que conseguir realizar sua missão original. Um ano depois ele conseguiu seu desejo. Flinders causou uma boa impressão em Blight, e foi ali que suas habilidades de navegação e capacidades de mapeamento foram inicialmente reconhecidas. Foi também uma jornada que o colocou em contato com uma porção do litoral australiano pela primeira vez.

Flinders reencontrou George Bass, e os dois fizeram várias descobertas importantes.

Ao retornar em 1793, Flinders engajou-se na ação contra os franceses por algum tempo, mais uma vez se distinguindo. Porém, apesar da agitação da guerra, o inglês partiu para uma aventura mais distante e, em 1795, ele retornou à Austrália a bordo do *Reliance*. Enquanto navegava para o sul, Flinders reencontrou um médico

CRONOLOGIA

George Bass
(1771-c.1803)

1795 Chega a Sydney no mesmo navio que Flinders.

1795-96 Com Flinders, realiza explorações iniciais ao sul de Sydney no pequeno barco de Bass, o *Tom Thumb*.

1797-98 Bass e Flinders mapeiam 480 quilômetros de novo litoral enquanto exploram quase até o local em que hoje fica Melbourne. Bass suspeita, por observações da maré, que existe de fato um canal de água entre o continente e a Tasmânia.

1798-99 Descobre o Estreito de Bass com Flinders, confirmando sua hipótese anterior, e continua até circunavegar a ilha da Tasmânia.

1803 Desaparece em uma viagem comercial no Oceano Pacífico.

de Lincolnshire que havia encontrado em sua juventude, George Bass. Juntos, os dois homens fariam várias descobertas importantes. A aliança deles também seria a perfeita parceria de treinamento para viagens ainda mais significativas realizadas depois apenas por Flinders.

Ao chegar à Austrália, Bass e Flinders, junto com o empregado de Bass, William Martin, partiram para explorar o litoral imediatamente ao sul de Sydney. Bass tinha levado um pequeno barco, o *Tom Thumb*, para a tarefa. Ele mal era adequado para as águas que encontraram, mas mesmo assim suas explorações iniciais foram produtivas e eles observaram terras próprias para assentamentos futuros. Uma segunda viagem descobriu Port Hacking. No entanto, percebendo que o barco não comportava suas ambições, eles adquiriram um baleeiro maior. Em 1797, eles contornaram o Cabo Howe, a ponta sudeste da Austrália e viajaram até perto do local onde atualmente fica Melbourne. Mais de 480 quilômetros de litoral anteriormente desconhecido foram mapeados. A partir de observações das marés, Bass também começou a suspeitar que a Tasmânia (na época ainda chamada de Terra de Van Diemen) fosse na verdade uma ilha e não estivesse ligada ao continente australiano como se supunha anteriormente.

Essa suspeita resultou na mais importante expedição de Bass e Flinders até então, entre 1798 e 1799. Eles decidiram provar que havia um canal entre a Tasmânia e o continente australiano e foram bem-sucedidos. O estreito entre as duas massas de terra agora tem o nome de Bass. O barco deles, o *Norfolk*, circunavegou e mapeou a Tasmânia. O trabalho deles resultou diretamente na fundação de uma colônia ali, em 1803, onde é agora a capital da ilha, Hobart.

Em 1800, depois de também terem levado o *Norfolk* para o litoral de Queensland, em busca de rios navegáveis, Flinders retornou à Grã-Bretanha. Esse retorno marcou o fim de sua produtiva parceria com Bass. Na verdade, três anos depois, Bass tinha desaparecido completamente da face da terra, depois de ter se envolvido no transporte de uma carga comercial cruzando o Pacífico. Talvez seu navio tenha naufragado, ou talvez tenha sido capturado e Bass tenha sido sequestrado pelos espanhóis, mas de qualquer maneira, ele simplesmente nunca mais foi visto. Enquanto

ACIMA: *Olhar sobre o Estreito de Bass na direção da Tasmânia, a partir da Ilha Philip, Austrália.*

Bass estava lutando por sua vida, porém, Flinders estava de volta à Austrália, completando sua missão exploratória mais importante.

Ao chegar de volta à Grã-Bretanha, Flinders tinha esboçado um plano que envolvia seu retorno ao continente para Sir Joseph Banks, o botânico famoso, explorador e influente presidente da Royal Society. Flinders propôs completar a primeira circunavegação da Austrália, com o objetivo específico de fornecer um mapa detalhado e confiável de seu litoral. Banks apoiou a ideia e usou sua influência para garantir a Flinders o comando do *Investigator* em 1801. Flinders aproveitou a oportunidade para liderar sua própria expedição, mesmo estando noivo e se casando pouco depois teve de deixar sua esposa à espera na Inglaterra. O navio partiu em julho de 1801 com o futuro explorador do Ártico, John Franklin (ver Capítulo 6) entre os tripulantes.

No final do ano, Flinders estava na ponta sudoeste da Austrália em Cabo Leeuwin e sua pesquisa começou com o mapeamento da costa sul da Austrália. Entre suas descobertas anteriores estava o Golfo de Saint Vincent perto de Adelaide e a Ilha Kangaroo. Ele também encontrou uma expedição francesa na "Encounter Bay", liderada por Nicolas Baudin, que estava tentando completar uma tarefa similar à de Flinders. Em maio, o *Investigator* tinha chegado a Sydney onde foi necessá-

CRONOLOGIA

Matthew Flinders (1774-1814)

1791-93 Navega com o Capitão Bligh em uma missão para levar carga do Taiti para as Índias Ocidentais. Encontra a Austrália pela primeira vez durante essa viagem.

1795 Chega de volta à Austrália a bordo do *Reliance*, tendo no caminho se reunido com George Bass, que se tornaria seu parceiro nas primeiras missões de exploração.

1795-96 Bass e Flinders exploram a costa e os rios ao sul de Sydney, descobrindo também Port Hacking.

1797-98 Juntos, Bass e Flinders navegam de Sydney, quase até onde fica hoje a cidade de Melbourne.

1798-99 Bass e Flinders provam que a Tasmânia é uma ilha e a circunavegam.

1801-3 Flinders completa a primeira circunavegação da Austrália, produzindo mapas de todo o seu litoral cuja qualidade não foi superada durante décadas.

rio realizar reparos no navio antes de continuar para o norte. Porém, os esforços para consertar o navio foram em vão. Embora ele ainda pudesse flutuar, o *Investigator* estava tão danificado que Flinders foi obrigado a desistir de sua pesquisa detalhada depois de mapear o Golfo de Carpentaria no norte da Austrália e, em vez disso, simplesmente se concentrar em completar a circunavegação o mais rápido possível. Pelo menos, ele conseguiu isso e, em junho de 1803, estava de volta a Sydney. Embora não tenha conseguido mapear todo o continente até o nível de detalhe que gostaria, ele havia preenchido a maioria das lacunas que restava e completado mapas de alta qualidade de grande parte do litoral australiano.

No entanto, logo depois de seu maior triunfo, Flinders estava em seu ponto mais baixo. Depois de uma tentativa fracassada de navegar de volta para Sydney, ele contratou um pequeno navio chamado *Cumberland* para a viagem de volta à Inglaterra em 1803. Havia tantos problemas com a escuna que Flinders foi obrigado a ancorar na ilha francesa Maurício a caminho de casa. Infelizmente, a guerra tinha irrompido entre a Inglaterra e a França. Flinders foi posteriormente aprisionado lá sob acusações de espionagem por quase sete anos. Embora ele acabasse sendo libertado, as privações que Flinders suportou o afetaram e ele nunca mais recuperou totalmente a saúde. Dentro de alguns anos, ele estava morto.

O legado de Flinders seria composto por seus mapas excelentes do litoral da Austrália, que não foram superados durante muitas décadas depois de sua morte. Além disso, ele deixou para trás um registro da primeira circunavegação da Austrália, *A Voyage to Terra Australis*. Na verdade, acima de tudo, foi o uso da palavra "Austrália" dentro do trabalho de Flinders quando ele descrevia todo o continente e sua promoção anterior do termo, que posteriormente levou à adoção da palavra como entendemos hoje. Matthew Flinders tinha rodeado, mapeado e nomeado a Austrália.

Robert O'Hara Burke *(1820-1861)* e William John Wills *(1834-1861)*

Com o litoral da Austrália totalmente mapeado, o próximo objetivo para os exploradores do grande continente seria começar a entender algo da geografia de seu interior. Até esse ponto, as cidades e vilarejos tinham se restringido à costa ou a comunidades interiores próximas ao litoral, mas além das colônias havia uma vasta massa de terra para investigar e mapear. A atração era irresistível para alguns empreendedores e aventureiros e logo a busca pelo conhecimento estava em andamento.

Um dos primeiros objetivos era entender o que havia além da grande cadeia das Blue Mountains, que separava a costa leste da Austrália de seu interior. Depois que vários outros tinham falhado, Gregory Blaxland, William Lawson e William Wentworth finalmente abriram um caminho através dessas montanhas em 1813. Uma nova porção do interior da Austrália foi consequentemente aberta para pastagens e colonização.

Outros então foram ainda mais longe. O capitão Sturt liderou diversas expedições nas décadas de 1820 e 1830 na vã esperança de encontrar um mar interno. Ele descobriu os rios Darling e Murray e cruzou o interior de Sydney até perto de Adelaide. Hamilton Hume, que explorou o Rio Darling com Sturt em 1828, havia anteriormente aberto um caminho similar para o interior com William Hovell, entre 1824 e 1825 para onde viria a ser Melbourne. Enquanto Hume logo se afastou da exploração, Sturt continuou a investigar. Em 1844, ele partiu na direção norte de Adelaide e chegou a cerca de 320 quilômetros do centro do continente.

CRONOLOGIA

Charles Sturt *(1795-1869)*

1828 Junto com Hamilton Hume, mapeia o Rio Macquarie e em seguida descobre o Rio Darling.

1829-30 Cruza o interior australiano de Sydney até perto do local em que hoje fica Adelaide e descobre o Rio Murray.

1838 Repete sua viagem anterior de Sydney até Adelaide, também provando que o rio anteriormente chamado de Hume era simplesmente parte do Murray.

1844-45 Realiza uma expedição pioneira para o norte do interior da Austrália a partir de Adelaide. Chega a 320 quilômetros do centro do continente.

Outras áreas da Austrália também eram uma tentação para os exploradores. Edward John Eyre se tornou o primeiro aventureiro a cruzar o oeste da Austrália entre 1840 e 1841. Ele suportou incríveis dificuldades, escassez de água e o assassinato de um homem de sua equipe durante a imensa travessia de Adelaide a Albany. Antes disso, ele também tinha tentado chegar ao centro da Austrália, sem sucesso. Enquanto isso, um prussiano, Friedrich Wilhelm Ludwig Leichhardt, estava explorando Queensland e o Território Norte. Entre 1844 e 1845, ele viajou por terra de Brisbane para Port Essington, perto de Darwin. Depois, ele liderou duas tentativas fracassadas

CRONOLOGIA

Edward John Eyre
(1815-1901)

1839 Tenta chegar à Austrália Central partindo de Adelaide, mas foi obrigado a retornar no Monte Hopeless.

1840-41 Lidera a primeira travessia conhecida por terra do oeste da Austrália, de Adelaide a Albany.

CRONOLOGIA

Friedrich Wilhelm Ludwig Leichhardt
(1813-c.1848)

1844-45 Lidera uma expedição saindo de perto de Brisbane, Queensland até Port Essington, perto de Darwin.

1846-47 Lidera uma tentativa cancelada de cruzar a Austrália saindo de perto de Brisbane até Perth.

1848 Tenta cruzar a Austrália de leste para oeste, mas desaparece sem deixar sinal.

de cruzar a Austrália da área de Brisbane para Perth de 1846 a 1847 e em 1848. Na última tentativa, seu grupo desapareceu completamente, um desaparecimento que nunca foi resolvido.

Na verdade, o objetivo definitivo para qualquer explorador australiano por terra tinha de ser a travessia de todo o interior. Ao contrário de Leichhardt, porém, a maioria tentou atravessar dos assentamentos no sul para o litoral norte. Além das vantagens exploratórias associadas com alcançar um objetivo como esse e das oportunidades comerciais que isso abriria para os especuladores de terra, também surgiu uma razão muito prática para realizar uma expedição desse tipo. No final da década de 1850, a Austrália precisava de uma ligação por telégrafo com o resto do mundo. Teria de ser encontrada uma rota por terra da costa norte, de onde a linha vinda da Índia seria construída, até as colônias no sul. De fato, haveria tantos benefícios numa ligação dessas que os governos coloniais competiam uns com os outros para conseguir esse status. Um meio pelo qual eles buscavam fazer isso era incentivar exploradores a completar a travessia do continente a pé mediante um prêmio financeiro. Em 1859, por exemplo, o governo da Austrália do Sul ofereceu £2.000 para o primeiro homem a conseguir esse objetivo. Para não ser ultrapassado, o parlamento de Victoria equipou prodigamente sua própria expedição, a um gasto ainda maior. O homem indicado para ser seu líder foi Robert O'Hara Burke.

O irlandês, que se mudou para a Austrália em 1853, não era necessariamente uma escolha óbvia para o controle da missão. Ele não tinha experiência no terreno, não era conhecido por ser um grande líder de homens e, até então, tivera uma carreira relativamente sem distinções. Ele havia passado por constantes mudanças, começando sua carreira na cavalaria austríaca, um lugar muito improvável e, depois, retornando à Irlanda para se juntar à força policial. Ao chegar à Tasmânia e, depois, a Melbourne, ele continuou no trabalho policial até que a Guerra da Crimeia irrompeu na Europa. Nesse ponto, Burke deixou a Austrália, planejando entrar para o exército britânico. Depois de fracassar nisso, ele voltou para Victoria, continuando com o trabalho de investigação policial até que surgiu a ideia de uma expedição por terra. Ele agarrou a oportunidade que lhe foi apresentada. Era uma escolha improvável de indicação que supostamente teve um grande papel no fato de Burke perder sua própria vida e a de alguns de seus homens.

No entanto, Burke estava determinado em ser o primeiro a cruzar o interior australiano, para sua própria glória e para o povo de Victoria. Em particular, ele queria superar o desafio da expedição rival da Austrália do Sul, que estava sendo liderada por John McDouall Stuart (ver a seguir). A urgência que isso gerou também contribuiria para a morte de Burke, pois ele se apressou insensatamente a completar sua missão em meio ao intenso calor do verão australiano. Isso também fez com que sua expedição se dividisse conforme sua caminhada se desgastava, a fim de que um grupo avançado, com provisões insuficientes, pudesse se apressar à frente prevendo que seriam alcançados pelos que carregavam os suprimentos. Mas isso não aconteceu.

Porém, quando o grupo de Burke partiu de Melbourne em 21 de agosto de 1860, essa era uma expedição otimista. Eles não podiam estar mais bem equipados. Tinham comida para dois anos, camelos e cavalos mais do que suficientes para carregá-los e um grupo de 15 homens. Quando alcançaram seu primeiro grande ponto de verificação em Menindee, em Nova Gales do Sul, em outubro, no entanto, o grupo já estava desordenado. Entre outras brigas, Burke tinha se desentendido com George Landells, que posteriormente deixou a expedição. Em seu lugar, o topógrafo da missão, William John Wills, foi promovido para ser o braço direito de Burke.

CRONOLOGIA

Robert O'Hara Burke
(1820-1861)

1853 Emigra para a Austrália, primeiro para a Tasmânia e, depois, para Melbourne, Victoria. Exceto por um breve retorno à Europa durante a Guerra da Crimeia, ele trabalha na Austrália como investigador de polícia, continuando a linha de trabalho que começara na Irlanda.

1860-61 Lidera a expedição do governo de Victoria para vencer a corrida de cruzar todo o continente australiano. A expedição de Burke é bem-sucedida, atravessando o interior desde Melbourne até o Golfo de Carpentaria, mas o líder, seu assistente e outro homem morrem na jornada de volta.

Burke estava determinado a ser o primeiro a cruzar o interior, para sua própria glória e para o povo de Victoria.

ACIMA: *Vista dos cânions de Blue Mountain a partir do mirante de Govetts Leap, Nova Gales do Sul, a cordilheira cruzada pela primeira vez pelo Capitão Charles Sturt.*

Wills também era um imigrante australiano relativamente recente, tendo chegado da Inglaterra em 1853. Ele tinha posteriormente aprendido astronomia, meteorologia e topografia, trabalhando para o Observatório de Melbourne desde 1858. Foram essas habilidades que levaram Wills a ser empregado pela expedição, mas no entanto ele diligentemente passou ao papel de vice-líder.

Impacientes com o progresso da missão, Burke, Wills e outros seis homens se separaram como um grupo avançado. Eles iriam rapidamente até Cooper Creek, mais ou menos no ponto médio de sua travessia continental, e esperariam o resto dos suprimentos em uma data posterior. Essa foi outra decisão fatal.

ACIMA: *Escultura de Matthew Flinders, navegador e explorador. A estátua fica em Melbourne, Austrália.*

Os oito homens chegaram a Cooper Creek em novembro. O guia que tinham usado para levá-los a esse ponto, William Wright, foi então enviado de volta a Menindee para trazer o restante da expedição. No entanto, ele se atrasou no acampamento base e não partiu de Menindee até o final de janeiro de 1861. Nesse momento, Burke já tinha tomado outra decisão fatídica. Cansado de esperar e preocupado em perder a corrida para Stuart, ele dividiu o grupo novamente em dezembro. Burke, Wills, John King e Charles Gray seguiriam o mais depressa possível para a costa norte. Os demais, liderados por William Brahe, esperariam em Cooper Creek pelo retorno deles e pela chegada do grupo com os suprimentos.

CRONOLOGIA

William John Wills
(1834-1861)

1853 Emigra da Inglaterra para a Austrália com o irmão.

1858 Começa a trabalhar para o Observatório de Melbourne.

1860-61 Junta-se à expedição de Burke cruzando a Austrália, inicialmente como astrônomo, meteorologista e topógrafo. Mais tarde é promovido a segundo em comando e está com Burke quando conseguem chegar ao norte da Austrália. Como Burke, ele também morre de fome na jornada de volta.

Os quatro homens tinham conseguido chegar ao Golfo de Carpentaria no início de fevereiro.

Os quatro homens chegaram ao Golfo de Carpentaria no início de fevereiro. Eles haviam conseguido. Eram os primeiros a cruzar o interior da Austrália. Eles não podiam descer ao mar por causa dos pântanos intransponíveis perto da costa norte, mas haviam chegado ao delta do Rio Flinders e avistado a influência das marés oceânicas. Mas a que custo eles atingiram o objetivo? Os homens já estavam fracos por causa das rações limitadas, eles não haviam levado provisões suficientes para completar a viagem de ida e volta sem enfrentar a fome. O tempo havia mudado. As pesadas chuvas traziam água fresca, mas também diminuíam crucialmente o progresso. Conforme enfraqueciam na jornada de volta, acabaram tendo de comer seus camelos e cavalos, o que contribuiu ainda mais para os atrasos que se mostraram fatais.

Gray morreu de disenteria em 17 de abril. Depois de parar para enterrar o corpo e descansar, outra perda de tempo crucial, os três homens famintos se arrastaram de volta a Cooper Creek alguns dias depois. Considerando-os mortos e determinado a descobrir o que havia acontecido aos suprimentos previstos do grupo de Wright, Brahe tinha partido literalmente apenas algumas horas antes. Ele havia enterrado algumas provisões e deixado uma carta para o caso de Burke retornar, mas isso não seria o suficiente para sustentar o grupo por muito tempo.

Em vez de tentar alcançar Brahe, Burke tentou chegar a um posto policial a cerca de 240 quilômetros de distância no Monte Hopeless. Foi outra decisão infeliz. Em seu estado enfraquecido, os homens tinham dificuldade até em seguir a direção correta, tanto mais chegar ao destino. Depois de semanas vagando perdidos, sobrevivendo apenas porque alguns aborígenes amigáveis os alimentaram por algum tempo, eles tiveram de retroceder, ainda mais fracos, a Cooper Creek. Ainda pior, nesse intervalo Brahe tinha encontrado com Wright em sua jornada para o norte e retornado a Cooper Creek com suprimentos para o caso de Burke ter finalmente voltado. No entanto, Burke não tinha deixado nenhum sinal óbvio

CRUZAR A AUSTRALÁSIA

ACIMA: *Robert O'Hara Burke e William John Wills partem de Royal Park em Melbourne para começar sua travessia no continente australiano, 21 de agosto de 1860.*

de que estivera lá antes de sair pelo deserto, e Brahe concluiu que os homens ainda não tinham voltado enquanto ele estivera fora. Eles se desencontraram novamente, e Brahe não tinha deixado nenhum novo suprimento em Cooper Creek porque achou que Burke e Wills estavam mortos.

Dentro de poucas semanas, eles teriam morrido. Wills morreu primeiro e, depois, Burke morreu em junho de 1861. Só King sobreviveu e, ao encontrar alguns aborígenes amigáveis que novamente o alimentaram, conseguiu se sustentar até que outro grupo de resgate finalmente o encontrou em setembro. Os corpos de Burke e Wills foram levados de volta a Melbourne junto com as notícias de sua realização. Mas ninguém celebrou.

> *A viagem de retorno foi uma cadeia de desastres, e Wills e Burke morreriam na volta para casa.*

ACIMA: *Alfred Howitt e membros de seu grupo recuperam o corpo de Robert Burke, que morreu na viagem de retorno depois de cruzar o continente australiano do sul para o norte. O corpo foi reenterrado em Melbourne.*

John McDouall Stuart *(1815-1866)*

Um colega de John McDouall Stuart certa vez o descreveu como "o rei dos exploradores australianos". No entanto, de muitas maneiras, ele também é o explorador esquecido. Mesmo em sua época, ele retornou para a Grã-Bretanha em relativa pobreza depois de muitos sucessos de exploração na Austrália, e morreu quase despercebido. Seu funeral, acompanhado por poucas pessoas, foi um contraste árido com as multidões que ladearam as ruas de Melbourne para homenagear Burke e Wills. Provavelmente, isso foi devido ao clamor que rodeou a morte de Burke e Wills e ao fato de esses dois homens terem conseguido cruzar o continente primeiro, de modo que as realizações de Stuart acabaram sendo subestimadas. Há uma injustiça nesse fato, pois Stuart liderou várias expedições que revelaram grandes partes do interior da Austrália e foi o primeiro a liderar um grupo na travessia do continente e retornar com todo o grupo vivo. De fato, nas cinco grandes expedições que liderou, John McDouall Stuart nunca perdeu um homem.

As últimas três expedições de Stuart foram tentativas explícitas de cruzar o continente australiano do sul ao norte. Antes disso, porém, ele suportou duas décadas das condições de treinamento mais difíceis que o ajudaram muito em suas incursões posteriores. Ao chegar à Austrália em 1839, vindo da Escócia, seu país natal, ele começou a trabalhar como topógrafo nos terrenos ao redor de Adelaide. Esse trabalho colocou-o em contato com Charles Sturt que também estava envolvido em um trabalho similar na região nessa época. Foi essa associação que levou à indicação de Stuart na tentativa de Sturt entre 1844 e 1845 de chegar ao centro da Austrália. Stuart seria o segundo em comando antes do fim da missão, depois da morte do assistente original James Poole. Embora o grupo fosse obrigado a retornar apenas algumas centenas de quilômetros antes de seu alvo, eles tinham visto muito território anteriormente não mapeado, e a experiência seria útil para Stuart no futuro.

Ao retornar da expedição, Stuart continuou a construir sua experiência ao ar livre como um topógrafo particular das terras na Austrália do Sul. Só em 1858 é que ele realizaria sua próxima grande missão exploratória. Ela demorou quatro meses, nos quais Stuart perambulou pela Austrália do Sul e enfrentou grandes dificuldades, mas encontrou faixas de terra com potencial para novas pastagens. Uma expedição mais ambiciosa no primeiro semestre de 1859 levou o grupo de Stuart mais para o norte, quase na fronteira do território da Austrália do Sul, enquanto o escocês buscava explorar ainda mais profundamente o interior do continente.

No final do ano, o interesse das colônias tinha mudado para a realização da travessia do continente do sul para o norte. Stuart estava mais interessado do que a maioria. Antes de Burke e Wills terem começado a estruturar seu próprio desafio, Stuart já tinha obtido a aprovação do governo da Austrália do Sul e estava a caminho em novembro de 1859. Ele começou com seis outros homens no grupo, mas Stuart teve de deixar que os homens voltassem depois que as rações começaram a escassear. Apenas William Kekwick permaneceu. Depois de os suprimentos serem reabastecidos, um novo membro, Benjamin Head,

CRONOLOGIA

John McDouall Stuart
(1815-1866)

1844-45 Acompanha Charles Sturt em sua missão para tentar chegar ao centro da Austrália e acaba sendo promovido a segundo em comando.

1858-59 Lidera mais duas missões exploratórias na Austrália do Sul.

1859-60 Tenta cruzar a Austrália do sul ao norte. Descobre o ponto central do continente, mas acaba sendo impedido logo depois de Tennant Creek.

1861 Tenta novamente atravessar o continente. Consegue algum progresso adicional, mas dessa vez tem de retornar logo após Newcastle Waters.

1861-63 Finalmente, tem sucesso em cruzar a Austrália do sul para o norte e, depois, retorna novamente a Adelaide com todo seu grupo intacto.

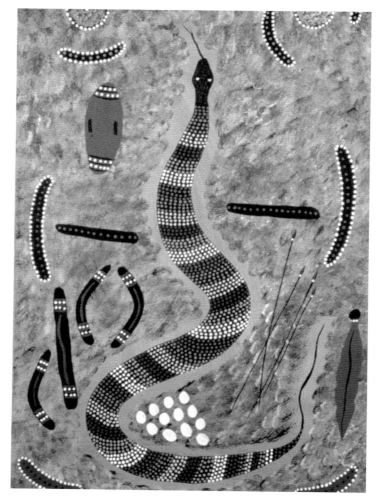

ACIMA: *Arte dos aborígenes australianos. Algumas pinturas aborígenes datam de 30.000 a.C.*

também se juntou ao grupo em Chambers Creek. Os três homens partiram novamente para o norte e, apesar das condições difíceis e dos problemas com rações, logo exploraram novas áreas. Por volta do final de abril de 1860, Stuart finalmente atingiu o objetivo tão buscado do centro da Austrália. Ele deu a uma montanha próxima o nome de Charles Sturt, mas mais tarde ela foi renomeada em honra de seu descobridor: Central Mount Stuart.

Depois de ultrapassar o ponto médio, os três homens continuaram em busca de seu objetivo definitivo. Mais "novas" terras foram conquistadas conforme eles iam para o norte, além de Tennant Creek, até que finalmente foram obrigados a retroceder por terreno hostil, doença e falta de comida. Voltando sobre seus passos, eles atingiram Chambers Creek de novo em agosto de 1860 e dali retornaram a Adelaide. Eles tinham se saído extremamente bem e conseguir passar pelo centro do continente tinha sido um bônus extra, mas ainda assim não tinham resolvido o problema da travessia sul-norte. Para piorar, agora havia concorrência a Stuart representada por Burke e Wills. Ele teria de tentar novamente.

Com um pouco de persuasão, o governo da Austrália do Sul apoiou a nova missão que partiu em janeiro de 1860. Dessa vez, Stuart também tinha uma pequena escolta armada para ajudar a protegê-lo dos ataques aborígenes que tinham atrapalhado sua missão anterior. Era uma expedição relativamente grande, com nove homens, quarenta cavalos e uma carga que incluía suprimentos para seis meses. Dentro de três meses, eles haviam alcançado o recorde norte anterior de Stuart, mas agora enfrentavam o mesmo problema de tentar conquistar o terreno quase impossível que havia obrigado Stuart a voltar na expedição anterior. Depois de várias tentativas fracassadas, o grupo de Stuart acabou conseguindo progredir na direção norte até o local que hoje é conhecido como Newcastle Waters. Eles estavam novamente em território não mapeado e, mais uma vez, o terreno era tão difícil de atravessar que impediu o progresso da missão. Tentativa após tentativa, Stuart abriu rotas atravessando ou contornando o terreno hostil, mas sem sucesso. Além disso, os suprimentos estavam começando a escassear, e eles estavam sendo atacados novamente por aborígenes. Eles teriam de retornar mais uma vez, derrotados. Ao chegar, Stuart logo soube do desaparecimento do grupo avançado da expedição concorrente de Burke e Will. Ele não sabia, mas os homens mortos já tinham conseguido superá-lo, cruzando o continente, mesmo que não houvessem retornado. Apesar da rivalidade, Stuart ainda sentiu-se suficientemente tocado para se oferecer para procurar os homens desaparecidos, embora outras expedições de busca já em andamento tornassem isso desnecessário.

O interesse das colônias tinha mudado para a realização da travessia do continente do sul para o norte.

Assim, com o objetivo da travessia do sul até o norte ainda não alcançado, pelo menos que Stuart soubesse, e sem ajuda necessária na busca de Burke e Wills, ele decidiu que a única coisa que poderia fazer era dar meia-volta e se dirigir de novo para o norte para terminar o trabalho que tinha começado. Depois de literalmente algumas semanas de descanso e preparação, Stuart reuniu ainda mais homens e cavalos, apesar de ter muito menos apoio do governo dessa vez, e estava a caminho novamente em outubro de 1861. Em abril de 1862, Stuart chegou a sua posição mais ao norte novamente, encontrando aborígenes hostis além de terreno difícil. Dessa vez, porém, ele não seria derrotado. Foram necessárias várias outras tentativas malogradas antes de ele finalmente encontrar um caminho à frente, e o grupo começar a abrir novas rotas. Depois disso, eles continuaram por

Os suprimentos estavam escasseando, e eles estavam sendo atacados por aborígenes hostis, era hora de voltar para casa.

ACIMA: *Uluru (Ayers Rock) na Austrália Central, o maior e mais famoso monólito do planeta.*

mais terrenos difíceis e condições desfavoráveis até finalmente chegar à costa norte, em julho de 1862.

O objetivo de Stuart agora era retornar em segurança e alcançar algo que Burke e Wills não tinham conseguido. Embora ele conhecesse a rota, o grupo tinha rações limitadas, e Stuart estava em condições muito ruins, enfrentando o escorbuto e também a fome. Ele teve de ser carregado parte do caminho de volta e, em várias ocasiões, o grupo temeu que Stuart pudesse ter o mesmo destino de Burke e Wills. Mas ele se recuperou, o resto do grupo também perseverou, e juntos eles retornaram a Adelaide em triunfo em janeiro de 1863.

Stuart não tinha apenas conseguido ir um passo além de Burke e Wills, como sua rota de travessia da Austrália também se mostrou mais prática para a instalação da linha de telégrafo da Índia, cruzando o continente de Darwin até o sul. Dentro de uma década, a linha de telégrafo tinha sido construída e seu caminho praticamente espelhava os passos dos exploradores, o mesmo acontecendo com a Rodovia Stuart de Adelaide até Darwing atualmente.

A instalação da linha de telégrafo e de suas estações depois da travessia de Stuart pelo centro do continente também abriu a possibilidade de explorações detalhadas em muitas partes da Austrália Ocidental pela primeira vez. Embora Edward Eyre tenha atravessado a região entre 1840 e 1841, ele foi forçado a permanecer perto da costa sul. John Forrest, que depois foi o primeiro Primeiro Ministro da Austrália Ocidental, repetiu esse feito na direção oposta em 1870, mas então ele queria cruzar a Austrália Ocidental passando por seu centro. Ele conseguiu fazer isso em 1874, partindo de Geraldton e finalmente atingindo a estação de telégrafo terrestre em Peaks em setembro desse ano. Porém, ele já havia sido ultrapassado na corrida para se tornar o primeiro a encontrar uma rota pelo deserto. Ernest Giles e William Gosse, que foi o primeiro europeu a ver Uluru, já tinham tentado e fracassado, mas um grupo liderado por Peter Warburton e John Lewis teve mais sorte. Eles partiram de Alice Springs em 1873 e, mesmo que Warburton já estivesse com 60 anos de idade, conseguiram chegar a Roebourne, no litoral.

Nessa época, porém, o homem cujas realizações tinham aberto o caminho para a linha do telégrafo e também para os exploradores que o seguiram já estava sendo deixado de lado. O episódio de Burke e Wills sempre iria chamar a atenção dos historiadores mais do que as explorações de Stuart e, nessa época, o escocês já não estava vivo para lembrar suas realizações às pessoas. Na verdade, ele nunca havia recuperado a saúde, prejudicada durante suas expedições. Em 1864, ele retornou à Grã-Bretanha para convalescer e teve de sobreviver com uma pensão insuficiente do governo da Austrália do Sul. Embora a Royal Geographical Society o tenha apoiado, concedendo-lhe duas medalhas ainda em vida e fazendo lobby em seu nome para que recebesse mais renda, isso acabou sendo inútil, e Stuart morreu em junho de 1866. Grandes áreas do interior da Austrália finalmente estavam mapeadas, mas, como Burke e Wills, o explorador responsável por colocá-las no mapa acabou pagando um alto preço.

Capítulo 10

AO REDOR DO MUNDO:
Os Circunavegadores

Cristóvão Colombo (ver Capítulo 4) sabia que o mundo era redondo. Muito antes dele, os antigos gregos tinham chegado à mesma conclusão, com base em várias observações, uma das quais era o fato de que as pontas das velas eram a primeira parte de um barco a serem vistas quando o navio aparecia no horizonte. Isso só aconteceria, raciocinaram eles, se a Terra fosse de fato redonda e não um plana.

No entanto, no início do século XVI, ninguém tinha conseguido navegar ao redor de todo o mundo. Enquanto isso continuasse, então, por mais que as pessoas cultas insistissem que o mundo era de fato uma esfera, e não um quadrado ou um disco nem um cilindro, persistia o medo, em especial entre os marinheiros, de que se alguém navegasse longe demais, acabaria caindo no fim do mundo.

Então, talvez fosse inevitável que mais cedo ou mais tarde alguém superasse essa vertigem e fosse corajoso o bastante para explicitamente se propor a "circunavegar" ou viajar ao redor do mundo. O aventureiro que fizesse isso teria por direito um lugar na história como tendo completado um dos maiores feitos de exploração de todos os tempos. No entanto, essa não era uma tarefa fácil nem mesmo para o mais determinado dos capitães. Três quartos da superfície do mundo estão cobertos por água, mas a terra, em especial as Américas, continuava ficando no caminho das tentativas de circunavegação. Qualquer explorador que quisesse atingir esse objetivo teria de ser inteligente o suficiente para encontrar primeiro um modo de rodear o Novo Mundo.

Porém, quando isso foi finalmente conseguido durante o século XVI, o fascínio dos viajantes com o conceito da circunavegação não terminou. Na verdade, navegar ao redor do mundo continuou a atrair os aventureiros e seu público como um objetivo com valor por si mesmo. E mesmo que ele finalmente tenha sido navegado, uma boa parte de sua superfície ainda continuava sem ser descoberta. E é por isso que mesmo no século XIX, "circunavegadores"

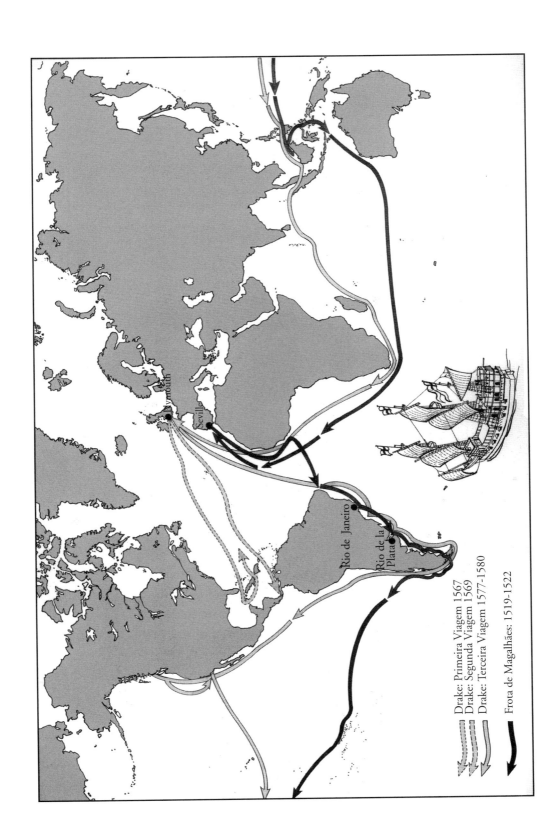

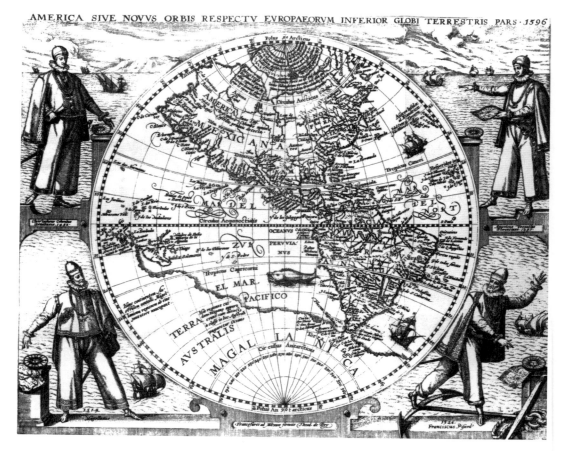

ACIMA: *Mapa das Américas com retratos de Cristóvão Colombo, Américo Vespúcio, Fernão de Magalhães e Francisco Pizarro, de Theodor de Bry, dos Estados Unidos.*

podiam continuar a estimular o interesse público desde que encontrassem algo novo ou fizessem algo ainda não feito por ninguém enquanto circundavam o mundo. Na verdade, alguns circunavegadores descobriram tanto durante suas viagens globais que seus feitos não poderiam ser registrados sob nenhuma outra categoria. James Cook, por exemplo, está neste capítulo por esse motivo. Sim, ele fez a circunavegação, mas ironicamente essa não foi sua maior realização. Ele simplesmente viu e descobriu tanto durante suas viagens globais que não poderia receber plena justiça em nenhuma outra seção. De certo modo, porém, até mesmo Cook estava sobre ombros de gigantes. Pois houve um tempo antes de suas amplas realizações que o próprio conceito de circunavegação era um objetivo de valor por si mesmo.

O que, convenientemente, traz a história de volta ao início do século XVI e aos primeiros a percorrerem o mundo.

Fernão de Magalhães *(c.1480-1521)*

O primeiro homem a receber o crédito por liderar uma expedição que navegou ao redor do mundo, na verdade, não chegou a completar a viagem. Ele morreu muito antes de a missão ser terminada. O mesmo aconteceu com a maioria de sua tripulação original de mais de 200 homens. No entanto, três anos depois da frota ter partido, um navio dos cinco que partiram da Espanha em 1519 se arrastou de volta com um grupo de 18 homens, depois de dar a volta ao mundo. Assim, apesar das perdas, dos naufrágios e da ausência do líder, surgiu a lenda da grande viagem de circunavegação de Fernão de Magalhães.

Os 36 meses que o grupo passou no mar trouxeram uma história intrigante de descoberta, desespero, motim e sucesso em uma escala que talvez só combinasse com uma viagem tão pioneira. Problemas sem fim e todo um oceano desconhecido trouxeram drama e descontentamento em igual medida. No entanto, a privação foi a salvação dos poucos homens de sorte que, finalmente, voltaram para casa em setembro de 1522, assegurando seu lugar entre os grandes na história da exploração.

Até mesmo a preparação para a viagem teve controvérsias ao seu redor. Fernão de Magalhães era, na verdade, um cidadão de Portugal. O jovem Fernão passou grande parte do início de sua carreira servindo na marinha portuguesa na Índia e no Extremo Oriente, então já estava familiarizado com a rota conhecida da Europa para a Ásia ao redor da base da África. Alguns já tinham especulado sobre a possibilidade de alcançar essas terras, em especial as Molucas, ou "Ilhas de Especiarias", por uma rota alternativa. Embora uma passagem ao redor das Américas ainda não tivesse sido encontrada, especulava-se que a Ásia logo estaria ao alcance de seu descobridor, se realmente existisse. Dali, a circunavegação seria completada através das águas conhecidas do Extremo Oriente e da África. Especular era uma coisa, mas poucos teriam coragem suficiente para tentar ativamente essa travessia.

Mesmo assim, Fernão de Magalhães estava entusiasmado. Infelizmente, seu rei, Dom Manuel, não estava. Na verdade, ele não gostava nada de Magalhães a ponto de fazer com que o marinheiro renunciasse a sua cidadania portuguesa e levasse seus planos para os arquirrivais de Portugal, os espanhóis.

O rei Carlos I da Espanha estava muito mais interessado nas ideias de Magalhães. Além da possibilidade de uma rota mais curta para a Ásia, a descoberta de novas terras e a glória certa associada com o patrocínio da primeira circunavegação do globo, havia uma atração política a mais nessa viagem. Portugal e Espanha concordaram em respeitar um tratado papal anterior de que o primeiro tinha direito às novas terras descobertas a leste de uma linha imaginária que passava a 370 léguas a oeste das Ilhas de Cabo Verde. O último tinha direitos às terras a oeste dessa linha.

Mas, se o mundo fosse circunavegado, mais cedo ou mais tarde esses dois domínios se encontrariam. Pela mesma lógica, se a Espanha chegasse à Ásia, em particular às

Ilhas de Especiarias, navegando para o oeste a partir da Europa, então poderia começar a reivindicar sua riqueza de Portugal ou de outros países. Assim, o antigo marinheiro português passou a usar uma versão espanhola de seu nome e recebeu ordens para preparar uma frota para navegar ao redor do mundo.

Portugal ficou horrorizado com essa suposta traição. O país se esforçou para impedir a missão por meio de tentativas secretas para sabotar os suprimentos da frota. Muitos tripulantes espanhóis experientes que acompanhariam os navios estavam pouco impressionados. Infelizes com a perspectiva de serem liderados por um português, eles fizeram planos para assassinar Magalhães no mar antes mesmo de partirem. O cheiro de motim já estava no ar.

Mesmo assim, os cinco navios de Magalhães — o *San Antonio*, o *Concepcion*, o *Santiago*, o *Trinidad* e o *Victoria* — partiram da Espanha em 20 de setembro de 1519. Eles atravessaram o Atlântico nos três meses seguintes e chegaram ao Rio de Janeiro, onde descansaram e carregaram mais suprimentos. O plano de Magalhães era seguir para o sul e investigar todas as aberturas possíveis que pudessem ser uma passagem para o "Mar do Sul" de Balboa (ver o Capítulo 4). Pelo que sabiam, não existia nenhuma abertura. De fato, muitos especulavam que o continente sul-americano simplesmente continuava até o Polo Sul. Mesmo que não fosse assim, todos os canais podiam se mostrar praticamente não navegáveis, como seria o caso da Passagem Noroeste ao redor da América do Norte.

Magalhães apressou-se para o sul, conforme seus planos. As aberturas foram investigadas, mas decepcionaram continuamente como baías ou rios. O outono chegou, e muitos tripulantes queriam aportar para passar o inverno enquanto o grupo ainda estava em climas relativamente temperados. No entanto, conforme Magalhães pressionava para seguirem, as temperaturas caíam e o tempo era mais hostil, houve uma nova ameaça de motim. Na época em que Magalhães finalmente admitiu a derrota diante dos elementos naquela estação, e eles aportaram para passar o inverno, eles estavam sob o clima mais difícil do sul da Argentina. Alguns dos homens não conseguiam aguentar mais e, por fim, a subversão ameaçada irrompeu em hostilidade aberta conforme a tripulação amotinada e seus oficiais exigiam a retirada. No entanto, Magalhães não pretendia se render a isso. Em uma ousada exibição de bravata, ele venceu os rebeldes, controlando três dos cinco navios, e executou seus três chefes. Dois outros foram, mais tarde, abandonados nos acampamentos de inverno como punição.

Conforme o inverno chegava ao fim, o *Santiago* deixou o grupo principal para explorar adiante, mas acabou encalhando. A tripulação foi salva, mas o navio foi perdido.

A primavera chegou, e os quatro navios restantes continuaram para o sul em busca de uma passagem. Muitos ainda persistiam em tentar persuadir Magalhães a voltar para casa ou, pelo menos, em mudar de direção e navegar ao redor da ponta sul conhecida da África, mas o líder decidiu continuar.

Outra abertura potencial foi encontrada no final de outubro de 1520, e dois navios foram enviados para investigar. Porém, uma feroz tempestade se abateu sobre eles. Os navios desapareceram enquanto todos os tripulantes lutavam contra os elementos, e Magalhães temeu que eles também estivessem perdidos. Porém, alguns dias depois que a tempestade se acalmou, os dois navios retornaram triunfantes. A partir de suas sondagens, das observações das marés e da água salgada na passagem, eles puderam confirmar que ela quase certamente fornecia um caminho para o "Mar do Sul". Eles estavam certos: tinham descoberto o que seria conhecido pelas gerações futuras como o Estreito de Magalhães, uma rota ao redor da ponta austral da América do Sul.

Eram boas notícias, mas a sorte de Magalhães não melhorou. Conforme navegavam pela passagem, mais uma vez eles tiveram de lutar constantemente contra os elementos para não encalhar.

Além do mais, o *San Antonio* aproveitou a confusão causada pelas condições climáticas para desertar. O navio carregava uma quantidade desproporcional de suprimentos, o que significava que a tripulação ficaria ainda pior durante o próximo e mais desafiador trecho de sua viagem. Apesar de tudo, porém, os três navios remanescentes passaram pelo estreito no final de novembro e, finalmente, chegaram a águas muito mais calmas do outro lado. Consequentemente, Magalhães rebatizou o "Mar do Sul" de Balboa como o

CRONOLOGIA

Fernão de Magalhães
(c.1480-1521)

setembro de 1519 Magalhães deixa a Espanha com cinco navios em uma tentativa de encontrar uma rota marinha ao redor da ponta da América do Sul e circunavegar o mundo.

abril-agosto de 1520 Passa o inverno em Puerto San Julian, no sul da Argentina, onde Magalhães é obrigado a sufocar um motim e executar os três chefes.

outubro de 1520 Avista e entra no Estreito de Magalhães. Vence as águas tempestuosas e a deserção e navega ao redor da ponta da América do Sul.

março de 1521 Chega a Guam depois de cruzar o Pacífico, suportando dificuldades terríveis e a morte de alguns de seus homens por fome, durante a travessia.

abril de 1521 Magalhães é morto durante um encontro hostil nas Filipinas.

setembro de 1522 Juan Sebastian Del Cano retorna à Espanha no único navio sobrevivente, o *Victoria*, apenas com 17 homens, depois de completar a primeira circunavegação.

> *Os homens começavam a morrer: os sobreviventes estavam reduzidos a comer qualquer coisa que parecesse vagamente comestível, de vermes a couro e a serragem.*

"Pacífico", um nome pelo qual o maior oceano do mundo continuaria a ser conhecido.

No entanto, Magalhães não avaliou bem o tamanho desse corpo de água. Ele estabeleceu um curso para noroeste e previu que chegariam às Ilhas de Especiarias dentro de poucos dias. No entanto, descontando uma curta parada em uma minúscula ilha no Pacífico, seriam quase 100 dias antes de encontrarem terra novamente, um tempo para o qual os suprimentos dos navios, especialmente depois da deserção do *San Antonio*, não estavam equipados. Muitos homens começaram a morrer. Os que sobreviveram estavam reduzidos a se alimentar de qualquer coisa que parecesse vagamente comestível, de vermes a couro e a serragem.

Incrivelmente, porém, todos os três navios fizeram a travessia e, em março, eles aportaram no que hoje conhecemos como a Ilha de Guam. Encontrando alguma resistência, eles pararam apenas o suficiente para repor seus suprimentos, mas pelo menos agora tinham comida e água suficientes para sobreviver à viagem de volta. Alguns dias depois, eles chegaram a uma das ilhas das Filipinas e ficaram extasiados com a abundância de comida e com as terras férteis. A tentação de se demorar era grande demais, e eles cederam a ela, mas essa foi uma decisão que custaria a vida de Magalhães.

O grupo passou várias semanas indo de ilha para ilha dentro do arquipélago das Filipinas, aproveitando de sua abundância e desfrutando da hospitalidade de nativos amigáveis. Na verdade, o propósito de Magalhães ali não era apenas hedonista, mas também espiritual, pois ele queria converter os habitantes das ilhas ao cristianismo. Em sua maioria, os locais eram receptivos a suas aberturas e acolheram a nova religião. No entanto, também havia algum desacordo, e a maneira superconfiante como Magalhães confrontou essa oposição resultaria em sua queda.

> *A maneira superconfiante como Magalhães confrontou a oposição resultaria em sua queda.*

O líder do povo da pequena ilha de Mactan, que viria a ser conhecida como Lapu Lapu, recusou-se terminantemente a ceder às demandas de Magalhães. Magalhães decidiu lhe dar uma lição e confrontou o filipino e seu grande grupo de apoiadores com uma pequena tropa de soldados espanhóis. Os europeus tinham dificuldade em se mover com a pesada armadura ao entrar em batalha nas águas rasas de Mactan. Embora a luta demorasse algum tempo, eles acabaram sendo vencidos. Magalhães foi alvejado, dominado e morto, uma visão que fez com que os homens de seu pequeno exército fugissem para seus navios. Isso aconteceu em 27 de abril de 1521. O homem a quem a

ACIMA: *Réplica do navio de Magalhães, o Trinidad, nas Filipinas.*

história creditaria a liderança da primeira circunavegação do mundo tinha morrido na metade do caminho.

Um dos homens que apoiaram o motim, Juan Sebastian Del Cano, agora assumiu o controle dos homens e navios restantes. Simplesmente não havia tripulantes suficientes para manejar os três navios e, assim, o *Concepcion* foi abandonado. O resto do grupo acabou chegando às Ilhas de Especiarias, depois do que decidiram voltar para casa em direções opostas para aumentar as chances de um dos navios evitar a captura pelos portugueses ou sucumbir aos mares. O *Trinidad* não conseguiu voltar, mas o *Victoria*, que tinha decidido voltar pela África, teve sucesso. Mesmo assim, o navio estava em um estado tão ruim depois da longa viagem de volta e com suprimentos tão baixos que precisou aportar nas Ilhas de Cabo Verde no caminho de volta. Lá, os portugueses capturaram alguns tripulantes, de modo que apenas 18 homens, inclusive Del Cano, finalmente retornaram à Espanha, mal conseguindo manter o *Victoria* flutuando, em setembro de 1522.

Apenas esses poucos sobreviventes tinham circunavegado o mundo. Felizmente, o escritor Antonio Francesca Pigafetta, que mantinha um diário secreto da viagem, também estava entre eles. Seus escritos formaram a base do conhecimento das gerações posteriores sobre a viagem, um dos maiores feitos e a mais dramática das histórias nas crônicas das explorações.

Sir Francis Drake *(c.1540-1596)*

Se os espanhóis podiam circunavegar o mundo, então os ingleses tinham certeza de que seus homens do mar também estariam à altura dessa tarefa. Na verdade, na década de 1570, a rainha Elizabeth I da Inglaterra estava ficando cada vez mais frustrada e com inveja da supremacia espanhola no Novo Mundo. Junto com os portugueses no Brasil, sem mencionar a África e a Ásia, as duas nações do sul da Europa estavam dominando o fluxo do comércio global para a Europa, dirigindo para si mesmos todos os tesouros extras que vinham da propriedade de colônias remotas. Era hora de fazer algo a respeito disso. Assim, em 1577, Sir Francis Drake foi enviado em sua própria tentativa de circunavegação.

A missão foi rodeada de segredos. Afinal de contas, Drake teria de navegar por águas portuguesas e espanholas potencialmente hostis. Ainda mais confidencial foi o verdadeiro objetivo oculto da expedição: saquear navios e assentamentos espanhóis para levar os tesouros para a Inglaterra. Essas ações eram arriscadas, especialmente se fossem consideradas como endossadas pela rainha e não como as ações isoladas de um pirata renegado. Isso poderia facilmente provocar uma guerra entre a Inglaterra e a Espanha. Mas havia um mundo a ser conquistado com muitas riquezas em jogo, e Drake e Elizabeth estavam preparados para apostar.

Assim, 165 homens deixaram a Inglaterra em dezembro de 1577 a bordo de cinco navios: *Pelican*, *Swan*, *Christopher*, *Marigold* e *Elizabeth*. A natureza clandestina da missão era tal que muitos dos homens a bordo só souberam do destino pretendido quando já estavam a caminho. Passando pela costa da África e pelas Ilhas de Cabo Verde, Drake atingiu o continente sul-americano no Brasil, em abril de 1578. Ele estabeleceu um curso para o sul a fim de rodear a ponta do continente como Magalhães havia feito meio século antes.

Porém, a viagem já estava repleta de dificuldades e problemas, do mesmo modo que acontecera com Magalhães. Uma das primeiras decisões que Drake teve de tomar ao chegar à América do Sul foi abandonar dois de seus navios que já estavam tendo dificuldades para navegar. Assim, ele continuou a navegar para o sul apenas com o *Pelican*, o *Marigold* e o *Elizabeth*. Assim como na viagem de Magalhães, Drake teve de sufocar uma tentativa de motim e a execução do chefe Thomas Doughtt logo pôs um fim à rebelião.

ACIMA: *Entre as viagens de descoberta, Sir Francis Drake gostava de ameaçar os navios de tesouros espanhóis, como nesta ilustração.*

Em um esforço para deixar as complicações iniciais e os maus sentimentos para trás, Drake reiniciou a expedição. Ele buscou incentivar os homens com a causa de seu país e, simbolicamente, renomeou o *Pelican* como o *Golden Hind*. Em agosto de 1578, eles entraram no Estreito de Magalhães. Ao contrário do ocorrido na viagem de Magalhães, a passagem do Estreito foi direta e completada em pouco mais de duas semanas. Os problemas de Drake começaram quando eles entraram no Pacífico. Tempestades sopraram e durante semanas os três navios lutaram para fazer progressos. No final, eles acabaram se separando. O *Marigold* afundou sem sobreviventes. O *Elizabeth* não conseguiu encontrar novamente o *Golden Hind* e acabou desistindo e voltando para casa. Na confusão, Drake acabou suficientemente longe ao sul para provar que a "Terra do Fogo" na ponta austral da América do Sul era, na verdade, uma ilha e não, como muitos suspeitavam, a ponta de um continente ainda não descoberto ao sul, a Terra Australis.

Drake logo percebeu que agora tinha apenas um navio, mas ainda assim continuou sem se perturbar. Ainda assim, sua sorte não melhorou. O primeiro lugar em que Drake foi à terra no lado ocidental da América do Sul levou-o a um conflito imediato com os locais que quase impediram que a expedição continuasse. Mesmo assim, o *Golden Hind* persistiu subindo a costa da América Latina e, finalmente, as recompensas tão desejadas surgiram.

Mesmo que tivesse um único navio e um número limitado de homens, Drake descobriu que podia saquear navios e assentamentos espanhóis ao longo da costa com muita facilidade. Os tesouros, especialmente toneladas de prata, foram arrancados

CRONOLOGIA

Sir Francis Drake
(c.1540-1596)

1572-73 Saqueia a colônia espanhola em Nombre de Dios. Dali cruza o Istmo do Panamá e se torna o primeiro inglês a ver o Oceano Pacífico.

1577-80 Circunavega o mundo, causando estragos nos assentamentos espanhóis na América do Sul e nos navios espanhóis que encontrou pelo caminho. Estabelece que a Terra do Fogo é uma ilha. Possivelmente busca a Passagem Noroeste a partir do Pacífico. Aporta na América do Norte e reivindica "New Albion" para os ingleses.

1587 Destroi grande parte da frota espanhola no porto em Cadiz.

1588 Toma parte na defesa inglesa diante da Invencível Armada espanhola.

1595-96 Drake adoece enquanto está nas Índias Ocidentais, atacando os assentamentos espanhóis, e morre.

das mãos despreparadas dos espanhóis e acumulados a bordo do *Golden Hind*, cada vez mais carregado. Durante quase seis meses, Drake permitiu-se uma orgia de ganhos ilegais antes de fugir a seus perseguidores nas águas da América do Norte.

Nesse ponto é possível que Drake tenha começado a procurar uma Passagem Noroeste a partir do Pacífico. Se esse canal pudesse ser encontrado, teria sido a glória para sua missão, abrindo uma rota comercial inglesa para a Ásia.

É quase certo de que ele tenha chegado tão ao norte quanto a fronteira canadense atual, mas acabou decepcionado. No entanto, ele aportou em algum ponto ao longo do litoral norte-americano, possivelmente na Califórnia, dando às terras circundantes o nome de "New Albion" e tomou posse delas em nome da Inglaterra. Essa seria outra reivindicação de apoio às contínuas declarações da Inglaterra em relação à América do Norte. Na verdade, Drake saiu-se tão bem com os nativos da América do Norte que permaneceu ali por cinco semanas e foi declarado rei.

Porém, o dever chamava o inglês. Estava na hora de levar seus despojos para casa. No final de julho de 1579, ele decidiu ir para o oeste para evitar as tentativas de vingança espanholas, uma rota que tinha a atração adicional de aumentar sua fama ao completar uma circunavegação. Ele cruzou o Pacífico em cerca de dois meses e, depois disso, visitou várias ilhas no sudeste da Ásia, estabelecendo parcerias comerciais potenciais. Em novembro, ele chegou às Molucas e logo estava carregado também com especiarias. No entanto, esse período não transcorreu sem incidentes. Em dezembro, ele ficou encalhado em um recife, mas conseguiu se libertar e fugir apenas com danos mínimos ao *Golden Hind*.

Em março de 1580, Drake tomou uma decisão consciente de continuar a viagem de volta à Inglaterra. Ele rodeou a ponta sul da África em junho e em setembro recebeu uma acolhida de herói quando finalmente retornou à Inglaterra, aportando em Plymouth. A rainha ficou encantada com o sucesso dele. Drake tinha reivindicado novos territórios para a coroa, se igualado aos espanhóis ao circunavegar o mundo e, ainda mais importante, tinha trazido um navio cheio com os te-

OS CIRCUNAVEGADORES

souros "deles". Arriscando-se a provocar ainda mais a ira da Espanha, Elizabeth sagrou cavaleiro o homem que os rivais da Inglaterra consideravam como um mero pirata.

A circunavegação de Drake foi certamente um enorme feito e, como a de Magalhães, outra história de exploração repleta de drama. No entanto, embora tenha sido provavelmente a maior realização do inglês, não foi a única em uma carreira cheia de destaques. Mesmo antes de partir para a circunavegação, ele já fazia parte da história das explorações. Em 1572, ele cruzou o Istmo do Panamá e se tornou o primeiro inglês a ver o Oceano Pacífico. Isso aconteceu pouco depois de ele saquear o assentamento espanhol próximo em Nombre de Dios e, mais uma vez, ele retornou à Inglaterra carregado de despojos. Mais cedo em sua carreira, ele tinha sido um espinho nos flancos espanhóis, durante ataques ao Panamá e às Índias Ocidentais.

Na verdade, a Espanha se ressentia cada vez mais com Drake. Em 1585, ele criou tumulto entre os assentamentos espanhóis nas Índias Ocidentais. Em 1587, em um

> *Drake saiu-se tão bem com os nativos de lá que permaneceu por cinco semanas e foi declarado seu novo rei.*

ACIMA: *A rainha Elizabeth I sagra Sir Francis Drake cavaleiro em seu retorno da circunavegação do mundo, setembro de 1580.*

ACIMA: *Réplica do navio de Drake, o Golden Hind. Atualmente, a réplica está em exibição em uma doca na Ponte de Londres.*

ataque ousado, ele entrou no porto de Cadiz e incendiou uma grande parte da frota espanhola que estava ancorada ali, preparando-se para uma invasão da Inglaterra. Quando o ataque aconteceu um ano depois, sob a forma da Invencível Armada, Drake foi essencial para expulsar os invasores, perseguindo-os até o Canal da Mancha.

Drake continuaria a irritar os espanhóis até o fim de seus dias. Entre 1595 e 1596, ele estava de volta às Índias Ocidentais fazendo tudo para perturbar os assentamentos espanhóis quando caiu doente. Finalmente, em janeiro de 1596, ele sucumbiu à doença, e o homem que tinha dominado o mar ao redor do mundo descansou em suas águas.

James Cook *(1728-1779)*

Seguindo o exemplo de Drake, a circunavegação cada vez mais era vista como algo possível de ser realizado, desde que houvesse determinação suficiente. O inglês Thomas Cavendish rapidamente seguiu as pegadas de Drake com sua própria viagem ao

OS CIRCUNAVEGADORES

À ESQUERDA: *O capitão James Cook, o explorador, navegador e cartógrafo nascido em Yorkshire que terminou o debate quanto à existência do continente australiano desembarcando nele.*

redor do mundo repetindo a viagem de seu compatriota de 1586 a 1588. Drake sem dúvida teria gostado de saber que Cavendish também causou destruição entre os navios espanhóis ao redor da América do Sul. Apenas uma década mais tarde, os holandeses assumiram seu lugar entre os circunavegadores. Sua expedição pioneira foi liderada por Olivier van Noort entre 1598 e 1601. Mesmo ele não resistiu a saquear navios e assentamentos espanhóis enquanto navegava pelo Chile e pelo Peru.

Assim, na década de 1760, mais de um século e meio depois, a circunavegação não era mais um conceito novo. Mesmo assim, James Cook, que começou sua primeira viagem ao redor do mundo, ainda foi considerado um dos maiores circunavegadores de todos os tempos. Não só porque ele circundou o globo — duas vezes —, mas simplesmente por causa dos muitos territórios que visitou e, em diversos casos, descobriu. Na verdade, as realizações dele seriam uma inspiração para gerações de exploradores que vieram depois.

Talvez o que tenha tornado a carreira de Cook ainda mais impressionante é que, em uma era em que nascer rico ou nas classes superiores geralmente era essencial para qualquer tipo de progresso significativo, o capitão inglês começou a vida sem nenhuma vantagem social. Ele era filho de um trabalhador, sendo um de sete irmãos que cresceram em uma aldeia rural de Yorkshire, onde a educação era limitada. Aos 17 anos, ele era aprendiz em uma empresa de navegação em Whitby. Ele conseguiu

Cook, o filho de um trabalhador, começou a vida sem nenhuma vantagem social.

experiência naval na década seguinte, transportando carvão a bordo de navios na costa leste da Inglaterra. Apesar de sua experiência no mar, ele teve de começar de novo de baixo quando entrou para a Marinha aos 27 anos. Cook se dedicou à tarefa com o mesmo espírito determinado que tinha demonstrado ao melhorar sua educação como autodidata durante seu tempo em Whitby. Consequentemente ele progrediu rapidamente na carreira.

Depois de uma primeira viagem à América do Norte, ele logo recebeu um importante trabalho de exploração. Ele tinha uma habilidade natural para essa tarefa, e vários anos de mapeamento na Terra Nova e os mapas subsequentes que ele produziu só continuaram a aumentar a reputação de Cook.

No entanto, ainda foi uma surpresa para muitos quando Cook recebeu a incumbência de liderar a importante expedição *Endeavour* ao Pacífico em 1768. Para o próprio Cook, porém, essa foi a oportunidade de provar que sua fé em sua própria capacidade era fundamentada. Posteriormente, ele se destacou.

A expedição era, pelo menos no nome, de cunho científico. Vênus iria fazer uma passagem diante do sol em junho de 1769 e os britânicos estavam interessados em fazer estudos científicos dessa passagem de diversos locais. O trabalho de Cook era estabelecer um posto de observação na ilha recém-descoberta do Taiti no Pacífico. O *Endeavour*, levando Cook, sua tripulação e uma equipe de cientistas, partiram da Inglaterra em agosto de 1768 para a longa jornada até o outro lado do mundo pela rota da América do Sul. Dentro de três meses, eles tinham chegado ao Brasil e no ano novo haviam circundado a ponta austral da América do Sul. Em abril, eles estavam no Taiti com tempo de sobra para se prepararem para o cruzamento de Vênus. Esse evento, e o posterior mapeamento da costa do Taiti feito por Cook, não viria a ser, porém, o maior destaque da viagem.

Ao deixar a Inglaterra, Cook tinha recebido um envelope com instruções de não abrir até que a tarefa a ser realizada pela expedição no Taiti estivesse concluída. Quando ele finalmente abriu o envelope, descobriu uma missão de retorno realmente empolgante. Ele devia provar ou refutar a existência da grande terra suspeita, mas ainda não descoberta, conhecida como Terra Australis. Cook preparou-se para realizar sua tarefa.

Inicialmente, ele ficaria decepcionado, pois o inverno do sul impediu seu progresso na direção do fundo do mundo de tal modo que ele foi obrigado a retornar para a Nova Zelândia, sem ver nenhum sinal do continente que procurava. Isso resultou, porém, no início da longa associação de Cook com a Australásia. Em primeiro lugar, porém, ele se tornou o primeiro a circunavegar e mapear completamente a Nova Zelândia antes de se mudar para a Austrália. A costa leste do grande continente ainda estava inexplorada e não mapeada, e seria James

A missão de retorno de Cook era comprovar ou negar a existência do lendário continente da Terra Australis.

Cook que a revelaria. Para sua surpresa, e de muitos anos, ele encontrou um litoral luxuriante, fértil e habitável em contraste às costas estéreis conhecidas em outras regiões da Austrália.

Em abril de 1770, eles aportaram na Baía Botany (agora Sydney), chamada assim por causa da riqueza da nova vida selvagem descoberta na área. De fato, Joseph Banks, que se tornaria o famoso presidente da Royal Society, fez sua fama como o botânico pioneiro na equipe de Cook nesses desembarques na Austrália. Logo depois, o grupo descobriu o porto de Sydney, e depois continuou subindo pelo resto da costa leste australiana, navegando a perigosa Grande Barreira de Coral onde, em certo ponto, eles quase naufragaram. Na viagem de volta, Cook confirmou que a Nova Guiné e a Austrália eram realmente massas de terra separadas, navegando pelo já conhecido Estreito de Torres. Uma doença, provavelmente malária, atingiu a tripulação que estava na região em que hoje fica a Indonésia, quando pararam no caminho de volta, em outubro, alguns homens morreram. No entanto, a missão foi considerada um grande sucesso quando Cook finalmente chegou em casa, em julho de 1771, tendo concluída sua primeira circunavegação do mundo depois pela rota do sul da África. Além dos ganhos e descobertas científicas, Cook tinha reivindicado a Nova Zelândia e a costa leste da Austrália para a Inglaterra.

Se alguém tinha duvidado da capacidade de Cook antes de sua primeira viagem, poucos questionariam sua indicação como líder de outra grande expedição apenas um ano depois. Em sua primeira circunavegação, as instruções de Cook tinham ordenado que ele provasse ou refutasse a existência de um suposto continente ao sul em latitudes ainda mais baixas. Ele não tinha conseguido resolver essa questão de modo conclusivo e assim a Royal Society patrocinou outra expedição para isso e Cook foi indicado para ser o líder, ainda que pessoalmente ele duvidasse da existência dessa terra.

Mesmo assim, Cook partiu da Inglaterra a bordo do *Resolution* em julho de 1772, desta vez acompanhado por

CRONOLOGIA

Thomas Cavendish
(1560-1592)

1585 Pilota um navio transportando colonos para a Ilha Roanoke na primeira tentativa de Sir Walter Raleigh para estabelecer um assentamento lá (ver Capítulo 5).

1586-88 Circunavega, seguindo grande parte da rota de Sir Francis Drake e também ataca navios espanhóis.

1591-92 Tenta sem sucesso fazer nova viagem de circunavegação. Morre no mar.

CRONOLOGIA

Olivier van Noort
(1568-c.1621)

1598-1601 Primeiro holandês a fazer circunavegação. Segue uma passagem para o oeste circundando a América do Sul, subindo o litoral do Chile e do Peru, cruzando o Pacífico até as Filipinas e, depois, pela Indonésia e pela África em sua jornada de volta.

ACIMA: *Monumento pilar em Kurnell, no lado sul da Baía Botany, marca o lugar em que o primeiro navio de condenados chegou em 1788. Sydney, Austrália.*

um segundo navio, o *Adventure*, liderado por Tobias Furneaux. A viagem de ida levou-os pela ponta sul da África, de onde continuaram para o sul, em busca de seu objetivo. Em janeiro de 1773, Cook tornou-se o primeiro explorador a cruzar o Círculo Antártico, mas nenhuma terra foi avistada. Ainda pior, ele se separou do *Adventure*, que acabou voltando para casa sem Cook, depois de parar na Nova Zelândia. Em março, Cook foi obrigado a se retirar para a Nova Zelândia, de onde lançaria uma outra tentativa de encontrar a Terra Australis. Fracassando mais uma vez, Cook foi para o Taiti, mapeou algumas das ilhas de Tonga e, depois, quase no final de 1773, fez nova tentativa no sul. Em janeiro de 1774, ele chegou a um recorde ao sul de 71 graus e 10 minutos, mas o gelo o prendeu antes que ele pudesse ver o continente antártico. Cook voltou para o Pacífico em março de 1774.

Ele passou os últimos meses de seu tempo no oceano explorando, mapeando e às vezes descobrindo ilhas no Pacífico, antes de concluir a primeira circunavegação do globo pelo leste, voltando para casa pela América do Sul. No caminho de volta, ele também descobriu e reivindicou a Geórgia do Sul e as Ilhas Sandwich do Sul para a Grã-Bretanha.

O inglês chegou na Inglaterra em julho de 1775, depois de provar que não existia nenhum continente no sul acima das latitudes polares. Mesmo não tendo encontrado evidências disso, Cook concedeu que era possível que houvesse terra mais ao sul, oculta entre faixas de gelo, mas para todos os propósitos, ela seria inútil. Essa opinião acabou com quase toda a especulação sobre a Antártica e, certamente, adiou outras explorações por meio século. Além de terminar "conclusivamente" o debate sobre a Terra Australis, outras características dessa viagem é que, mais uma vez, Cook tinha conseguido afastar o escorbuto (como tinha feito na primeira expedição), por meio de uma dieta que incluía frutas frescas, legumes e carne sempre que possível. A causa da doença ainda era desconhecida, e ela geralmente enfraquecia as tripulações em longas viagens nessa época. Ele também evitou outras doenças por meio de uma rotina estrita de práticas higiênicas e de limpeza. Além disso, a segunda viagem de Cook contava com o revolucionário cronômetro H4, criado por John Harrison, que pela primeira vez fornecia uma leitura precisa e consistente da longitude, cuja falta tinha sido a desgraça na vida dos navegadores.

Apesar das sugestões que recebeu em relação a algum tipo de aposentadoria depois de seus sucessos globais, Cook não podia ficar na terra por muito tempo. O homem que tinha circunavegado pelo oeste, circunavegado pelo leste, circundado a Nova Zelândia, descoberto o leste da Austrália, entrado na Antártica e descoberto inúmeras ilhas no Pacífico e em outros mares agora estava decidido a encontrar a tão buscada Passagem Noroeste. Esse era, afinal de contas, um dos poucos desafios que ainda estavam abertos para ele. Assim, dentro de um ano, com a tecnologia da época a sua disposição, Cook estava nos mares de novo.

CRONOLOGIA

James Cook *(1728-1779)*

1755 Entra para a Marinha. Durante o início de sua carreira, ele passa vários anos pesquisando a costa da Terra Nova, o que aumentou muito sua reputação.

1768-71 A primeira grande expedição liderada por Cook. Ele circunavega, mapeia a Nova Zelândia e se torna o primeiro a explorar a costa leste da Austrália.

1772-75 Segunda circunavegação de Cook, a primeira a ser realizada na direção leste. O explorador se torna o primeiro homem a penetrar no Círculo Antártico, atingindo um recorde ao sul de 71 graus e 10 minutos. Não avista a Antártica, mas continua e descobre a Geórgia do Sul, as ilhas Sandwich do Sul e várias ilhas do Pacífico.

1776-79 Procura a Passagem Noroeste pelo lado do Pacífico. Mapeia boa parte do litoral da América do Norte, mas é impedido de atingir seu objetivo por causa do gelo perto do Estreito de Bering. Retira-se para sua nova descoberta do Havaí, apenas para ser morto depois pelos nativos.

AO REDOR DO MUNDO

À ESQUERDA: *O Capitão Cook é calorosamente recebido pelos nativos das Ilhas Sandwich do Sul, no Atlântico Sul.*

O escorbuto debilitava as tripulações nas longas viagens e sua causa ainda era desconhecida na época.

Mais uma vez, Cook foi o capitão do *Resolution*, acompanhado desta vez pelo *Discovery*, liderado pelo Capitão Charles Clerke. Eles partiram em julho de 1776, viajaram ao redor da África e para a Nova Zelândia. Dali, Cook foi novamente para o Pacífico, descobrindo ainda mais terras, entre elas as ilhas do Havaí, em 1778. Seu próximo alvo foi a costa oeste da América do Norte, que ele mapeou da Califórnia até o Alasca. Ele continuou para o norte, penetrando no Estreito de Bering, mas rapidamente foi impedido pelo gelo. Apesar de tentativas repetidas de encontrar uma passagem ao redor da América do Norte pelo leste, ele não conseguiu progredir e, assim, retornou ao Havaí. Essa foi uma decisão fatídica. Embora inicialmente tenha sido bem recebido pelos nativos, que pensaram que Cook fosse algum tipo de deus, o relacionamento logo ficou tenso. Em fevereiro de 1779, Cook partiu das ilhas, mas depois de alguns dias no mar, tempestades danificaram os navios, e ele foi obrigado a retornar ao Havaí. No entanto, os ingleses e os nativos logo começaram a brigar e, durante o tumulto que irrompeu, Cook foi morto.

James Cook foi um explorador no sentido mais verdadeiro da palavra. Ele nunca se cansava de explorar novos territórios, viajando a terras desconhecidas ou tentando superar os feitos daqueles que viveram antes dele. Com um início de vida sem privilégios, ele chegou à fama por meio de sua própria determinação e da capacidade de se tornar o maior de todos os circunavegadores. No entanto, foi esse mesmo impulso que o fez rejeitar a aposentadoria para poder, mais uma vez, esclarecer uma pergunta sem resposta na exploração. Um homem como ele não conseguia resistir à tentação do desconhecido. A curiosidade acabou matando Cook.

James Cook era um explorador no verdadeiro sentido da palavra, nunca se cansando de investigar novos territórios.

Capítulo 11

MAIS LONGE, MAIS ALTO, MAIS FUNDO:
Extremidades

Alguns exploradores encontraram novos continentes, alguns atravessaram as regiões polares e outros navegaram ao redor do mundo. O que todos esses exploradores tinham em comum é que eles normalmente buscavam descobrir novos territórios ou características geográficas, ou estavam simplesmente procurando uma maneira mais rápida de ir de um lugar a outro.

Mais tarde, porém, surgiu um novo tipo de explorador que sabia o que existia, tinha muita certeza sobre os objetivos que estava buscando e via literalmente o tamanho da tarefa que tinha pela frente. Esses foram os homens e mulheres que buscaram as "extremidades". O topo do mundo, o fundo do mundo, pousar em objetos que não são deste mundo: esses eram os objetivos valorizados pelos novos aventureiros. Eram objetivos muito diferentes dos buscados pelos exploradores dos séculos anteriores, mas não tinham menos valor e, de muitas maneiras, eram ainda mais tentadores.

Os escaladores que tentavam escalar a mais alta montanha do mundo podiam ver o alvo diante deles. Os exploradores espaciais que queriam chegar à Lua sabiam onde ela estava. A distância exata que teria de ser percorrida para chegar ao ponto mais baixo do oceano, e sua localização precisa, já eram conhecidas pelos viajantes submarinos que queriam ser os primeiros a chegar lá. No entanto, esse conhecimento anterior só tornou a tarefa de ser o conquistador desses alvos ainda mais empolgante e frustrante, pois os que aceitavam o desafio chegavam cada vez mais perto, mas acabavam fracassando.

No final, porém, a determinação e a persistência acabariam levando ao sucesso de poucos escolhidos. E assim, os grandes objetivos de exploração do século XX, com picos, depressões marinhas e espaço exterior, também foram atingidos pela lista cada vez menor dos "primeiros famosos".

Aqui estão os vitoriosos, literalmente, nos extremos.

Sir Edmund Hillary *(1919-2008)*

"Não sabíamos se era humanamente possível atingir o topo do Monte Everest", disse Sir Edmund Hillary, lembrando sua admirável escalada ao topo do mundo. No entanto, às 11h30 de 29 de maio de 1953, o neozelandês, junto com seu guia xerpa, Tenzing Norgay, tornou-se o primeiro homem a registrar essa conquista. Felizmente, ao chegar ao cume, eles não "caíram mortos nem nada desse tipo", como Hillary temera anteriormente. Em vez disso, eles retornaram com segurança como heróis de fama mundial. Afinal de contas, eles eram os homens que haviam chegado mais alto do que qualquer outro antes deles.

O Monte Everest há tempos era considerado como o "Terceiro Polo". Ao contrário do Polo Norte e do Polo Sul que tinham sido alcançados no início do século XX, "Chomolungma", como o povo de Tenzing chamava a mais alta montanha do mundo, tinha permanecido teimosamente indomado. Na verdade, quinze expedições anteriores tinham tentado e falhado em atingir o cume, e alguns não conseguiram retornar, inclusive a expedição de 1924 que matou George Leigh Mallory e seu companheiro Andrew Irvine.

Mallory esteve envolvido em três tentativas no Everest antes de o grande pico levá-lo como uma de suas muitas vítimas. Considerando que ele estava escalando mais de trinta anos antes de Hillary, usando tecnologia muito mais primitiva e sem oxigênio suplementar durante as duas primeiras tentativas, ele chegou incrivelmente perto de sua meta. Durante sua missão inicial de "reconhecimento" na montanha, em 1921, ele identificou a face norte como a rota mais provável para o cume. Um ano depois, ele voltou e ultrapassou 8.200 metros, um novo recorde mundial de montanhismo por uma margem significativa, chegando a apenas 600 metros do cume do Everest. Infelizmente, sete guias xerpa morreram em uma avalanche durante a tentativa de 1922, enquanto Mallory tentava chegar ainda mais alto.

CRONOLOGIA

George Leigh Mallory *(1886-1924)*

1921 Membro de uma equipe de reconhecimento que busca encontrar a melhor abordagem ao Everest. O grupo conclui que a face norte oferece as possibilidades mais práticas.

1922 Mallory retorna como parte de uma expedição para conquistar o Everest pela face norte. Eles chegam a 600 metros do cume. Sete xerpas morrem em uma avalanche durante a tentativa.

1924 Tenta novamente chegar ao cume do Everest com Andrew Irvine. Os dois homens desaparecem quando estão perto de seu objetivo. Ainda existe alguma especulação quanto à possibilidade de eles terem chegado ao cume antes de morrer.

1999 O corpo congelado e preservado de Mallory é encontrado a 8.200 metros, no Everest.

ACIMA: *Monte Everest, com 8.850 metros, a montanha mais alta do mundo se eleva acima da cordilheira do Himalaia, no Tibete e no Nepal.*

Mesmo assim, ele retornou em 1924 e, partindo do acampamento base do grupo principal, acompanhado por Irvine, de 22 anos, logo atingiu alturas similares. Na verdade, ainda existe alguma especulação quanto aos britânicos terem realmente conquistado o Everest em sua última jornada, antes de morrer na volta. Eles foram vistos pela última vez em 8 de junho por um membro da equipe de suporte que seguia atrás deles. Estavam escalando um enorme obstáculo rochoso conhecido como o "Segundo Passo". Conforme progrediam na direção do cume, a nuvem se moveu. O tempo virou, e foi esse infortúnio que provavelmente custou a vida dos dois escaladores, antes ou depois de chegarem ao cume. Considerando-se as dificuldades para superar o Segundo Passo e completar a subida pela face norte do Everest, porém, sem equipamentos especializados, é mais provável que Mallory e Irvine não tenham chegado ao cume antes de falecer. A descoberta do cadáver congelado de Mallory em 1999 não trouxe mais evidências para sugerir que eles tenham chegado ao cume, e a

A questão de Mallory e Irvine terem ou não sido os primeiros no cume do Everest permanece em aberto.

"A atração do Everest era mais intensa para mim do que qualquer outra força na Terra."
TENZING NORGAY

ACIMA: *George Mallory (segundo, da esquerda para a direita, na fileira de trás) e Andrew Irvine (primeiro, da esquerda para a direita, na fileira de trás) posam diante de uma barraca com outros montanhistas durante a Expedição Britânica ao Everest, em 1924, na qual ambos morreram.*

ACIMA: *Edmund Hillary e Tenzing Norgay fazem um lanche antes de sua subida ao Everest, 1953.*

câmera que os homens estavam carregando, que poderia conter imagens conclusivas, continuou desaparecida.

Tentativas posteriores de outros escaladores provavelmente chegaram até mais perto. Apenas um ano antes do sucesso de Hillary, uma expedição suíça tinha alcançado o pico sul do Everest e chegado muito perto de seu cume antes de ser obrigada a retornar. Tenzing Norgay também esteve nesse grupo, acompanhando o escalador Raymond Lambert até cerca de 300 metros do topo, um recorde "conhecido" na época. Essa experiência, junto com cinco tentativas frustradas anteriores, seria um fator importante na subida completa do guia xerpa e Hillary um ano depois. "Eu precisava ir", disse Tenzing. "A atração do Everest era mais intensa para mim do que qualquer outra força na Terra."

No ano seguinte, Hillary não estava menos determinado a ser bem-sucedido onde os outros haviam fracassado. "Acho que a motivação é o fator mais importante em qualquer sucesso", disse ele depois. "No campo da exploração, é isso que faz a diferença entre alguém que se sai muito bem e alguém que não o consegue." Para isso, ele fez 11 escaladas em outras montanhas do Himalaia acima de 6.000 metros como parte de sua preparação para o Everest. Antes disso, ele tinha feito escaladas nos Alpes europeus e nos da Nova Zelândia, onde inicialmente sua paixão pela escalada se desenvolveu.

Foram essas primeiras aventuras no Himalaia que chamaram a atenção do então Coronel (depois Lorde) John Hunt para Hillary. Ele estava organizando a equipe britânica que encararia o Everest em 1953, e tanto Hillary quanto Tenzing foram convidados para se juntar ao grupo. Os dois aceitaram.

A subida começou bem. Em maio de 1953, os homens de Hunt igualaram a conquista anterior da equipe suíça, alcançando o Pico Sul do Everest. Neste ponto, porém, a altitude elevada e a subida exaustiva tinham pesado fisicamente sobre a maior parte do grupo. Apenas Hillary e Tenzing estavam fortes o bastante para continuar e, assim, foram eles que partiram na madrugada de 29 de maio de 1953 para entrar na história. No entanto, a subida final não foi nada direta. Eles tiveram de escalar paredes de gelo e rochas implacáveis, uma tarefa que não foi facilitada pelos tubos de oxigênio com defeito. Com suprimento de ar limitado e um terreno árduo, o progresso deles se tornou tortuosamente lento, mas eles se aproximaram do topo do mundo centímetro a centímetro.

Por fim, eles chegaram. Ao chegar ao cume, Hillary tirou a agora famosa foto de Tenzing no cume, que logo foi estampada na primeira página de jornais em todo o mundo. O sucesso dele coincidiu com a coroação da rainha britânica Elizabeth II, que sagrou Hillary cavaleiro e concedeu a medalha George a Tenzing.

Depois de décadas de expedições tentando chegar ao topo, Hillary e Tenzing passaram apenas 15 minutos no cume. "Não havia nenhum sentimento de extremo prazer ou empolgação", disse Hillary, "mais um senso de satisfação tranquila e até um pouco de surpresa". A atenção estava concentrada em concluir a igualmente perigosa descida antes que a enormidade de sua realização pudesse realmente ser absorvida.

CRONOLOGIA

Sir Edmund Hillary
(1919-2008)

1953 Hillary e Tenzing tornam-se os primeiros homens a conquistar os 8.848 metros do Everest.

1957-58 Auxilia o trabalho preparatório para a travessia da Antártica por terra, realizada por Vivian Ernest Fuchs (ver Capítulo 8), chegando ao Polo Sul.

1975 A esposa de Hillary e sua filha mais nova morrem em um acidente de avião. Ele voltou a se casar mais tarde.

1977 Completa a expedição ao longo do Rio Ganges.

À ESQUERDA: *Tenzing Norgay no topo do mundo, 29 de maio de 1953.*

Talvez o aspecto mais admirável da história de Hillary seja a humildade que ele manteve diante da fama mundial. Ele afirmou que era apenas um "amador competente", apesar do fato de também ter sido membro do primeiro grupo desde 1912 a atingir o Polo Sul por terra, durante uma expedição em 1957-58, e de escalar o Monte Herschel, no Alasca, em 1967. Em 1977, apenas dois anos depois da arrasadora perda de sua esposa, Louise, e de sua filha mais nova, Belinda, em um acidente de avião no Nepal, ele concluiu uma expedição subindo o rio Ganges, desde a foz até sua fonte no Himalaia.

Além do mais, Hillary não esqueceu a terra que tinha sido a fonte de sua fama. Sua amizade com Tenzing, e o tempo que passou com o povo xerpa, fizeram com que ele desse atenção à pobreza em que boa parte da população do Nepal era obrigada a viver. Da década de 1960 em diante, o neozelandês envolveu-se na arrecadação de fundos e na implementação de projetos para construir escolas, hospitais e outros edifícios em uma causa que ocuparia muito de seu tempo pelo resto de sua vida.

Essas atividades e as famosas expedições de Hillary estavam muito distantes do pequeno mundo de Tuakau, Auckland, onde ele morou quando garoto. Começando sua vida profissional como um simples apicultor, ele não tinha ideia das realizações que viriam mais tarde. "Tudo que eu sabia", disse Hillary, "era que eu queria estar envolvido em atividades aventureiras".

Jacques Ernest Jean Piccard *(1922-2008)*

Do topo para as profundezas do mundo. A humanidade tinha estado ocupada por séculos, revelando tudo acima do nível do mar, muito do que estava abaixo de sua superfície permanecia um mistério. Mesmo hoje, continuam a ser feitos trabalhos nessa área. Certamente foi apenas em meados do século XX, como ocorreu com a subida ao cume do Everest, que o ponto mais profundo da Terra foi conquistado. Essa honra pertenceu a Jacques Ernest Jean Piccard, em 1960.

Apenas décadas antes, descidas a mais de poucas centenas de metros de água eram virtualmente impensáveis. As pressões extremas envolvidas e a ausência de equipamentos flexíveis de respiração tornavam a exploração subaquática virtualmente inexistente. Uma expedição britânica liderada por George Nares, nos anos 1870, que mais tarde também se envolveu em uma tentativa fracassada de chegar ao Polo Norte (ver Capítulo 7), passou vários anos mapeando os picos e as depressões do leito marinho dos principais oceanos do mundo. No entanto, a equipe não tinha como realmente ver o mundo subaquático que tinham conseguido mapear da superfície. Uma grande mudança na tecnologia marinha durante o século XX finalmente abriria esse domínio misterioso. O próprio Jacques Piccard estava na vanguarda dessa revolução.

CRONOLOGIA

Tenzing Norgay
(1914-1986)

1935 Tenzing acompanha sua primeira expedição ao Everest, uma das cinco tentativas anteriores de atingir o cume da montanha das quais ele participaria.

1952 Participa da expedição suíça de Raymond Lambert que chega a 300 metros do cume do Everest.

1953 Acompanha Hillary até o cume do Everest. Ele está literalmente de pé no topo do mundo em uma foto tirada por Hillary. Essa imagem se torna globalmente conhecida quando a notícia do feito dos dois é publicada.

Na verdade, as primeiras formas de tecnologia submarina já existiam desde o século XVII. O dispositivo de madeira inventado pelo holandês Cornelius van Drebel, porém, só podia suportar profundidades de poucos metros e não era, de forma alguma, adequado para qualquer tipo de exploração significativa. O conceito seria gradativamente aprimorado, mas seria só com a invenção da batisfera, na década de 1930, que o equipamento necessário para a investigação em mares profundos começasse a surgir. William Beebe e Otis Barton desceram mais de 910 metros em seu dispositivo construído com essa finalidade, um globo de aço pressurizado que seria baixado no oceano preso por um cabo a um navio.

Em 1943, Jacques Costeau, talvez o mais famoso aventureiro submarino de todos os tempos, fez outra inovação. Junto com o compatriota francês Emile Gagnan, ele pro-

ACIMA: *O batiscafo submarino de pesquisa Trieste que fez a viagem ao fundo do Challenger Deep, a 10.911 metros abaixo da superfície. O Trieste era pilotado por Jacques Piccard e pelo tenente da marinha norte-americana Donald Walsh.*

jetou o aqualung. Esse dispositivo portátil de respiração significava que, pela primeira vez, os mergulhadores podiam permanecer submersos por períodos longos e ainda ter a flexibilidade de se movimentar com facilidade, abrindo todo um novo mundo de possibilidades exploratórias subaquáticas para uma nova geração de investigadores. Na verdade, por meio de seus livros, filmes e documentários para TV, Cousteau levou o mundo submarino a milhões de pessoas na superfície que, pela primeira vez, podiam começar a apreciar o que existia sob as águas.

No entanto, mesmo com toda sua utilidade para a exploração submarina, a invenção de Cousteau não servia para aqueles que queriam penetrar nas profundezas dos mares. Esse desafio ficaria para a família Piccard, embora inicialmente não fosse coordenado por Jacques, mas por seu pai, Auguste. O Piccard mais velho era um físico suíço que já tinha alcançado o recorde para a maior altitude — cerca de 150 metros — em um balão (projetado por ele mesmo), no início dos anos 1930. Sua atenção agora se voltou para a direção oposta e, em 1948, Auguste revelou sua invenção, um "batiscafo" que aperfeiçoava as máquinas anteriores de mergulho em águas profundas. Jacques ajudou o pai no projeto e nas preparações, e em seu primeiro teste não tripulado o batiscafo atingiu uma profundidade de mais de 1.300 metros. A base para uma incursão ao fundo do mundo estava finalmente surgindo.

Os Piccards buscaram melhorar seu equipamento, lançando novos modelos em 1953 e 1954. O último destes chegou a outro recorde de profundidade, dessa vez mais de 3.000 metros, no Mar Mediterrâneo. Mais investimentos e uma equipe de cientistas foram necessários, porém, para fazer a inovação necessária para chegar aos mais de 10.600 metros do ponto submarino mais profundo conhecido. Em 1958, portanto, a Marinha dos Estados Unidos entrou no projeto. Jacques Piccard tinha começado a trabalhar com essa organização alguns anos antes para aproveitar seus conhecimentos e recursos, mas agora a Marinha comprou a invenção. Mesmo que não fosse mais o proprietário, Piccard continuou a trabalhar na equipe de cientistas no Trieste, como ele era chamado, enquanto buscavam chegar a seu objetivo definitivo. Os próximos dois anos trouxeram experimentos repetidos em níveis cada vez mais profundos conforme a cabine aperfeiçoada do veículo era testada para ver se poderia suportar as enormes pressões envolvidas. Em janeiro de 1960, a equipe estava pronta.

O ponto mais profundo conhecido no mundo está em um golfo no Oceano Pacífico ao longo da Fossa das Marianas e é chamado de "Challenger Deep". Na manhã de 23 de janeiro de 1960, Jacques Piccard, acompanhado por Donald Walsh, um tenente da Marinha norte-americana, começaram a lenta descida a esse ponto, 11 quilômetros abaixo do nível do mar. Demorou várias horas para completar a viagem de ida ao fundo do mundo e de volta à superfície e, embora fosse um sucesso, houve alguns incidentes. Conforme o Trieste se acomodava no leito marinho lamacento, surpreendentemente com algumas formas de vida anteriormente desconhecidas sendo vistas mesmo nessa profundidade extrema, Piccard percebeu que as vigias reforçadas estavam começando a rachar. A perda da pressão da cabine ou qualquer entrada de água nessas profundidades teriam resultado em morte imediata para a tripulação, então eles começaram a subir

CRONOLOGIA

Jacques Cousteau *(1910-1997)*

1943 Inventa o aqualung com Emile Gagnon e passa a ser um pioneiro da moderna indústria de mergulho.

1985 Depois de décadas liderando expedições científicas, gravando filmes e documentários de TV submarinos, além de escrever livros, Cousteau é um dos inventores do "sistema turbosail".

CRONOLOGIA

Jacques Ernest Jean Piccard *(1922-2008)*

1948 Trabalha com o pai, Auguste, na criação de um "batiscafo" que chega ao nível de 1.400 metros durante os testes.

1954 Um projeto aperfeiçoado do batiscafo chega a 3.100 metros.

1958 Piccard vende o Trieste para a Marinha norte-americana para continuação do desenvolvimento.

1960 Junto com Donald Walsh, Piccard desce ao ponto mais profundo conhecido do mundo, a cerca de 10 quilômetros de profundidade.

1964-65 Piccard expõe seu novo desenvolvimento, o mesoscafo, na Exposição Nacional Suíça.

muito rapidamente. Felizmente, as vigias aguentaram, e Piccard literalmente viveu para contar a história em seu livro *Seven Miles Down*.

Embora a jornada ao fundo da Terra continuasse a ser a maior das realizações de Jacques Piccard, ele continuou a construir uma carreira na tecnologia submarina nas décadas seguintes. Com o pai, ele começou a desenvolver um novo tipo de veículo chamado de "mesoscafo", trabalhando para melhorar seu projeto e produzindo versões atualizadas mesmo depois da morte de Auguste. Jaques visualizou que o mundo submarino finalmente acabaria evoluindo em um veículo de turismo de massa subaquático, mas embora milhares de pessoas andassem em um modelo no Lago Genebra durante a Exposição Nacional Suíça em 1964, esse conceito ainda não foi plenamente explorado. Ainda assim, Piccard continuou a desenvolver invenções subaquáticas para a indústria comercial nas décadas seguintes, além de veículos para uso pela comunidade científica e de pesquisa.

Embora os experimentos continuem e novos projetos sejam desenvolvidos nessas áreas, poucas tentativas têm sido feitas para reexaminar as profundidades extremas a que Piccard chegou, para decepção dele. "Nós abrimos a porta", comentou ele. "Agora temos de ir e ver o que está atrás da porta."

Neil Alden Armstrong *(1930-2012)*

Depois de milhares de anos investigando os extremos da Terra, talvez o definitivo, e quase inevitável, feito exploratório seria chegar a um objeto no qual o homem ainda não tivesse pisado. O astronauta Neil Armstrong atingiu esse objetivo em 20 de julho de 1969 e foi o primeiro homem a pisar na superfície da Lua. Começava um novo capítulo na história da exploração.

A humanidade olhou para a Lua no céu noturno durante milênios sem pensar seriamente na perspectiva de que ela poderia ser explorada por uma pessoa. Na verdade, a raça humana só tinha conseguido chegar ao topo e ao fundo da Terra nas décadas que precederam o voo histórico de Armstrong, então foi necessário um grande salto de esperança mesmo em meados do século XX para acreditar que o homem logo estaria pisando na Lua.

À ESQUERDA: *Lançamento do Vostok-1, a nave que levou Yuri Gagarin no primeiro voo tripulado no espaço, em 12 de abril de 1961.*

Embora o sucesso da missão Apollo 11, que levou Armstrong e seus companheiros de voo Edwin "Buzz" Aldrin e Michael Collins até a Lua, fosse a representação mais óbvia do objetivo humano de explorar o espaço, mesmo essa expedição já se beneficiava de quase uma década de voos espaciais tripulados. Se o pouso lunar era o início de um novo capítulo na história da exploração, então essas missões anteriores constituíram um prólogo significativo que tornou possível tudo que se seguiu e que continuará a se seguir pelos séculos futuros.

Não só havia uma intensa rivalidade ideológica entre os Estados Unidos e a União Soviética durante as décadas de 1950 e 1960, havia também uma corrida espacial. Os dois países logo teriam uma nave não tripulada em órbita, mas foram os russos que escreveram o mais importante parágrafo de abertura desses desenvolvimentos iniciais. Em 12 de abril de 1961, eles conseguiram enviar o cosmonauta Yuri Alexeyevich Gagarin para o espaço exterior, o primeiro homem a deixar os limites gravitacionais imediatos da Terra. Eles haviam superado os norte-americanos com um objetivo similar em mais de 160 quilômetros acima da superfície do planeta. Embora os exploradores da superfície no século XVI tenham levado anos para circundar o globo, em duas horas o Vostok I de

CRONOLOGIA

Yuri Alexeyevich Gagarin
(1934-1968)

abril de 1961 Torna-se o primeiro homem no espaço exterior, orbitando a Terra por quase duas horas no Vostok I antes de retornar em segurança à Rússia.

março de 1968 Morre quando o avião Mig-15U que ele pilotava sofreu um acidente misterioso.

Gagarin tinha "circunavegado" toda a Terra em uma única órbita e pousado em segurança novamente na Rússia.

Com a superação desse limite físico e psicológico, o conceito de exploração espacial ganhou novo impulso. Uma nova fronteira estava aberta aos exploradores, e o primeiro e mais óbvio destino alvo tinha de ser a Lua. A Rússia e os Estados Unidos continuariam a competir por esse prêmio durante a década de 1960, mas, infelizmente, Gagarin não pôde buscá-lo pessoalmente. Embora ele quisesse buscar esse feito "duplo" sem precedentes, o cosmonauta foi morto em um misterioso acidente aéreo em 27 de março de 1968.

Desta vez, a vitória coube aos norte-americanos. No entanto, embora Neil Armstrong levasse apenas poucos momentos para descer de seu módulo lunar Eagle para a superfície da Lua, com suas palavras agora imortais, "Um pequeno passo para um homem, um salto gigantesco para a humanidade", houve anos de preparação pessoal para isso.

Como muitos dos primeiros exploradores espaciais, Armstrong começou sua carreira como um piloto de aviação. Depois de obter sua licença de piloto com apenas 16 anos, ele conseguiu uma bolsa de estudos da Marinha. De 1949 a 1952, ele esteve a serviço da Marinha como aviador, incluindo um período em que fez quase 80 missões durante a Guerra da Coreia. Em uma ocasião ele foi derrubado,

ACIMA: *Neil Armstrong e Edwin Aldrin fazem a jornada mais longa da história ao pousarem na Lua em 20 de julho de 1969.*

mas sobreviveu e foi resgatado logo depois. Não seria a primeira vez em que Armstrong viu a morte de perto em sua carreira nos céus.

Em 1955, Armstrong tinha concluído seu bacharelado em Engenharia Aeronáutica na Universidade Purdue, que mais tarde ele complementaria com um mestrado na Universidade do Sul da Califórnia, antes de continuar em sua carreira para o espaço. Ele foi trabalhar na NACA (Comitê Consultivo Nacional para Aeronáutica) em 1955, no "Laboratório Lewis de Propulsão de Voo". Esse órgão governamental era um antecessor da NASA (Administração Nacional de Aeronáutica e Espaço), que mais tarde mudou o nome do departamento de Armstrong para "Centro de Pesquisas Lewis". Armstrong acabou assumindo um novo cargo na "Estação de Voo de Alta Velocidade" da NASA, onde ele aumentou sua já considerável experiência de voo pilotando aeronaves experimentais. Essas incluíam o X-15, que tinha uma velocidade máxima impressionante de 6.400 quilômetros por hora. Ver a morte de perto era uma ocorrência frequente nessa ocupação, mas mesmo assim Armstrong sobreviveu para dar seu próximo "pequeno passo" na direção da Lua quando se tornou um astronauta experiente em 1962.

O norte-americano finalmente ganhou suas "asas espaciais" em março de 1966 a bordo da missão Gemini 8 da NASA. Embora a missão tenha sido um sucesso e conseguido estabelecer a primeira acoplagem entre dois veículos em órbita no espaço, ela ainda teve de voltar para casa mais cedo depois de enfrentar problemas. No entanto, mais uma vez, Armstrong sobreviveu ileso. Durante a década de 1960, ele serviu em equipes de reserva para diversas outras operações especiais dos Estados Unidos, antes de finalmente receber a notícia de que iria liderar a missão com que todos os astronautas sonhavam.

Ainda haveria mais um susto antes de Armstrong se arriscar a partir para a Lua. Em maio de 1968, ele teve um acidente quase fatal e enquanto fazia exercícios de treino com um Veículo de Pesquisa de Pouso na Lua, mas escapou mais uma vez.

CRONOLOGIA

Neil Alden Armstrong (1930-2012)

1949-52 Serve como piloto da força aérea norte-americana, realizando muitas missões na Guerra da Coreia.

1955 Entra para a NACA, a predecessora da NASA, no Laboratório Lewis de Propulsão de Voo e se torna um piloto de testes de aeronaves experimentais de alta velocidade.

1962 Torna-se um astronauta na NASA.

março de 1966 Participa da missão espacial Gemini 8 com David Scott.

julho de 1969 Torna-se o primeiro homem a pisar na Lua, no comando da missão Apollo 11.

"Um pequeno passo para um homem, um salto gigantesco para a humanidade."

NEIL ARMSTRONG

ACIMA: *Terra vista da Lua. Será que o século XXI será lembrado como o século da exploração espacial?*

Depois de tantos acidentes, porém, foi um tanto surpreendente que a Missão Apollo 11 tenha conseguido realizar seu objetivo pioneiro sem ameaças aparentes à vida de Armstrong. A missão foi lançada em 16 de julho de 1969, mas houve um momento um pouco tenso quando o módulo lunar Eagle estava para pousar na Lua, quatro dias depois. O local de pouso da equipe no Mar da Tranquilidade era inesperadamente rochoso, e Armstrong foi obrigado a assumir o controle manual do veículo e encontrar um lugar seguro para descer sobre a superfície da Lua. "Houston", chamou Armstrong para confirmar que tinha pousado em segurança, "a Eagle pousou".

Como em muitos feitos exploratórios dos séculos anteriores que foram realizados principalmente para satisfazer o orgulho nacional, a equipe da Apollo 11 também encontrou muitas justificativas científicas para sua expedição depois de pousarem. No dia seguinte, a tripulação coletou amostras e instalou os aparelhos de pesquisas que tinham levado, antes de subirem a bordo de novo e partir em segurança de volta à Terra.

Toda a equipe foi celebrada por sua enorme realização ao retornar, mas foi Armstrong acima de tudo, como o primeiro homem a pisar sobre a superfície lunar, quem captou a imaginação do público. Prêmios e elogios choveram sobre ele vindos de países e organizações em todo o mundo, de um modo como muitos dos exploradores que o antecederam só poderiam ter sonhado. No entanto, depois dessa grande realização, o norte-americano ficou contente em se afastar dos holofotes, saindo da NASA e iniciando uma carreira acadêmica e, mais tarde, nos negócios.

A exploração espacial permanece em sua infância. Ao contrário da exploração da Terra, essa é uma tarefa que quase certamente nunca será concluída porque as distâncias envolvidas, mesmo em nosso próprio Sistema Solar, estão além da compreensão. Na realidade, não existe uma fronteira final; existe sempre uma outra além.

No entanto, para os primeiros exploradores humanos, simplesmente cobrir a superfície do planeta, sem falar nas maiores altitudes e profundidades, pareceria uma meta igualmente impensável. Viajando para os extremos da Terra, uma parte, uma montanha, um continente por vez, porém, homens e mulheres curiosos e determinados, no decorrer dos séculos, revelaram o mundo.

Embora ainda haja pontos desconhecidos no planeta, e exista um número infinito deles no universo mais amplo, a espécie humana continuará a explorá-los, um pequeno objetivo depois do outro, simplesmente só porque eles estão ali. As histórias da exploração mostram, acima de tudo, que o espírito de descoberta é tão antigo e tão humano quanto a nossa própria espécie.

Índice Remissivo

A

Abruzzi, Duque de 150, 168
Pico de Adão 23
exploração aérea 172-4, 199-201
Aldrin, Edwin "Buzz" 257-8
Alexandre, o Grande 24-9
Alfredo de Wessex, Rei 18-9
Amazonas, Rio 72-3
América [nome] 65, 69
Amundsen, Roald 124, 150, 172, 174-5, 184, 192, 194, 195-201
Anaximandro 226
Andree, Salomon 161-4
Antártica 176-201
Apollo 11 257
Armstrong, Neil Alden 257-8
Arnarson, Ingolfur 16
Australásia 202-25
Império asteca 93-5

B

Baffin 127, 129
Balboa, Vasco Nunez de 86-91
Banks, Sir Joseph 211, 241
Baranov, Aleksandr 100
Barents, Willem 42
Bass, George 209-11
batiscafo 253-6, 257
batisfera 253
Battuta, Ibn 20, 22-4, 46-7
Bellingshausen, Fabian Gottlieb von 176
Bennett, Floyd 172
Bering, Vitus Jonassen 42-3
Bjaaland, Olav 199
Bligh, William 209-12
Borchgrevink, Carsten Egeberg 184, 185
Bowers, Henry R. 191, 195
Boyd, Louise Arner 201
Bransfield, Edward 176
Brulé, Étienne 109
Buchan, David 137
Burke, Robert O'Hara 213-9, 221-3, 225
Burton, Sir Richard Francis 58-63
Byrd, Richard Evelyn 172-4

C

Cabot, John 100-3
Cabot, Sebastian 100, 104
Cabral, Pedro Álvares 39, 82, 86
Cadiz 238
Caillié, René 52-3
Cabo da Boa Esperança 51
Cartier, Jacques 105-7, 124
Cavendish, Thomas 239-40
Challenger Deep 257
Chang Ch'ien 29-30
Cheng Ho 23-4, 47
Cheng Zu, Imperador 24-5
circunavegação
 África 44, 46
 Austrália 207, 210-3
 Ilhas Britânicas 12-4
 Tasmânia 209-11
 mundo 226-44
Clark, William 117-22
Coleu de Samos 8, 10
Collins, Michael 257-61
Colombo, Cristóvão 33, 73-81
Congo, Rio 68
Cook, Frederick A 165, 169-71, 184
Cook, James 176, 227, 239-45
Corpo de Descoberta 116-22
Cortés, Hernán 91-5
Cousteau, Jacques 253-6
travessia
 África 63-6
 Antártica 187-90
 Austrália 213-25
 divisão continental canadense 116
 Estados Unidos da América 116-23

D

da Covilhã, Pêro 38-41
da Gama, Vasco 35-7
Da Verrazzano, Giovanni 106
Dampier, William Cecil 202
Dario III, Rei da Pérsia 28
Davila, Pedrarias 90-2
Davis, John [1580] 129-30
Davis, John [1820] 176
de Champlain, Samuel 107-10
de Gerlache de Gommery, Adrien Victor Joseph 183, 199
de la Cosa, Juan 79, 82
de la Salle, Rene Robert Cavelier, Sieur 107-10
de Ojeda, Alonso 81-2
de Paiva, Afonso 38
Del Cano, Juan Sebastian 232-4
Dias, Bartolomeu 37, 51
Discovery 191-68
Drake, Sir Francis 112-3, 234-7
D'Urville, Jules Sebastien Cesar Dumont 181

E

Eagle [balão] 161-3
Eagle [nave espacial] 259-61
Eannes, Gil 48-50
Ilha Elefante 189-90
Elizabeth I, Rainha 111-4, 233-8
Ellsworth, Lincoln 151, 172-5, 199, 200
Endeavour 240
Endurance 182, 186-90
Eriksson, Leif 96, 100
Eudoxo de Cízico 31
Evans, Edgar 191, 193, 195
Eyre, Edward John 213-7, 225

F

Fiji 208
Flinders, Matthew 207-13
Forrest, John 225
Fram 158, 160, 195-8, 199
Franklin, Sir John 136-42, 143, 148, 199, 211
Franz Josef Land 160
Frobisher, Sir Martin 126-9
Fuchs, Sir Vivian Ernest 189

G

Gagarin, Yuri Alexeyevich 257-9
Gilbert, Sir Humphrey 111-2, 126-7
Godin des Odonais, Isabel 70, 72
Golden Hind 234-6, 237-8
Grant, James 61-2
gregos 8, 10-12
Grenville, Sir Richard 112
Grinnell, Henry 151, 157

H

Hall, Charles Francis 153-7, 168
Hanssen, Helmer 199
Harrison, John 243
Hassel, Sverre 199
Havaí 244-5
Hayes, Isaac Israel 154-7
Henrique, o Navegador, Príncipe de Portugal 33, 47-50
Henson, Matthew 165-9
Herbert, Wally 148, 171
Herjulfsson, Bjarni 96, 100
Hillary, Sir Edmund 190, 246-50
Himilco 10-4
Hudson Bay Company 138
Hudson, Henry 127-9
Glaciar Humboldt 154
Hunt, Lord John 249-52

ÍNDICE REMISSIVO

I
Islândia 14-6
civilização inca 94-5
Irvine, Andrew 247-52

J
Jackson, Frederick 148, 160
Johanssen, Hjalmar 158, 162

K
Kama Sutra 59
Kane, Elisha Kent 150-2, 164
Kristensen, Leonard 183
Kublai Khan 33-7

L
Lambert, Raymond 247
Lapu Lapu 231-3
líder que nunca perdeu um homem 220-1
Leichhardt, Friedrich Wilhelm Ludwig 213
Lewis, Meriwether 115-23
Livingstone, David 63-9
Longstaff, Llewellyn 184-6

M
MacKenzie, Sir Alexander 116
Magalhães, Fernando de 229-33
Mallory, George Leigh 247-52
mapas
    África 45
    Américas 228
    Antártica 177
    Ártico 149
    Ásia 21
    Austrália 203
    Europa 9
    Cidade do México 90
    América do Norte 97
    Estrada da Seda 33
    América do Sul 71
    Vinlândia 99
    Mundo 227
Markham, Sir Clements 185, 186, 192
Mawson, Sir Douglas 187-90
Mecca 38-40, 59-60
mesoscafo 257
Cidade do México 95
Montezuma, Imperador 93-5
Monte Everest 246-50

N
Naddod 15-6
Nansen, Fridtjof 156-62, 195
Nares, George 148, 253

Necho II, Rei do Egito 44, 46-7
Nova Guiné 208
Nova Zelândia 206, 240, 247
Newnes, Sir George 184-5
Níger, Rio 53-5, 57-8
Nilo, fonte do Rio 58-64, 66-7
Nimrod 186-8
Nina 74, 75, 78
Nobile, Umberto 174-5, 199, 200
Noort, Olivier van 239, 241
Nordenskiold, Barão Nils Adolf Erik 41-3, 156-7
Norgay, Tenzing 246-53
Norge 174-5
Cabo Norte 17-9
Polo Norte 43, 136-9, 148-75, 253
North West Company 138-9
Passagem Nordeste 42, 199
Passagem Noroeste 124-147, 199-200, 242-5
N'yanza, Lago 59-61, 67
Nyasa, Lago 65-7

O
Oates, Laurence 190, 195
Mar Aberto Polar 154-7
Orinoco, Rio 113-4
Ottar 17-9

P
Oceano Pacífico 87-8, 237
Palmer, Nathaniel 176
Park, Mungo 52-5
Parry, Sir William Edward 129, 131-9, 143-5, 148
Peary, Robert Edwin 151, 157, 163-72
fenícios 8, 10-3, 44
Piccard, Auguste 253-7
Piccard, Jacques Ernest Jean 253-7
Pigafetta, Antonio Francesca 233
Pinzon, Martin Alonso 78, 83-4
Pinzon, Vicente Yanez 78, 82-4
Pizarro, Francisco 87, 94-5
Polo, Marco 32-7
Píteas 13-5

R
Raleigh, Sir Walter 110-5
Resolution 242, 242-5
Roosevelt 164, 166, 169
Ross, Sir James Clark 131, 141-7, 145-7, 180, 181-2
Ross, Sir John 129, 131, 142-4, 145

S
Sacagawea 119-21
Scott, Robert Falcon 184, 190-5

escorbuto 242-4
Sechele, Chefe 64
Sedov, Gregoriy 148
Sekeletu, Chefe 64
Shackleton, Sir Ernest Henry 181-90, 190-3
Estrada da Seda 24, 29, 30-2
Polo Sul 176-201
espaço 257-60
Invencível Armada 129, 238
Speke, John Hanning 58-64
Stanley, Henry Morton 66-9
Estreito de Magalhães 231
Stuart, John McDouall 216, 220-5
Sturt, Charles 211-3, 220
Svavarsson, Gardar 15-6
Sverdrup, Otto 158, 168

T
Taiti 240, 242
Tanganica, Lago 59-64, 67
Tasman, Abel Janszoon 202-8
Tasmânia 206, 209-11
linha telegráfica cruzando a Austrália 214-225
Tenochtitlán 93-5
Terra Australis 176, 239, 242, 243
Terra Nova 193, 197
Timbuktu 53-7
Tonga 206
Estreito de Torres 241

V
Van Diemen, Antony 204-6
Vega 42
Velasquez, Diego 91-3
Vespúcio, Américo 79-83, 86
Victoria 229-33
Victoria Falls 64-6
Vitória, Lago 59-64, 67
Vilgerdarson, Floki 16

W
Waldseemuller, Martin 86-7
Weddell, James 176
Wilkes, Charles 176-81
Wills, William John 212, 215-21, 221-3, 225
Wilson, Edward 190, 193, 195
Wisting, Oscar 199
Wu Ti, Imperador 29

Agradecimentos e Leituras Adicionais

IMPRESSOS
Ambrose, Stephen E., *Undaunted Courage: Meriwether Lewis, Thomas Jefferson, and the Opening of the American West* (Reimpresso por, 1999)
Fleming, Fergus, *Barrow's Boys* (Granta Books, 2001)
Fleming, Fergus, *Ninety Degrees North: The Quest for the North Pole* (Granta Books, 2002)
Foster, Cliff, *Discovering the Boston Explorers* (Fen Press, 2003)
Matthew, H. C. G. (Editor) & Harrison, Brian Howard (Editor), *Oxford Dictionary of National Biography* (Oxford University Press, 2004)
Misc., *Baedeker's Australia* (AA Publishing, 2001)
Misc., *Collins World Atlas* (HarperCollins Publishers Ltd, 2003)
Misc., *Encyclopaedia Britannica* (Encyclopaedia Britannica (UK) Ltd, 2002)
Misc., *The "Times" Atlas of the World* (Times Books, 2002)
Monsarrat, Nicholas, *The Master Mariner* (House of Strauss, 2000)
Nuttall, Mark (Editor), *Encyclopedia of the Arctic* (Fitzroy Dearborn, 2004)
Prescott, Jerome, *100 Explorers Who Shaped World History* (Blue Wood Books, 1996)
Redmond, Sean, *The Journal of African Travel-Writing* (Número 3, Setembro de 1997, pp. 8791).
Sattin, Anthony, *The Gates of Africa: Death, Discovery and the Search for Timbuktu* (Perennial, 2004)
Sobel, Dava, *Longitude* (Fourth Estate, 1998)
Welch, Galbraith, *The Unveiling of Timbuctoo: The Astounding Adventures of Caillie* (Carroll & Graf Publishers, 1991)

INTERNET
http://www.acs.ucalgary.ca
http://www.antarctica.ac.uk
http://www.bartleby.com
http://www.bbc.co.uk
http://christophercolumbus.org
http://www.cookpolar.org
http://www.nasa.gov
http://www.nationalgeographic.com
http://www.rgs.org
http://www.spri.cam.ac.uk
http://www.thebritishmuseum.ac.uk
http://www.un.org
http://www.wolfson.ox.ac.uk

CRÉDITO DAS IMAGENS
Arcturus Publishing Ltd: 9, 17, 21, 45, 71, 97, 125, 149, 177, 203, 227
Bridgeman Art Library: 12, 112
Corbis: 13, 15, 18, 26, 27, 32, 36, 40, 46, 49, 57, 62, 69, 73, 80, 84, 85, 89, 101, 105, 106, 109, 111, 115, 118, 120, 128, 130, 137, 143, 145, 153, 166, 166, 170, 171, 173, 178, 181, 182, 185, 191, 194, 196, 198, 201, 205, 209, 211, 216, 217, 219, 220, 222, 228, 233, 235, 237, 238, 239, 242, 244, 248, 249, 250
Getty Images: 23, 24, 34, 43, 56, 61, 66, 75, 80, 91, 133, 135, 139, 152, 160, 161, 175, 208, 254
M-Sat Ltd/Science Photo Library: 11
NASA/Science Photo Library: 258
Novosti/Science Photo Library: 257
Popperfoto: 224
Public Domain: 99
Royal Geographic Society: 252